AF417119

تقنيات سـرد ما بعد الحداثة في الرواية العربية الجـديدة

التمثيلات السردية في الألفية الثالثة

إبراهيم أحمد متولي أردش

تقنيات سرد ما بعد الحداثة في الرواية العربية الجديدة

التمثيلات السردية في الألفية الثالثة

إصدارات دائرة الثقافة، حكومة الشارقة 2024 م

الناشر: دائرة الثقافة ـ حكومة الشارقة ـ الإمارات العربية المتحدة

الهاتف: 5123333 6 971+

البرُّاق: 5123303 6 971+

الموقع الإليكتروني: www.sdc.gov.ae

البريد الإليكتروني: sdc@sdc.gov.ae

تصميم الغلاف: ضياء الدين الدوش

813.00923

أ إ. ت   أردش، إبراهيم أحمد
تقنيات سرد ما بعد الحداثة في الرواية العربية الجديدة : «التمثيلات السردية في الألفية الثالثة»/
إبراهيم أحمد أردش .ـالشارقة، الإمارات العربية المتحدة : دائرة الثقافة، 2024.
435 ص. ؛ 21x14 سم.
الفائز بالمركز الأول بجائزة الشارقة للإبداع العربي، الإصدار الأول، مجال النقد، الدورة 27، 2023.
1. السرد الأدبي (أدب عربي)
2. القصص العربية ـ تاريخ ونقد ـ العصر الحديث
أ. العنوان
ب. جائزة الشارقة للإبداع العربي (27 : 2023)

ISBN:978-9948-761-01-3

المقدمة

يتميز الإبداع الأدبي بالمرونة والقدرة على التطور الدائم والانفتاح على الحقول الإبداعية والمعرفية الأخرى والإفادة منها بما يخدم النص الأدبي؛ فالأديب الجاد الذي يمتلك شغف الإبداع يسعى إلى الابتكار والتجريب، وإيجاد خصائص نوعية جديدة تضاف إلى تقاليد اللون الأدبي الذي يكتبه، وإعادة هيكلة التشكيل الفني طبقاً لرؤية جديدة أكثر انسجاماً مع روح العصر.

فقد استطاع الأدب الإفـادة من كل نقلة في الأفكار الفلسفية مستخرجاً رؤى جديدة تثري النص الأدبي وتعيد إنتاجه على نحو لم يُشهد من قبل، وفي العصر الحديث كان تأثر الأدب بفلسفة الحداثة جلياً؛ فاستفاد من أفكار الحداثة ودعوتها إلى العقلانية وتغليب المنطق، فاعتمد الأدب على نقاء النوع الأدبي من خلال أنساق فنية جمالية تميزه. وعلى مستوى النقد الأدبي برزت نظريات الشعرية التي تبحث عن الخصائص التي تجعل من الأدب أدباً، وتأثر الأدب ونقده بالفكر المركزي الحداثي؛ فصار هناك أدب نخبوي يتم الاحتفاء به، وآداب أخرى مهملة؛ لأنها لا تخضع للأنساق النخبوية وطرائقها.

وجاءت فلسفة ما بعد الحداثة لتقوض وتفكك الفلسفة الحداثية وتهدمها وتظهر عوارها وتناقضاتها، داعية إلى فكر جديد يشكك في أطروحات الحداثة، ويتبنى رؤية لا يقينية للعالم، متمرداً على القيود والحدود والنسق الثابت؛ فتأثر الأدب بفكر ما بعد الحداثة من خلال ثورته على الأعراف الفنية التي تميز كل نوع أدبي عن الآخر، هادماً لأبنية النسق المغلق؛ لينفتح كل نوعٍ أدبي على الأنواع الأخرى نافياً لنظرية النوع الخالص المتمتع بصفائه الفني العصي على التهجين.

إن الرواية باعتبارها مرآة للحياة البشرية بكل تجلياتها من ناحية وباعتبارها من أكثر الأعمال الأدبية مرونة واتساعاً، استطاعت أن تفيد من جميع التحولات الفكرية وتناقضاتها وتعيد صهرها في بوتقة السرد الروائي، لتستخرج نظُماً فنية جديدة يُنسج من خلالها عالماً روائياً لا يعيد اجترار العوالم الروائية السابقة، لذلك وجدت الرواية في فلسفة ما بعد الحداثة وتمردها الدائم فرصة للتحرر والانطلاق والبحث عن تقنيات وآليات فنية مبتكرة تعيد من خلالها تشكيل رؤيتها للعالم، فأوجدت الرواية أنماطاً جديدة لم يكن لها أثر، واستفادت من كل معطى وجودي وصاغته بأسلوب فني مبتكر، وسعت بعض هذه الروايات إلى ابتكار خصائص فنية تميزها، فتكون الرواية الواحدة منتمية إلى سلفها من الروايات الأخرى وفي الآن نفسه منتمية إلى ذاتها من خلال خصيصة فنية تمتاز بها كل رواية، وانفتحت الرواية على كل شيء.

وتجيء هذه الدراسة لتبحث في تقنيات ما بعد الحداثة في الرواية العربية الجديدة، وتسلط الضوء على تلك التقنيات وطريقة توظيفها من

قبل الروائيين العرب، وكيف خدمت مضمون الرواية وعززت الرؤية ومدى تفاعلها مع التقنيات السردية المتأصلة في السرديات البنيوية.

- أهمية الدراسة:

تنبعث أهمية الدراسة من ضرورة التوقف عند الظواهر الفنية التي أحدثتها الرواية العربية في أطوارها الأخيرة واستخراج التقنيات الجديدة التي منحت النص الروائي تفرده وتميزه ومن ذلك المنظور تطرح الدراسة التساؤلات الآتية:

1 – هل قامت الرواية العربية الجديدة وبخاصة في آخر عقدين بقطيعة فنية مع المنجز الروائي العالمي في الفترات السابقة، أم استطاعت أن تتعايش معه مستفيدة من تقنياته السردية، إلى جوار التقنيات الجديدة التي استحدثتها؟

2 – هل استطاعت الرواية العربية الجديدة أن توظف جميع تقنيات السرد الما بعد حداثية داخل النص الروائي الواحد، أم كانت الرواية تأخذ من تلك التقنيات ما يتناسب ورؤيتها ويعضد من المقصد التأويلي الذي تسعى إليه؟

3 – هل التقنية السردية (ما بعد الحداثية) الواحدة تأتي على نسق واحد في حالة تكرارها في أكثر من رواية كتقنيات السرديات البنيوية، أم تأخذ شكلاً مختلفاً مع كل عمل روائي؟ وهل يمكن أن يُشكل من مجموع تقنيات ما بعد الحداثة التي وظفت في الرواية العربية المعاصرة نظرية سردية جديدة؟

4 – وهل توظيف بعض تقنيات سرد ما بعد الحداثة في الرواية العربية الجديدة يجعل من كل نص وظف تلك التقنيات رواية ما بعد حداثية؟ أم تظل رواية حداثية أو ربما تقليدية، بقدر تأثير تلك التقنيات في الرؤية والدلالة، وبقدر غلبة التقنيات على البناء الروائي؟

5 – ما مدى تأثير التكنولوجيا المعاصرة وتقنيات الواقع الافتراضي في الرواية العربية الجديدة؟ وهل استطاعت أن تستخرج منها تقنيات جديدة تثري النص الورقي وتدفع الحدث إلى الأمام وتكشف من خلالها عن طبيعة الشخصيات؟

6 – كيف يتم التعامل النقدي مع تلك التقنيات وهل يمكن أن يمزج الناقد في تناوله للعمل الروائي بين الآليات الحداثية وما بعد الحداثية في آن واحد؟

– مدونة الدراسة:

تأتي مدونة الدراسة انطلاقاً من تلك الأسئلة التي تم طرحها حول طبيعة التقنيات السردية ما بعد الحداثية في الرواية الجديدة؛ لذلك اتسعت رقعة الاختيار من خلال قراءة موسعة لكثير من الروايات؛ ليقع الاختيار على 22 رواية وفق الضوابط الآتية:

1 – تنوع الأقطار العربية لجنسيات الروائيين وعدم الاقتصار على قطر بعينه قدر الإمكان.

2 – أن تكون الروايات المدروسة تنتمي إلى كتاب من الجنسين، فلم تعتمد المدونة على أعمال كتبت من قبل روائيين فقط أو روائيات فقط.

3 – تباين الأجيال؛ فثمة روايات مدروسة للروائيين تتجاوز أعمارهم السبعين عاماً وروايات للروائيين دون الثلاثين توخياً لحضور كتابات الأجيال المختلفة ورصد قيمها الفنية.

4 – أن تكون الروايات نتاجات لخبرات مختلفة، فبعض الروايات كانت التجربة الأولى لكاتبها وبعض الروايات الأخرى نتيجة خبرة تراكمية من الكتابة الروائية للكاتب.

5 – بعض الروائيين ممن اختيرت رواياتهم في مدونة الدراسة يكتبون أنواعاً أدبية أخرى، بل إن بعضهم انتقل من حقل أدبي آخر إلى الرواية.

6 – ألا تعتمد المدونة على أكثر من عمل روائي للكاتب الواحد، حتى تتاح الفرصة لتتبع التقنيات المختلفة عند أكثر من كاتب.

7 – اقتصار المدونة على الروايات التي صدرت خلال العشرين سنة الأخيرة، في الألفية الثالثة، حيث يرجع تاريخ إصدار أقدم رواية من روايات المدونة إلى العام 2003م بينما أحدث روايتين في المدونة صدرتا في العام 2023م.

– منهجية الدراسة:

أولاً – من حيث المناهج المتبعة؛ فتستعين الدراسة بالمنهج الفني بغية البحث عن التقنيات والجماليات التي استحدثت في الرواية العربية الجديدة وكيفية توظيفها وسيفيد الباحث من السيميائية في دراسة الأنساق والعلامات، كما تم الاعتماد أيضاً على مفاهيم نظرية

السرد كما استقرت في السرديات البنيوية، للكشف عن مدى توائمها مع تقنيات ما بعد الحداثة، ولن تعدم الدراسة الإفادة من أي معطى منهجي يضيء النص ويكشف عن خصائصه وجمالياته.

ثانياً ـ من حيث مداخل دراسة النصوص، فالدراسة معنية في المقام الأول بدراسة روايات تتمتع بخصائص تجريبية ومبتكرة، فليس مناسباً أن يُدخل إلى النصوص بتصورات نظرية مسبقة، بل يترك للنصوص حرية البوح عن خصائصها، لذلك قد تستخرج الدراسة بعض التقنيات التي لم يُشر إليها في كتاب معني بتحليل الخطاب الأدبي من قبل، فبعض التقنيات التي ستُستخرج من النصوص هي اجتهاد شخصي من الباحث في محاولة تصنيفها وتحليلها دون تصورٍ مُسبق.

ـ خطة الدراسة:

ستجيء هذه الدراسة في مقدمة، وخمسة فصول، ثم يختتمها الباحث بملحق وخاتمة، وينهيها بقائمة بالمصادر والمراجع.

المقدمة: وتشمل أهمية الموضوع وطبيعة مدونة الدراسة والخطة المتبعة.

2 ـ الفصل الأول: (الجهاز المفاهيمي) وفيه أربعة مباحث:

1 ـ الحداثة المفهوم والماهية.

2 ـ ما بعد الحداثة.

3 ـ الأدب من التقليدية إلى ما بعد الحداثة الرقمية.

4 – رواية ما بعد الحداثة (الرواية الجديدة).

الفصل الثاني: (الخطاب الميتاسردي في الرواية العربية الجديدة) يتصدره تأصيل نظري يعرف بخطاب الميتاسرد، ثم خمسة مباحث:

1 – المخطوط.

2 – الوعي بالفعل الكتابي واستحضار المتلقي.

3 – اليوميات والمذكرات.

4 – الراوي المحقق.

5 – الرواية موضوعاً للسرد.

الفصل الثالث: (التداخل النوعي في الرواية العربية الجديدة) وفيه ستة مباحث بعد التأصيل النظري لظاهرة التداخل النوعي والأجناسي:

1 – التشكيل بالشعر في الرواية العربية الجديدة.

2 – توظيف التقنيات السينمائية في الرواية العربية الجديدة.

3 – الفن التشكيلي في الرواية الجديدة (الرسم والجداريات).

4 – تضمين القصة القصيرة والقصة القصيرة جداً في بناء الرواية العربية الجديدة.

5 – استدعاء الحالة المسرحية وإرشادات الحوار الدرامي في الرواية العربية الجديدة.

6 – توظيف تقنية الكولاج في الرواية العربية الجديدة.

الفصل الرابع: (التناص في الرواية العربية الجديدة) وفيه أربعة مباحث تعقب التأصيل النظري لمصطلح التناص: 1 – التناص مع النص المقدس.

2 – التناص باستحضار الشعر العربي.

3 – التناص مع الأمثال والمقولات الشعبية.

4 – التناص باستحضار الأغنية.

الفصل الخامس: (تقنيات الفضاء الجديد في الرواية العربية الجديدة) وفيه ثلاثة فصول بعد التوطئة النظرية:

1 – العالم الافتراضي في الرواية العربية الجديدة وخطاب العتبات.

2 – تقنيات العالم الافتراضي في الرواية العربية الجديدة (تقنيات الفيسبوك نموذجاً).

3 – الأبعاد الدلالية لتقنيات العالم الافتراضي في الرواية العربية الجديدة.

الملحق: ويتناول على نحو موجز بعض التقنيات التي لم يتوسع البحث في تناولها من خلال فصول مستقلة.

الخاتمة: وتحتوي على أبرز النتائج التي تم التوصل إليها.

والله ولي التوفيق.

الفصل الأول:

الجهاز المفاهيمي

المبحث الأول:

الحداثة المفهوم والماهية

1 – ما الحداثة ؟ (التأصيل اللغوي):

عند تأمل القارئ لمفردة (الحداثة) سيجد أن الجذر اللغوي يتكون من ثلاثة أصوات (ح د ث) وبتتبع هذا الجذر في (القاموس المحيط) يظهر الآتي «حدث حدوثاً حداثة: نقيض قدم، وتضم داله إذا ذكر مع قدم. وحدثان الأمر، بالكسر: أوله وابتداؤه، كحداثته، ومن الدهر: نوبه، كحوادثه وأحداثه. والأحداث: أمطار أول السنة. ورجل حدث السن وحديثُها بين الحداثة والحدوثة: فتي والحديث: الجديد»[1]. وفي (لسان العرب) لابن منظور توجد مادة (حدث) ومشتقاتها بالمعاني الآتية «الحديث نقيض القديم والحدوث نقيض القدمة، حدث الشيء يحدث حدوثاً وحداثة وأحدثه هو فهو محدث وحديث وكذلك استحدثه، وخذ الأمر بحدثانه وحداثته أي بأوله وابتدائه، وحدثان الشيء بالكسر أوله، وحداثة السن كناية عن الشباب وأول العمر»[2].

وبالتالي فإن مادة (حدث) تدل على الجديد والمحدث والمبتكر وبداية الأمر.

وبالوصول إلى (معجم اللغة العربية المعاصرة) نجد قنطرة بين (حدث) كأصل لغوي وبين (مصطلح الحداثة) «حدث الأمر: وقع وحصل، وحدث عن كذا: نتج منه، وحدث الشيء: كان جديداً، عكسه

قدم، وأحدث الشيء: ابتدعه وابتكره، وحداثة: مصدر حدث (جِدّة) والحداثة: مصطلح أطلق على عدد من الحركات الفكرية الداعية إلى التجديد والثائرة على القديم في الآداب الغربية وكان صداها في الأدب العربي الحديث خاصة بعد الحرب العالمية الثانية ويميل كثير من المبدعين الآن إلى الحداثة باسم التجديد وتارة «الصدق الفني» وحداثوية: اسم مؤنث منسوب إلى حداثة: نزعة تميل إلى الاهتمام بكل ما هو عصري وجديد، وطرح كل ما هو قديم مطروق»[3] . يتضح إذن أن الحداثة في أصلها اللغوي تعني مغايرة القديم ومواكبة الواقع والعصر.

2 – ما الحداثة ؟ (ما وراء البعد الاصطلاحي):

الحداثة ترجمة للمصطلح الإنجليزي Modernism «فالمصطلح في أساسه أجنبي عن اللغة العربية، أوروبي المنشأ، ظهر في معظم لغاتها كالإنجليزية والفرنسية والألمانية وغيرها»[4] . وترتبط مفاهيم الحداثة بالحضارة «فهي نمط حضاري خاص يتعارض مع النمط التقليدي، أي مع كل الثقافات السابقة عليه أو التقليدية، فمقابل التنوع الجغرافي والرمزي لهذه الأخيرة، تفرض الحداثة نفسها على أنها شيء واحد متجانس، يشع عالمياً انطلاقاً من الغرب، ومع ذلك فهي تظل مفهوماً ملتبساً يشير إلى تطور تاريخي وإلى تغير في الذهنية. إن الحداثة، من حيث هي معطى متشابك تتلاحم فيه الأسطورة بالواقع، واقع يتميز في كل المجلات: دولة عصرية، تقنية عصرية، موسيقى ورسم وعادات وأفكار عصرية»[5] .

إن مفهوم الحداثة «بالأساس مفهوم غربي، ارتبط بالمسار التاريخي الذي عرفته النهضة الأوروبية التي كانت البداية فيها فكرية ثم علمية، ثم جاءت الثورة الصناعية كمحصلة لكل هذا. لقد كانت البداية في الحداثة الغربية فكرية، والفكر هنا هو مجموع التصورات التي نكونها حول الذات وحول العالم والأشياء. وقد تغير هذا في الغرب، وتجاوز كل الأطروحات الخرافية وكل المفاهيم والأفكار التي لا يقبلها العقل والتجربة. وكانت نتيجة ذلك تبديلاً في طرق المعرفة والفهم والقيم وفكرة الإنسان عن نفسه. ووصل هذا مداه مع فلاسفة الأنوار، وتجسد عملياً بالثورة الصناعية والتكنولوجية»[6].

وقد جعل الغرب الحداثة ترتبط به وحده فهو النموذج والمثال الذي يُحتذى به وبالتالي «فهذا الفهم للحداثة يبقى في مجمله مرتبطاً بالسياق الثقافي الغربي ويطابق بالتالي بين الحداثة والغرب، بحيث لا ينظر إلى تجارب الآخرين إلا بوصفها تكراراً لنماذج الغرب واستنساخاً لطرائقه وأساليبه في العمل والتنظيم والتبادل، مما يجعل الحداثة عبارة عن نموذج كوني لا يعمل الآخرون إلا على إعادة إنتاج عناصره»[7]؛ فالحدثة هي التجلي الأعظم للهيمنة الغربية، في العصر الحديث.

3 - بدايات الحداثة:

عند محاولة تحديد بداية فعلية لنشأة الحداثة؛ نجد أنه «من العسير الوقوع على مكان أو تاريخ واضحين لها، هذا وإن الإمكانية الحداثية قديمة العهد»[8]. ومع ذلك يمكن القول إن الحداثة «انطلقت

من أوروبا مع الثورة الفرنسية 1789م، وعنت التغير في النظام السياسي من النظام الملكي إلى الديمقراطي الذي يقوم على سلطة الشعب والمجالس الممثلة للشعب، واعتماد الليبرالية نظاماً اقتصادياً، والمساواة بين الجنسين على الصعيد الاجتماعي. وإلزامية التعليم للأطفال والانتقال من نموذج الجماعات والطوائف الدينية المتحاربة إلى المواطن لا ابن الطائفة أو الدين. وتذويب الطوائف والأديان في بوتقة علمانية واحدة لا تمييز فيها على أساس عرقي أو ديني أو عملي، وبهذا تكون علاقة المواطن بالدولة لا بسلطة أخرى»[9] . إن الحداثة قد «أعادت النظر في القيم كلها، وعانت مرارة سقوط وحنيناً إلى البراءة، بهدف استخرج الحقائق الجديدة»[10] وإعادة هيكلتها.

4 – الانتقادات الموجهة للحداثة:

استمرت الحداثة على هذا النحو تدعو إلى العقلانية والعلمانية والتنوير والديمقراطية والتنمية والتحديث[11] لكنها لم تسلم من الانتقاد ووصل الأمر إلى المحاربة، حيث «حوربت الحداثة من قبل المجتمع بصورتيه الفردية الممثلة للمجتمع وعبر مؤسساته المختلفة ففي عام 1907م شجبت الكنيسة الكاثولوكية الحداثة واعتبرتها بدعة تقتضي محاربتها، كما أعلن الفاتيكان مرة أخرى خلال عهد البابا (بول) عن شجبه للحداثة الجديدة، كما اعتبر (هتلر) الحداثة فناً منحطاً، وقد أصيب الأدب بالتخمة والغثيان من مصطلح الحديث، ويأخذ هاري ليفين على المحدثين أنهم كانوا مغرمين بأفكارهم الشخصية، بل أسوأ

أنهم يطلبون من عقول قرائهم مطالب حادة، وهذه هفوة لا يمكن تجاوزها»[12].

وأرى أن هذا الانتقاد الحاد للحداثة منطقياً، ألم ترفض الحداثة كل ما خالفها؟ ألم تتصدَ الحداثة للتطرف الديني، لكنها في المقابل صنعت أيديولوجيات متطرفة ـ وإن كانت تعلي من قيمة العقل ـ نتج عنها حروب وصراعات كادت أن تفتك بالبشرية؟

دعت الحداثة إلى العقلانية، لكنها لم تخلص العقل البشري من شروره، نادت الحداثة بالتنمية فصنعت مجتمعات مركزية وأخرى هامشية يقع عليها الفعل الاستعماري والتوسع الإمبريالي، طالبت الحداثة بالديمقراطية لكن بآليات تجعلها قاصرة على فئات بعينها. أعلت الحداثة من شأن الذات التي رأت الآخر جحيماً[13] ينبغي الخلاص منه.

إن الحداثة ليست خيراً مطلقاً وليست شراً مطلقاً، لذلك «تبقى مسألة (الحداثة) قضية شائكة الأطراف في الفكر الغربي والعربي على السواء لما فيها من تعدد للمنطلقات والفلسفات والدعوات الصريحة والمبطنة التي سعت لتكريسها في الفكر الإنساني كنوع من التجديد والتغيير في بنية النظم الفكرية والسياسية والعقدية التي كانت تبرز القيود على بني البشر بشكل مطلق، فكانت الحداثة هي سبيل الحرية المطلقة التي جعلت من الغرب يعيش عبثية فكرية ودينية، وفوضى أخلاقية من إباحية ومجون ومثلية وسقوط للقيم الإنسانية وتدنيها»[14]، ومن ثمّ كان من الطبيعي أن تنهار «الحداثة في بلادها

التي نشأت فيها»[15]، لكن هل يعني انهيار الحداثة أنها انتهت تماماً وصارت حقبة من الماضي؟ أم أنها تحاول البقاء والاستمرار؟ وهل تيارات ما بعد الحداثة جاءت لتهدمها تماماً أم لتصحح مسارها وجعلها أكثر ملاءمة مع واقع الناس وتراثهم في آن؟

إن الحداثة لا يمكن أن تنهار كلياً، فحتى تيارات ما قبل الحداثة ما زالت مستمرة وإن كانت أقل حدة من الماضي رغم تحدي الحداثة لها، أتصور أن الحداثة ستظل موجودة ردحاً طويلاً من الزمن محاولة التأقلم مع التيارات التي جاءت بعدها بغية هدمها.

المبحث الثاني:

ما بعد الحداثة

1 – ما بعد الحداثة ؟ (محاولة للتنظير):

إن محاولة تعريف مصطلح (ما بعد الحداثة) أمر يتعارض مع ماهية المصطلح نفسه، يقول (إيهاب حسن) أحد أهم منظري ما بعد الحداثة: «إن لفظة تعريف لفظة حداثية موروثة من نماذج الوضعية المنطقية، ولا تنسجم مع الإطار العام المفتوح لما بعد الحداثة، والذي لا يحوي ضمن مفرداته مقولة التحديد، فالتعريف يوحي بالثبات كما أنه يفترض مقدماً أن كل من سيقرأه سيفهمه كما حدده كاتبه، وكما سيفهمه جميع القراء، وهذا ما يرفضه منظرو ما بعد الحداثة الذين لا يؤمنون بوجود حقيقة موضوعية»[16]. كما أن أول ما يلفت نظر القارئ لمصطلح (ما بعد الحداثة Postmodernism) ليس صدر المصطلح بل عجزه؛ فالمصطلح «ليس مربكاً فقط، ولكنه أيضاً أوديبي، ومثل مراهق متمرد ولكنه عاجز لا يمكنه فصل نفسه عن أبيه»[17]. فهل يعني المصطلح تطور الحداثة أم تجاوزها أم نقدها أم ما يمكن أن يأتي بعدها؟

ولماذا ربط نفسه بها ولماذا لم يصك المنظرون مصطلحاً جديداً لا ترد فيه كلمة الحداثة؟ ومن خلال «هذا السياق يسهل علينا إدراك

عناصر القلق والتوتر التي تكتنف مصطلح ما بعد الحداثة، فإذا كانت ما بعد الحداثة تعني التشكيك في إيمان الحداثة بوجود أسس شرعية، فإنها تجعل من الهجوم على الحداثة غايتها ونهاية مسعاها بدلاً من أن تتخذه منطلقاً للسعي الحقيقي إلى تجاوزها بحثاً عن جديد»[18]، فبمجرد ذكر المصطلح سيستدعي العقل ميراث الحداثة، وسيحاول البحث عن ماهيتها ليعرف ما هي (ما بعد الحداثة) لذلك تظل الحداثة حاضرة وإن وجدت ما بعد الحداثة لهدمها، وعلى كل «يمكننا اعتبار خطاب ما بعد الحداثة وإبداعها الفني مجرد محاولات لتفكيك وكشف ادعاءات الشرعية التي طرحتها الحداثة، ومن هذا المنظور يتجلى مصطلح ما بعد الحداثة كمفهوم مركب متعدد الأوجه يتجلى في عدد من الظواهر المنوعة التي يجمع بينها هدف واحد، هو محاصرة وتخريب فرضيات الحداثة، وما ينبني عليها من مواقف ونتاج ثقافي»[19]، لقد أتت ما بعد الحداثة «لتفجر الهوامش وتكشف عن عجز الوعد العقلاني الليبرالي في تحقيق العدالة والحرية وتضع الكل أمام الحقيقة القاتمة التي لم تستطع العقلانية الأوروبية معها منع الحروب والكوارث الاقتصادية والأخلاقية وكان هذا إخفاقاً لكل وعود الحداثة»[20]، وأحلامها، فكان من الطبيعي أن ينشأ تيار فكري جديد يقوم على هدم جميع فرضيات الحداثة.

إن «منظري ما بعد الحداثة يعرفونها على أنها مجموع الظروف والشروط المختلفة والمتعددة التي تختلط فيها المظاهر الاجتماعية بالمظاهر الثقافية، فلا يمكن التمييز بين ما هو اجتماعي وما هو ثقافي، فتنهار المسافة بين النظرية وموضوعها»[21].

وكما يتضح فإن ما بعد الحداثة معنية بأمرين؛ أولاً: نقد الحداثة وهدمها وكشف عوراتها. ثانياً: تجاوز الحداثة من خلال تقديم معارف وأفكار جديدة تخالف سابقتها، وإن كان يرى (د. عصام عبد الله) أن «المقطع ((ما بعد)) في عبارة ((ما بعد الحداثة)) (Postmodern) يشير إلى انسحاب يحاول أن يبتعد عن منطق التطور في الحداثة، وأن يبتعد بشكل خاص عن فكرة ((التجاوز)) النقدي الذي ينحو نحو تأسيس جديد»[22]. فما بعد الحداثة معنية بهدم الحداثة أكثر من فكرة تجاوزها.

وتقوم ما بعد الحداثة على «أسلوب فكري يتشكك في المفاهيم التقليدية للحقيقة والعقل والهوية والموضوعية، وفي فكرة اتجاه العالم نحو التقدم والتحرر»[23]. كما أنها قادرة على الأخذ من التيارات السابقة عليها وتحوير ما تأخذه «فتأخذ ما بعد الحداثة شيئاً من كل من الحداثة والطليعة، وتضرب إحداهما بالأخرى بمعنى معين. فمن الحداثة بمعناها المحدد، ترث ما بعد الحداثة الذات المفتتة أو الفصامية، لكنها تمحو كل مسافة نقدية منها، معادلة ذلك بتقديم جامد لخبرات (غريبة) يشبه إيماءات معينة للطليعة. ومن الطليعة، تأخذ ما بعد الحداثة ذوبان الفن في الحياة الاجتماعية، ورفض التقاليد، والمعارضة للثقافة (الراقية) بوصفها كذلك، لكنها تمزج ذلك بالدوافع اللاسياسية للحداثة. وهكذا تكشف بصورة خرقاء الشكلية الكامنة لأي شكل فني راديكالي»[24]، وبهذا يتضح أن ما بعد الحداثة باختصار «مجموعة من الثقافات غير الموحدة»[25] التي تهدف إلى تقديم فكرة لا نهائية وغير ثابتة أو يقينية للعالم.

2 - نشأة ما بعد الحداثة وتطورها:

إن من الصعب تحديد تاريخ قطعي لبدايات ما بعد الحداثة؛ إذ وُجد جدل كبير حول تحديد البدايات، فعلى سبيل المثال «يرصد (أرنولد تويني) بدايتها في سبعينيات (القرن التاسع عشر) ويرى كل من (تشارلز أولسن وابرفن هاو) أنها ظهرت في خمسينيات القرن العشرين، ولو أنهما يقصدان بها أشياء أخرى، في حين يؤكد (فردريك جيمس) في بعض أعماله أنها ظهرت في أواخر الخمسينيات وأوائل الستينيات، أما (تشارلز جينك) فيرى أنها بدأت في الساعة الثالثة والنصف ودقيقتين من مساء يوم الاثنين الخامس عشر من يوليو 1972، ويرى آخرون أن ما بعد الحداثة تعد ظاهرة من ظواهر الثمانينيات»[26]. وللخروج من هذا التضارب التاريخي يمكن «رد مصادر ما بعد الحداثة الفلسفية إلى نيتشه وهيدجر وكانط»[27]، رغم المدى الزمني الطويل بين الشخصيات الثلاثة وبين التحقق الفعلي لما بعد الحداثة، إلا إنها استقت الكثير من مقولاتها من فلسفاتهم.

وعلى كل «فقد انتقل العالم من عصر الحداثة إلى عصر ما بعد الحداثة بفعل عدد من المتغيرات السياسية والاجتماعية والاقتصادية والفلسفية التي شهدها القرن العشرون وبخاصة بعد نهاية الحرب العالمية الثانية، أدت هذه المتغيرات إلى الشك في المشروع الحضاري للحداثة والتنوير الغربي، فقد عانت أوروبا والعالم كله ويلات الكوارث في القرن العشرين، مما أدى إلى زعزعة الثقة في القيم والمثل التي دعا إليها عصر التنوير مثل العقل والحرية والعدالة

والمساواة. وظهرت منذ أوائل القرن العشرين فلسفات تشاؤمية في نظرتها إلى التاريخ والكون والحضارة»[28].

وتتضح الملامح الفنية والأدبية والثقافية لما بعد الحداثة أكثر في (فرنسا) مع «صعود فنانين تجديديين عظماء في فترة ما بعد الحرب»[29] ـ أمثال شتوكهاوزن وبوليز، وروب جرييه، وبيكيت، وكوفر، وراوشنبرج وبويست ـ تلاه نموٌّ هائل في تأثير عدد ضخم من المثقفين الفرنسيين منهم المنظر الاجتماعي الماركسي لويس ألتوسير، والناقد الثقافي رولان بارت، والفيلسوف جاك دريدا، والمؤرخ ميشيل فوكو، وقد بدءوا جميعاً عملهم في الواقع عبر تأمل مضامين الحداثة، ونادراً ما جمعت أياً منهم علاقة ممتدة بالحركة الطليعية المعاصرة، كان ألتوسير مهتماً ببريخت، بينما ركز بارت على فلوبير وبروست، أما دريدا فقد اهتم بنيتشه وهايدجر ومالرميه، في حين انشغل فوكو بنيتشه وباتاي. ومع منتصف السبعينيات من القرن العشرين، أصبح من الصعب معرفة ما الأهم لدى أتباع ما بعد الحداثة»[30]. وما لبث أن «انتقل هذا الإطار الفكري الجديد والمفزع من فرنسا إلى إنجلترا وألمانيا والولايات المتحدة في أواخر الستينيات وأوائل السبعينيات من القرن العشرين. وباندلاع ثورات الطلبة عام 1968 كان التفكير الفلسفي الأكثر تطوراً قد ابتعد عن الوجودية نحو مواقف أكثر تشككاً ومعادية للمذهب الإنساني. وجدت تلك المعتقدات الجديدة منبراً لها فيما أصبح معروفاً بالنظرية التفكيكية وما بعد البنيوية»[31]. ومن ثم فإن ما بعد الحداثة تتشابه مع الحداثة من حيث انطلاقهما من الفلسفة مروراً بالآداب والفنون وتحليل الخطاب، ما

يوحي بأن الحداثة نفسها كانت الأب الشرعي لما بعد الحداثة، حتى وإن خرج الابن عن طاعة أبيه وانقلب عليه، سيظل مرتبطاً به.

3 – تقابلات الحداثة وما بعد الحداثة:

لكي تتضح ملامح ما بعد الحداثة أكثر لا بدّ من عقد مقارنة بينها وبين الحداثة وقد قام (إيهاب حسن) بعقد تلك المقارنة من خلال جدول «يتكئ على أفكار من حقول عديدة: علم البلاغة، الألسنية، النظرية الأدبية، الفلسفة الأنثروبولوجيا، التحليل النفسي، العلوم السياسية واللاهوت أيضاً»[32]، وجاء أبرز ما في الجدول على النحو الآتي[33]:

ما بعد الحداثة	الحداثة
فيزيقا/ دادية	رومانسية/ رمزية
الشكل المضاد (مفكك)	الشكل (متماسك/ مغلق)
العبث	الهدف
الفرصة	التصميم الفني
الفوضى	النظام
إرهاق/ صمت	إتقان/ عقلانية
تشغيل/ أداء/ حدث	تحفة فنية/ عمل متكامل
مشاركة	فاصل
تفكيك/ هدم/ تحليل	إبداع/ إجمال/ تركيب توفيقي
غياب	حضور
تفريق	تجميع
نص/ نص داخلي	الجنس الأدبي/ الحدود

بلاغة	دلالة
الجملة	كلمة
استطراد	سكون
استرسال	مجاز اختيار
ربط	جذر/ عمق
ضد التفسير/ سوء القراءة	تفسير/ قراءة
دالة	مدلول
مكتوب	مقروء
سرد روائي/ قصة فرعية	سرد روائي/ قصة رئيسية
أسلوب شخصي	قاعدة ثابتة
رغبة	عرض
متغير	مثال
متعدد الأشكال/ مخنث	تناسلي/ ذكري
انفصام الشخصية	هوس
تباين/ أثر	أصل/ علة
سخرية	ما وراء الطبيعة
لا حسم/ ذاتية	حسم/ سمو

من خلال الجدول السابق[34] يتفق التياران إذن في كونهما يمثلان رؤية شاملة للحياة بكافة نظمها وقوانينها، وقد «تعرض هذا الجدول للنقد من جانب كرستين وسوزان روبن سليمان بناء على عدم دقة المقابلة بين المسميات، إلا أن إيهاب حسن يظل على التزامه بوجهة نظره التي ترى الحداثة متمحورة وما بعد الحداثة باعتبارها تتسم بما يطلق عليه اللا حسم والذاتية. وكلا المذهبين يضمان تيارات

فرعية»[35]؛ يتضح من خلالها أن الحداثة تدعو إلى العقلانية وسيطرة النسق والنظام والمرجعية، أما ما بعد الحداثة فتدعو في جانب منها إلى العبثية وغياب النسق والفوضى واللامرجعية.

4 - الانتقاد الموجه إلى ما بعد الحداثة:

لقد جاءت ما بعد الحداثة لتهدم جميع ما قبلها، وتقدم تصوراً لا يقينياً عن العالم، جاءت لتصنع نسقاً جديداً، هو نسق اللا نسق؛ لذلك لم تسلم من الانتقادات من خارجها وداخلها في آن واحد؛ فقد «قدمت تأويلاً ريبياً وشكياً إن لم يكن عدمياً، وهو موقف فيلسوف ما بعد الحداثة جان فرانسوا ليوتار»[36]. إنها كما يقول (عبد الوهاب المسيري): «إعلان لنهاية التاريخ، ونهاية الإنسان ككائن مركب اجتماعي قادر على الاختيار الأخلاقي الحر، ليحل محله إنسان ذو بعد وتحدٍ يدور في إطار المرجعية الكامنة أو دون أية مرجعيات، يعيش منكفئاً إما على ذاته الطبيعية التي لا علاقة لها بما هو خارجها، فهي مرجعية نفسها، أو على كليات لا إنسانية مجردة لا علاقة لها بالإنسان كما نعرفه، وهذا الإنسان لا ذاكرة له فهو يعيش في (اللحظة) دائماً، في قصته الصغرى»[37]. ويرى المسيري أن ما بعد الحداثة «تقوم بقتل التاريخ»[38] وينتقد (يورجين هابرماس) ما بعد الحداثة، حيث يرى الحداثة مشروعاً لم يكتمل «ويرد على نقد الاتجاه العقلاني والتقدم الاجتماعي في قلب مشروع التنوير الذي قال به نصيراً ما بعد البنيوية، الفرنسيان فوكو ودريدا، ويصفهما هابرماس بأنهما (شابان محافظان) و(يناهضان الحداثة) (ولو أنه يعتقد أنهما اعتمدا على كل من الحداثة

والعقلانية في ما ذهبا إليه»[39]، إنها «تصل في النهاية إلى ما وصل إليه التقويض، تصل إلى طريق مسدود. فهي وإن حاربت أشكال الهيمنة والظلم تظل عاجزة عن تقديم البديل الواقعي الثقافي»[40]، ما يجعل ما بعد الحداثة غير مكتملة أو واضحة الملامح بشكل كلي.

5 – تركيب:

إن كل مبالغة في أمر ما، تولد مبالغة مضادة؛ فحينما بالغت النزعة التراثية المحافظة في التقليد، جاءت الحداثة لتهاجمها ولترفع من شأن العقل والتنوير إلى حد كاد أن يضر بالعقل والتنوير نفسيهما، ثم جاءت ما بعد الحداثة ثائرة على كل ما قبلها من تيارات فكرية وفلسفية وناقدة لها وشككت في كل شيء، حتى كادت أن تصل إلى الفوضى والعبثية، لكن هل يمكن أن تلتقي هذه التيارات جميعها؟ وهل يمكن أن نفيد منها بما يخدم الإنسان المعاصر، أن نأخذ من التراث قِيَمه، ومن الحداثة عقلانيتها، ومن ما بعد الحداثة بعض رؤاها الخاصة بالفنون دون مبالغة في الأخذ؟ ولماذا لا تسير هذه التيارات جنباً إلى جنب في تناغم يؤدي إلى تقدم البشرية ورقيها؟

لقد تأثر الأدب بكل هذه التيارات المتعاقبة تأثراً إيجابياً؛ لذلك استطاع أن يستوعبها جميعاً في آن، حتى إن المؤلف الواحد صار باستطاعته أن يكتب العمل التقليدي إلى جوار الحداثي بجانب ما بعد حداثي ويراوح بينهم جميعاً؛ فقد كان الأدب – إلا فيما ندر – أكثر تسامحاً في قبول الأشكال والموضوعات التي أقرتها التيارات الفكرية والفلسفية المتباينة.

المبحث الثالث:

الأدب من التقليدية
إلى ما بعد الحداثة الرقمية

الأدب دائم التطور والتحول والتغير، لا يستقر على حال ثابتة؛ فالثبات يتنافى مع العملية الإبداعية ذاتها القائمة على الابتكار والتجديد، لذلك يجد القارئ أن لكل مرحلة تاريخية أشكالها الأدبية التي تجلت فيها.

1 – الأدب الحديث مـن الكلاسـيكية إلى الواقعيـة الافتراضية:

يبدأ الأدب الحديث – عالمياً – من مرحلة الكلاسيكية[41] التي تسعى إلى «اتباع المعايير التقليدية (كالبساطة، والاعتدال، وتناسب الأجزاء) المعترف بها في كل زمان ومكان»[42]. ثم جاءت «ثورة الحركة الرومانتيكية على الأوضاع الكلاسيكية في أواخر القرن الثامن عشر بإنجلترا وأوائل القرن التاسع عشر بفرنسا. فقد أخذ رواد هذه الحركة على الكلاسيكية عدم اتساعها للتعبير عن الذات وذلك لالتزامها أوضاعاً ونظماً لا يستطيع الكاتب أن يقلدها من غير أن يكون متكلفاً نظراً لاختلاف المثيرات في حالتي المقلد والمقلد»[43]. وسعت الرومانسية إلى إظهار «الخيال الإبداعي والتعبير الذاتي والولع بالطبيعة موضوعاً للأدب ومعياراً لجودته»[44]، ثم جاءت

الواقعية التي تُعنى «بتصوير الواقع والتعبير عنه»[45]. وقد «استوعب الكتاب الواقعيون من مختلف الجوانب حياة الإنسان والمجتمع، التاريخ الماضي، عالم الطبيعة وجعلوا مادة الفن كل شيء يهم الإنسان. وجسد الفن الواقعي كل لحظات الحياة الإنسانية: ولادة الطفل، عالم الطفولة واهتمامات الأطفال، الفتوة واندفاعاتها، نشاط الإنسان الراشد، تطلعاته، حبه، حياته العامة والخاصة، مرحلة النضج والإنتاج، مرحلة الذبول ودراما الموت. وأعطت الواقعية تحليلاً للمجتمع المعاصر لها من أسفله إلى أعلاه، وعلى كل الصعد والمستويات الاجتماعية ــ الثقافية مجسداً في نماذج إنسانية ممتلئة بالحياة»[46]، وعن ذلك يقول (جورج لوكاتش): «فإذا كان الأدب بالفعل شكلاً خاصاً لانعكاس الواقع الموضوعي، فمن الملهم جداً له أن يستوعب هذا الواقع، كما هو بالفعل، ولا يقتصر على التعبير عما يبدو مباشرة. وإذ يسعى الكاتب إلى استيعاب الواقع وعرضه كما هو فعلاً، أي إلى أن يُكون واقعياً فعلاً، تلعب مسألة الشمولية الموضوعية للواقع دوراً حاسماً. وسيان هنا كيف يقوم الكاتب بصياغتها فكرياً. لقد أبرز لينين المدلول العملي لمقولة الشمولية مراراً وبحدة: ((يجب على المرء، لمعرفة موضوع فعلاً، أن يستوعب جميع جوانبه، جميع ترابطاته وتوسطاته وأن يقوم ببحثها. إننا لن نستطيع أبداً بلوغ ذلك تماماً، لكن طلب الإحاطة بجميع الجوانب سيعصمنا من الأخطاء والجمود))»[47]. فقد كان «يدلنا تاريخ الفكر والأدب على أن كل الفنون في الماضي كان هدفها بشكل ما هو هذا الواقع، حتى عندما نتحدث عن واقع أسمى، أو واقع الجوهريات، أو واقع الأحلام والرموز»[48].

إن الأدب كان قد تخلى «عن واقع الحياة في أطوار مختلفة، كما كان في العصور الكلاسيكية، حين أوغل الأدباء في محاكاة القدماء، واتجهوا إلى ميول السادة والحكام ومزاجهم في تذوق الفن والحياة، فكان الأديب ـ من الناحية الفنية ـ يدين بطريقة القدماء، يلتزم أساليبهم وأصولهم. ففي الغرب ـ مثلاً ـ أصر النقاد والمؤلفون على ما كان متبعاً في الفن المسرحي اليوناني القديم من وجوب توافر الوحدات الثلاث، أي وحدات الموضوع والزمان والمكان، في المسرحية، كما قالوا بضرورة فصل المأساة عن الملهاة وعدم جواز الجمع بين الفواجع والمضحكات في مسرحية واحدة، برغم اجتماعها في الحياة الواقعية»[(49)]. ويرى الدكتور صلاح فضل أن الواقعية «من أشد المذاهب الأدبية حيوية وأطولها عمراً، فإذا تذكرنا أنها قد ولدت في منتصف القرن الماضي، أدركنا أنها عاصرت الرومانتيكية وورثتها، وشهدت الطبيعية وتجاوزتها. وتأملت مولد غيرها من المذاهب الموقوتة التي لم تعمّر، دون أن تفقد قدرتها على التجدد والابتعاث وامتصاص ما في التجارب الأخرى من عناصر صائبة وتجديدات سديدة، من هنا تعددت وجوه الواقعية وتنوعت أصولها، واتسمت في تطورها بالخصوبة ولم تقتصر على دورها في الماضي وإنما امتدت لتحضن إنتاج الغد بما احتوته من نزعة مستقبلية أصيلة»[(50)].

وقد ولد في هذا العصر نوع جديد من الواقعية، أطلق عليها الواقعية الافتراضية، وقد نما هذا المولود وترعرع وصار فتياً يافعاً بسرعة مذهلة، وما زال في طريقه إلى النمو المتزايد.

فالواقعية الافتراضية ليست واقعية لأنها تتناول هموم الواقع

ومشكلاته فقط، أو صارت البشرية تتجمع حولها وأقيم من خلالها مجتمعات كبرى، وصارت المؤسسات الاقتصادية تعتمد عليها بشكل كبير، بل إنها واقعية أيضاً بسبب الوسائط والآليات التي تستخدمها، وطرق تشكل هذه الوسائط التي لا تقوم الواقعية الافتراضية إلا من خلالها.

والعالم الافتراضي رغم اختلافه عن الواقع الحقيقي إلا أنه لا يتصادم معه، بل قد صار انعكاساً له، وصار الحقيقي يتمثل بشكل فعلي داخل الافتراضي، وصار العالمان يعتمدان على بعضيهما بشكل كبير ويمتح كل منها من الآخر.

إن العالم الافتراضي في لحظته الراهنة يكاد أن يكون عالماً ملموساً، وتوشك الحدود الفاصلة تذوب بينه وبين العالم الحقيقي، لقد صارت قضايا العالم الحقيقي وهمومه ومشكلاته يتم تناولها من خلال هذا العالم الافتراضي ومحاولة حلها من خلاله أيضاً، وصار الافتراضي بتشعباته وتقنياته وآلياته وأدواته يتدخل في شتى مناحي الحياة الواقعية على نحو كبير.

لقد كان طبيعياً أن يتجه الناس والفنانون والأدباء منهم إلى هذه الوسائل الجديدة واستخدامات إمكاناتها المتاحة، والإفادة منها بأكبر قدر، فالتغيير كان حتمياً على المستويات كافة ومنها الأدب وبالتالي نشأ نتيجة ذلك الأدب الرقمي، وقد تناولت د. (فاطمة البريكي) مظاهر تجلي الأدب إلكترونياً، فتناولت (المنتديات الأدبية الإلكترونية، والصالونات الأدبية الإلكترونية الحوارية، والمواقع الأدبية الإلكترونية والمجلات الأدبية الإلكترونية والصفحات الأدبية

والثقافية في الجرائد الإلكترونية، والكتاب الإلكتروني)[51]، والأدب التفاعلي – باعتباره أحد تجليات ما بعد الحداثة – يحوي في داخله أنماطاً شتى للأدب فوجدت فيه الرواية التفاعلية والقصة التفاعلية والمسرحية التفاعلية والقصيدة التفاعلية[52].

2 – أدب ما بعد الحداثة:

لقد كانت الحداثة الأدبية في مستواها الفني معنية بالتماسك والثبات واستقرار النموذج الأدبي المثال، المستند لأنساق فنية يمكن تكرارها في كل الأعمال الأدبية المنتمية للنوع الواحد، أما ما بعد الحداثة فقد سلكت مسلكاً مغايراً «واحتفلت ما بعد الحداثة بأنموذج التشظي والتشتيت واللاتقريرية كمقابل لشموليات الحداثة وثوابتها، وزعزعت الثقة بالأنموذج الكوني وبالخطية التقدمية وبعلاقة النتيجة بأسبابها، وحاربت العقل والعقلانية، ودعت إلى خلق أساطير جديدة تتناسب مع مفاهيمها التي ترفض النماذج المتعالية وتضع محلها الضرورات الروحية وضرورة قبول التغير المستمر وتبجيل اللحظة الحاضرة المعاشة. كما رفضت الفصل بين الحياة والفن، حتى أدب ما بعد الحداثة ونظرياتها تأبى التأويل وتحارب المعاني الثابتة»[53]. وسعت ما بعد الحداثة الأدبية إلى «رفض صورة العمل المتكامل أو الذي يتمتع (بوحدة عضوية) وإحلال مبدأ المواجهة مع القارئ و(إغاظته) محل التعاون معه، ورفض فكرة الشخصية والحبكة باعتبارهما مفهومات فنية غير مقبولة، بل ورفض (المعنى) نفسه باعتباره وهماً لا أمل له ولا رجاء فيه، والاعتقاد بأنه من العبث محاولة فهم العالم،

41

بل من العبث الاعتقاد بوجود عالم يمكن فهمه»[54]. ويلحظ «تميز نصوص وخطابات ما بعد الحداثة عن سابقتها الحداثية بخاصية الغموض والإبهام والالتباس، بمعنى أن دلالات تلك النصوص أو الخطابات غير محددة بدقة وليس هناك مدلول واحد بل هناك دلالات مختلفة ومتناقضة ومتضادة ومشتتة»[55].

ومما سبق يتضح أن ما بعد الحداثة استطاعت تخليص النص الأدبي من قيود الحداثة وجعلته منفتحاً ومتجاوزاً لا مغلقاً على ذاته، لقد منحته صفتي الحرية والانطلاق وإن كان ذلك جيداً إلا أن ثمة خطورة يمكن أن تذهب بالأدب بعيداً حيث الفوضاوية الكتابية والنص المنفلت من ذاته.

المبحث الرابع:

رواية ما بعد الحداثة
(الرواية الجديدة)

قبل التطرق إلى تناول موضوع الرواية الجديدة، لا بدّ – أولاً – من تقديم نبذة موجزة حول فن الرواية.

1 – موجز حول فن الرواية:

أولاً – تعريف الفن الروائي:

لقد تم تداول مصطلح الرواية في العصر الراهن على نحو كبير، ما يجعل الذهن يدرك تصورها بسهولة قياساً على كثرة الأعمال الروائية المتاحة، ورغم ذلك لا مناص من التعريف العلمي الدقيق لها؛ فيعرف (د. لطيف زيتوني) الرواية بأنها «نص نثري تخيلي سردي واقعي غالباً يدور حول شخصيات متورطة في حدث مهم، وهي تمثيل للحياة والتجربة واكتساب المعرفة. يشكل الحدث والوصف والاكتشاف عناصر مهمة في الرواية، وهي تتفاعل وتنمو وتتحقق وظائفها من خلال شبكة تسمى الشخصية الروائية. فالرواية تصور الشخصيات ووظائفها داخل النص وعلاقاتها فيما بينها، وسعيها إلى غايتها، ونجاحها أو إخفاقها في السعي»[56]. لتصبح الرواية حياة جديدة على أسطح الورق.

ثانياً – بواكير الرواية، والتحول نحو التجديد:

وكانت بدايات ظهور الرواية «في مطلع القرن التاسع عشر، وذلك زمن انهيار نابليون تقريباً (إذ ظهرت رواية سكوت «ويفرلي» عام 1814) وطبيعي أنه يمكن العثور على روايات ذات موضوعات تاريخية في القرنين (السابع عشر والثامن عشر) أيضاً؛ ويستطيع المرء، إذا ما أحس ميلاً في نفسه إلى ذلك، أن يعتبر الأعمال القروسطية المعدة عن التاريخ الكلاسيكي أو الأساطير (أسلافاً) أو مقدمات للرواية» [57]، أما ما يتعلق بالتجديد في الفن الروائي، فقد «ظهرت أمارات التجديد على الرواية منذ عقابيل الحرب العالمية الأولى، في أوروبا والولايات المتحدة الأمريكية على أيدي كثير من الكتاب الروائيين أمثال (أندري جيد، ومرسيل بروست، وكافكا، وجميس جويس، وأرنست هيمينغواي، وجون دوص باصوص) ولما وضعت الحرب العالمية الثانية أوزارها، كان لا مناص أمام تلك المحنة من التفكير في شكل جديد للكتابة؛ فتغير التفكير الفلسفي بظهور الوجودية، وتغير التفكير النقدي بظهور البنيوية، وتغير الشكل الروائي بظهور بوادر في كتابة جديدة للرواية؛ وذلك في منتصف القرن العشرين على أيدي طائفة من الكتاب الفرنسيين بخاصة» [58].

أما في العالم العربي «فلم ينحصر ظهور الرواية الجديدة في بيئة عربية بعينها، بل امتد ليشمل الوطن العربي من محيطه إلى خليجه، كما أنها ظهرت في مرحلة زمنية وتاريخية محددة، تمتد بدءاً من العقود الأخيرة من القرن العشرين حتى يومنا هذا» [59]. وقد لقيت رواجاً ونجاحاً كبيرين.

2 – الرواية الجديدة (رواية ما بعد الحداثة):

إن الرواية الجديدة «لم تقم طفرة، ولم تنبت دون جذور؛ ولكنها جاءت نتيجة حتمية لعوامل كثيرة: سياسية، وحضارية وثقافية، وأيديولوجية، واقتصادية»[60]. ويجمل الدكتور عبد الملك مرتاض عوامل نشأة الرواية الجديدة في الحرب العالمية الثانية وما أسفرت عنه من نتائج، أثرت العالم كله وبالطبع الأدب وكذلك الحرب التحريرية الجزائرية التي أثرت على الرواية الفرنسية واستكشاف السلاح الذري والرعب الذي أحدثه وغزو الفضاء[61].

كل هذه العوامل السابقة أدت إلى تمرد الكتاب وحفزتهم كي يكتبوا نصوصاً من خلال تجارب روائية مبتكرة «وترفض هذه التجارب الروائية التقاليد الجمالية الراسية، وتتمرد على المنظومات الفكرية والأيديولوجية المألوفة، وتراها تكابد في سبيل صياغة أبنية سردية جديدة، والتيه والغموض وفقدان الغاية، أي تجسيد رؤية لا يقينية للعالم. وكل هذا يؤكد انسيابية الشكل الروائي ومرونته وتمرده الدائم على ذاته تلبية للمتغيرات المحيطة»[62]، لكن ذلك لا يعني انسلاخ الرواية الجديدة من الرواية الحديثة تماماً، بل تبقى هي والرواية التقليدية أيضاً حاضرتين، فلا يوجد ابتكار ينشأ عن فراغ «ومهما ادعى أصحاب الرواية الجديدة وأشياعها جميعاً، من رفض للرواية التقليدية، أو سخرية بتقنياتها؛ إهمال ما كان للمفكرين والروائيين العالميين الذين سبقوهم، من فضل وطول في تمهيدهم لتجديد جلد الرواية وتطويرها. ومن أولئك يمكن أن نذكر طائفة أمثال ماركس، وفرويد، وبروست، وجويس، وكافكا، وبريخت، وجيد، وهيمينغواي،

ودوص باصوص، وكامي، وسارتر وسوائهم من كبار المفكرين والأدباء الذين هزوا الأدب العالمي هزاً عنيفاً في القرن العشرين خصوصاً، وأثروا في اتجاه مسراه؛ وذلك بتطلعهم إلى عالم حالم أمثل لوظيفة الأدب الروائي ودوره في الحياة: اجتماعياً، وحضارياً، وجمالياً»[63]، ومعرفياً.

3 – خصائص الرواية العربية الجديدة:

لم يكن الأدب العربي بمعزل عن الأدب العالمي فهو ضمنه أيضاً وكان طبيعياً أن تتأثر الرواية العربية بالروايات العالمية[64] من جهة وبالتطورات التي طالت العالم أجمع من جهة أخرى وبالأحداث السياسية والاقتصادية التي مرت على العالم العربي في النصف الثاني من القرن العشرين[65] ما جعلها تأخذ منحى فنياً جديداً يتمثل في التجريب واستدعاء التراث وإسقاطه على الواقع مما «أسهم في إعطاء مسحة جديدة للرواية العربية على الصعيد الفني، فحدث تطورات شتى على صعيد اللغة، والأسلوب، والتقنيات الكتابية، واستفادت الرواية التي تفاعلت مع التراث من مختلف إنجازات (التجريب) الذي جاء بدوره رد فعل على ما آلت إليه الرواية الواقعية، التي هيمنت في الخمسينيات ومطلع الستينيات، فكان أن تحققت للرواية وفق هذا المنظور أبعاد تتجاوز ما تحقق في البدايات الأولى.. وكان من حصيلة هذا الامتزاج أن نجت الرواية العربية في اقتحام آفاق التجريب، وفي الوقت نفسه قدمت لنا تجربة تتأسس على قاعدة التفاعل مع التراث العربي، فصرنا في هذا الوضع أمام

إمكان الحديث عن تأصيل الرواية العربية من خلال خوض غمار التجريب»[66]. فهي رواية منفتحة في موضوعاتها وفي شكلها الفني غير منغلقة على إطار أو شكل محدد «إذ تنهل من جماليات التفكك والتشظي، والتجاور والتضاد، والتوازي والتنافر، وجماليات القبح والرعب والتناوب، والاسترسال الحر واللقطات السينمائية والمسرحية، والمفارقات والرموز، والصور الشعرية والصور السردية الغرائبية وتعدد المستويات اللغوية، وتنوع الأساليب والتقنيات، وغياب البطل أو الشخصية المحورية، وتبدي هذه التجارب الروائية حساسية خاصة تجاه الزمن، لهذا يفقد الزمن في هذه التجارب أهم خصائصه: التتابع والتراكم، وتختزل فيها الأزمنة والأمكنة والتاريخ، ويبرز زمان مبهم ومكان قلق والميل إلى اللغة المكثفة الموحية وتجسيد المعاني المتنوعة والمفارقات، والسخرية والتهكم والرموز المنوعة، والتضاد والتوازي والتنافر، والنبرة الهجائية والطاقة الإيحائية، والفجوات واللازمات، وصهر الأساليب القديمة والحديثة، وخلق أسلوب لغوي جديد يدهش القارئ ويصدمه، لكنها روايات لا تضحي بقارئها، بل حريصة على الاستحواذ على اهتمام القارئ وجعله يقظاً، وتلجأ إلى تقنية ((الميتاقص)) وتتمرد هذه التجارب الروائية على الحدود والقيود»[67].

إن الرواية الجديدة هي رواية التجريب المستمر، ويحق لنا طرح الكثير من التساؤلات: هل كل ما سبق يمكن أن يعد من قبيل الخصائص الفنية؟ وإن كانت الإجابة بنعم، ألا تعد الخصائص قولبة وتأطيراً وهو ما يتضاد مع ما بعد الحداثة؟ هل هذه الخصائص مطردة

في كل الروايات الجديدة، أم أن كل رواية تأخذ من هذه الخصائص ما يتناسب مع تجربتها؟ وهل يمكن أن تأتي هذه الخصائص جنباً إلى جنب مع خصائص الرواية التقليدية والحديثة مع التحوير فيها؟ ألا يجعل التناقض والتضارب في خصائص الرواية الجديدة رواية دون خصائص؟ هل التقنيات المتولدة عن هذه الخصائص تقنيات فرعية صغرى، أم تقنيات شمولية كبرى؟ وهل يمكن أن تولد هذه الخصائص تقنيات جديدة دائماً؟ هل يمكن أن تعد تقنيات الواقع الافتراضي الحاضرة في الرواية الورقية دافعة الحدث إلى الأمام ضمن تقنيات الرواية الجديدة؟

هل تعد الرواية الجديدة آخر مرحلة يمكن أن تصل لها الرواية ورقياً؟ أم ستأتي مراحل أخرى لا نعلم عنها شيئاً الآن؟

وما مصير الروايات التي تلتزم بالقالب الحداثي بل والتقليدي في ظل هيمنة الرواية الجديدة؟ وما دور النقد الأدبي في كشف اللثام عن الأبعاد الفنية والقضايا الفكرية للرواية العربية الجديدة؟ وأخيراً هل يمكن أن يقدم قالباً فنياً له تقنياته الثابتة الملزمة للرواية الجديدة، أم أنها الرواية المتمردة على القوالب دائماً؟

إن الباحث لا يجد إجابة يقينية ومحددة عن هذه الأسئلة، لكن نرجو أن تسعى الجوانب التطبيقية من الدراسة الإجابة عن بعضها.

الهوامش:

1 – محمـد بـن يعقـوب الفيروزابـادي، القاموس المحيـط، دار الكتـب العلمية، بيـروت، الطبعة الأولـى، 1995م، الجزء الأول، مادة (حـدث)، باب الثاء، فصل الحاء، ص222.

2 – جمال الدين محمد بن مكرم بن منظور، لسـان العرب، من إصدارات وزارة الشـؤون الإسلامية والدعوة والإرشاد، المملكة العربية السعودية، 2010م، الجزء الثاني، مادة (حدث) حرف الثاء، فصل الحاء، ص437: 438، باختصار.

3 – د. أحمـد مختار عمر وآخـرون، معجم اللغة العربية المعاصرة، عالم الكتـب، القاهرة، الطبعة الأولى، 2008م، المجلد الثالث، مادة (ح د ث) ص452: ص 454، باختصار.

4 – د. عدنـان علـي رضا النحـوي، تقويم نظريــة الحداثة، دار النحوي للنشـر والتوزيع، المملكة العربية السعودية، الطبعة الأولى م1992، ص24.

5 – جان بودريار، ضمن كتاب الحداثة الفلسفية، إعداد وترجمة: د. محمد سبيلا د. عبد السلام بنعبد العالي، الشبكة العربية للأبحاث والنشر، بيروت الطبعة الأولى، 2009م، ص231.

6 – عبد الرحمان اليعقوبي، الحداثة الفكرية في التأليف الفلسفي العربي المعاصر، مركز نماء للبحوث والدراسات، بيروت، الطبعة الأولى 2014م ص9.

7 – محمـد نور الديـن أفاية، الحداثة والتواصل في الفلسـفة النقديــة المعاصرة، أفريقيا الشرق، بيروت، الطبعة الثانية، 1998م، ص108.

8 – مالكولم برادبري وجيمس مكفارلين، حركة الحداثة، ترجمة: عيسى سمعان، سلسلة دراسات فكرية العدد (40)، منشورات وزارة الثقافة في الجمهورية العربية

السورية، دمشق، الطبعة الثانية 1981م، ج1، ص 26.

9 – د. عبد الوهاب المسيري، د. فتحي التريكي، الحداثة وما بعد الحداثة، دار الفكر المعاصر، لبنان، الطبعة الثالثة، 2010م، ص349.

10 – د. ديزيرة سقال، الحداثة وما بعدها في الشعر العربي المعاصر، منشور إلكترونية بموقع مكتبة نور، 2020م، ص7.

11 – التحديث ليس مرادفاً لمصطلح الحداثة، بل علاقته بها علاقة الجزء بالكل فإذا كانت تعني الحداثة بالفكر والنظام الاجتماعي ككل فإن التحديث يعني (بتكيف المرء مع القيم والمخترعات الجديدة) انظر: عبد الوهاب المسيري، وفتحي التريكي، الحداثة وما بعد الحداثة، ص344.

12 – عزت السيد أحمد، الحداثة بين العقلانية واللاعقلانية، دار الفكر الفلسفي للدراسات والترجمة والنشر، دمشق، الطبعة الثانية، 1999م، ص33.

وانظر: د. عبد الله المهنا، الحداثة والتحديث في الشعر، مجلة عالم الفكر وزارة الإعلام، الكويت، 1988م، المجلد (19) العدد (3) ص9.

13 – يرجع أصل تلك المقولة إلى الفيلسوف الوجودي جان بول سارتر على لسان شخصية (غارسان) من مسرحية الأبواب المقفلة، حيث قال: «فالجحيم هو الآخرون»، جان بول سارتر، الأبواب المقفلة، ترجمة: هاشم الحسيني، منشورات دار مكتبة الحياة، بيروت، ص97.

14 – د. رضا عامر، الحداثة الغربية وتجلياتها على الشعر العربي المعاصر، مجلة المعيار، العدد الخامس عشر، ديسمبر 2016م، ص148.

15 – د. حلمي محمد القاعود، الحداثة العربية، دار الاعتصام، 1998م، ص7.

16 – إيهاب حسن، ما بعد الحداثة إبهام المصطلح وغموض الدلالة، ترجمة: د. بدر الدين مصطفى، مراجعة وتحرير: عاطف معتمد، مجلة الترجمان، مركز اللغات الأجنبية والترجمة التخصصية، جامعة القاهرة، 2013م، ص5.

17 – إيهاب حسن، أوديب أو تطور ما بعد الحداثة، إعداد وترجمة: السيد إمام، دار شهريار، البصرة، الطبعة الأولى، 2018م، ص51.

18 – نك كاي، ما بعد الحداثة والفنون الأدائية، ترجمة: د. نهاد صليحة، الهيئة المصرية العامة للكتاب، القاهرة، الطبعة الثانية، 1999م، (مقدمة الكتاب الصفحة هاء)

19 – السابق، الصفحة نفسها.

20 – عبـد الله الغذامي، القبيلة والقبائلية أو هويات ما بعد الحداثة، المركز الثقافي العربي، الدار البيضاء، الطبعة الثانية 2009م، ص43.

21 – د. ميجـان الرويلـي، د. سـعد البازعي، دليل الناقد الأدبـي، المركز الثقافي العربي، الدار البيضاء، بيروت، الطبعة الثالثة، 2002م، ص224.

22 – عصام عبدالله، الجذور النيتشـوية لـ «ما بعد» الحداثة، ضمن كتاب نيتشـه وجذور ما بعد الحداثة، تحرير: د. أحمد عبد الحليم عطية، دار الفارابي، بيروت، الطبعة الأولى، 2010م، ص125.

23 – تيري إيجلتون، أوهام ما بعد الحداثة، ترجمة: د. منى سـلام، مركز اللغات والترجمة، أكاديمية الفنون، الجيزة، ص7.

24 – تري إيجلتون، مقالة بعنوان: الرأسـمالية والحداثة وما بعد الحداثة، ترجمة: أحمد حسان، ضمن كتاب ما بعد الحداثة تجلياتها وانتقاداتها، إعداد وترجمة: محمد سـبيلا وعبد السـلام بنعبد العالي، دار توبقال للنشـر، الدار البيضاء – المغرب، الطبعة الأولى، 2007م، ص25.

25 – تيري إيجلتون، أوهام ما بعد الحداثة، ص7.

26 – بيتـر بروكـر، الحداثـة وما بعد الحداثـة، ترجمة: د. عبـد الوهاب علوب، مراجعة: د. جابر عصفور، منشـورات المجمـع الثقافي، أبوظبي، الطبعة الأولى 1995م، ص16. «ولم يهتدِ أحد بعد إلى تحديد مصدره: فهناك من يعيد المفردة إلى المؤرخ البريطاني آرنولد تويني وعام 1954م، وهناك من يربطها بالشاعر والناقد الأمريكي تشـارلس أولسون في الخمسينيات الميلادية، وهناك من يحيلها إلى ناقد الثقافة ليزلي فيدلر ويحدد زمانها بعام 1965م. على أن البحث عن أصول المفردة أفضى إلى اكتشـاف اسـتخدامها قبل هذه التواريخ بكثير، كما في اسـتخدام جون واتكنز تشابمان لمصطلح الرسم ما بعد الحداثي في عقد 1890م، وظهور مصطلح مـا بعـد الحداثة عند رودولف بانفتر في عام 1917م». . ميجان الرويلي، د. سـعد البازعي، دليل الناقد الأدبي، ص223.

27 – د. أحمـد عبدالحليـم عطية، ما بعـد الحداثة والتفكيـك، دار الثقافة العربية، القاهرة 2008م، ص7، بتصرف.

28 – د. أسـامة البحيري، الحداثة وما بعد الحداثة في الرواية العربية المعاصرة، دار النابغة، طنطا – مصر، 2019م، ص14.

29 – المقصود بالحرب هنا الحرب العالمية الثانية.

30 – كريستوفر باتلر، ما بعد الحداثة، ترجمة: نفين عبد الرؤوف، مؤسسة هنداوي، 2016م، ص11.

31 – السابق، ص12.

32 – إيهاب حسن، نحو مفهوم لما بعد الحداثة، من كتاب ما بعد الحداثة فلسفتها، إعداد وترجمة: محمد سبيلا وعبد السلام بنعبد العالي، دار توبقال للنشر، الدار البيضاء، الطبعة الأولى 2007م، ص17.

33 – انظر السابق ص16: ص17، وبيتر بروكر، الحداثة وما بعد الحداثة، ص30.

34 – يعلق د. حسام عطا على ما بعد الحداثة في ذلك الجدول الذي وضعه إيهاب حسن، فيقول: «ويتضح مما سبق أن هناك فوارق جوهريَّة تنهي القواعد الثابتة وتفتح المجال أمام أساليب شخصيَّة وتفارق حدود الجنس الأدبي لتبحث عن النص الخاص الداخلي وتحتفل بالفوضى وتهدف إلى لا شيء أحياناً ولا تعتني بالرومانسية أو بالدلالات وبالشكل المتماسك لكنها تقدم دالات جديدة وأشكالاً مضادة مفتوحة مفككة قابلة لمئات الرؤى فهي تفرق ولا تجمع وتربط ولا تختار بين الأضداد بل تزيدهم تداخلاً، وهي تعتمد الأداء أكثر من اهتمامها بالأعمال المتقنة، كما أن أعمالها لا تعني بخط القصة في البناء الدرامي قدر تشظي السرد والخطوط الفرعية» د. حسام عطا، الاتجاهات التجريبية في المسرح المصري خلال الفترة من 1988 – 1999، الهيئة العامة لقصور الثقافة، القاهرة، 2014م، ص42.

35 – بيتر بروكر، الحداثة وما بعد الحداثة، ص31.

36 – د. الزواوي بغوره، ما بعد الحداثة والتنوير، دار الطليعة للطباعة والنشر، بيروت، الطبعة الأولى، 2009م، ص37.

37 – د. عبد الوهاب المسيري، د. فتحي التريكي، الحداثة وما بعد الحداثة، ص 165.

38 – السابق، الصفحة نفسها.

39 – بيتر بروكر، الحداثة وما بعد الحداثة، ص198.

40 – د. ميجان الرويلي، د. سعد البازعي، دليل الناقد الأدبي، ص229.

41 – لم أتوسع في تفصيلات الكلاسيكية والرومانسية لأن ذلك ليس في صميم موضوع البحث.

42 – مجدي وهبة، كامل المهندس، معجم المصطلحات العربية في اللغة والأدب، مكتبة لبنان، بيروت، الطبعة الثانية، 1984م، ص308.

43 – السابق، الصفحة نفسها.

44 – نفسه، ص190.

45 – عبـاس خضر، الواقعية في الأدب، سلسـلة الكتب الحديثة، العدد (15)، دار الجمهورية، بغداد، 1967م، ص3، ص4.

46 – سـن بيتروف، المضمون التاريخـي العالمي لأدب الواقعية النقدية، ترجمة: شـوكت يوسـف، سلسـلة الآداب الأجنبية، اتحاد الكتاب العرب بدمشـق، ص5، ص6، بتصرف.

47 – جـورج لوكاتش، دراسـات في الواقعية، ترجمة: د. نايف بلّوز، المؤسسـة الجامعية للدراسات والنشر والتوزيع، بيروت، الطبعة الثالثة، 1985م، ص124.

48 – د. صـلاح فضل، منهج الواقعية في الإبداع الأدبي، دار المعارف، القاهرة، الطبعة الثانية، 1980م، ص33.

49 – عباس خضر، الواقعية في الأدب، ص4.

50 – د. صلاح فضل، منهج الواقعية في الإبداع الأدبي، ص5.

51 – لتفصيـل كل هـذه التجليـات، انظـر: د. فاطمة البريكـي، مدخل إلى الأدب التفاعلـي، المركـز الثقافـي العربي، الـدار البيضاء – بيـروت، الطبعة الأولى، 2006م، ص31: ص48. وتعـرف د. فاطمة البريكـي الأدب التفاعلي «بأنه الأدب الـذي يوظف معطيات التكنولوجيا الحديثة فـي تقديم جنس أدبي جديد، يجمع بين الأدبيـة والإلكترونيـة، ولا يمكـن أن يتأتى لمتلقيه إلا عبر الوسـيط الإلكتروني، أي من خلال الشاشـة الزرقاء. ولا يكون هذا الأدب تفاعلياً إلا إذا أعطى المتلقي مساحة، أو تزيد عن مساحة المبدع الأصلي للنص» السابق، ص49.

وعلـى الرغم من دقة ووضوح تعريـف د. فاطمة البريكي، إلا أن الباحث يختلف معها؛ فالوسـيط الإلكتروني لا يقدم جنسـاً أدبياً جديداً، حتى وإن طوره، أو أضاف له تشـكلات وأنماطـاً جديدة، كما أن الوسـيط الإلكتروني يتسـع لجميع الأجناس الأدبيـة، وبالتالـي لا يطلق على الأدب التفاعلي جنسـاً أدبياً، بـل هو مرحلة من مراحل التاريخ الأدبي المعاصر، الذي صار الوسـيط التكنولوجي فيه هو السيد في نقل النص الأدبي وتحقيق العنصر الاتصالي بين المبدع والمتلقي.

52 ــ رغـم أن الباحث لن يتناول الأدب التفاعلي بالتحليل في متن الدراسـة، لكن ينبغـي الإشـارة إليه في الإطار التنظيري باعتبار ه تجليـاً مهماً من تجليات ما بعد الحداثة، ومن الجدير بالذكر أن الباحث سيدرس حضور تقنيات الواقع الافتراضي في الرواية العربية الجديدة باعتبارها من تقنيات ما بعد الحداثة التي استطاعت أن تفد من الرقمي إلى الورقي.

53 ــ د. ميجان الرويلي، د. سعد البازعي، دليل الناقد الأدبي، ص227.

54 ــ د. محمـد عناني، المصطلحات الأدبية الحديثة، الشـركة المصرية العالمية للنشر ــ لونجمان، الجيزة، الطبعة الثالثة، 2003م، ص56.

55 ــ د. جميل حمداوي، نظريات النقد الأدبي في مرحلة ما بعد الحداثة، مكتبة أم سلمى، الرباط، الطبعة الأولى، 2015م، ص22.

56 ــ د. لطيف زيتوني، معجم مصطلحات نقد الرواية، مكتبة لبنان ناشرون، دار النهار للنشر، بيروت، الطبعة الأولى، 2002م، ص99.

57 ــ جـورج لـوكاش، الرواية التاريخية، ترجمة: د. صالح جـواد الكاظم، دار الشـؤون الثقافية العامة، بغداد، الطبعة الثانية، 1986م، ص11. ويلحظ أن لوكاش لا يفصل في كلامه عن بدايات ظهور الرواية بين الشكل والمضمون.

58 ــ د. عبدالملك مرتاض، في نظرية الرواية، (بحث في تقنيات السرد)، سلسلة عالـم المعرفة، العدد (240)، المجلس الوطنـي للثقافة والفنون والآداب، الكويت، 1998م، ص47، باختصار.

59 ــ د. شـكري عزيـز الماضـي، أنماط الروايـة العربية الجديدة، سلسـلة عالم المعرفة، العدد (355)، المجلس الوطني للثقافة والفنون والآداب، الكويت، 2008م، ص247.

60 ــ عبد الملك مرتاض في نظرية الرواية، ص72.

61 ــ السابق، ص51: ص 57.

62 ــ د. شكري عزيز الماضـي، أنماط الرواية العربية الجديدة، ص247.

63 ــ عبد الملك مرتاض في نظرية الرواية، ص72.

64 ــ ثمــة توجه إلى أن تكون الخصائص الفنية للروايات عالمية وفي هذا الصدد يقول الدكتور سيد ضيف الله «إن الأيديولوجية الجمالية للرواية يُراد لها أن تكون عالمية استناداً لتصور أن الرواية عالمية، ومن ثم ثقافة الرواية عالمية. لكننا يمكن

أن نكتشف أن هذا التصور مرتبط بتطوير العولمة في سياق ما بعد الحداثة غربياً لمفاهيم مثل أممية الرواية وأدب العالم. إن زعم عالمية الأيديولوجية الجمالية للرواية يتم تقديمه لترسيخ ثنائية المركز والهامش، وهي الثنائية التي تتناقض مع ادعاء العولمة ومؤسساتها وشبكاتها أن غايتا هوية عالمية» د. سيد ضيف الله، السرد والخصوصية الثقافية، سلسلة دراسات أدبية، الهيئة المصرية العامة للكتاب، القاهرة، 2021م، ص13. ويرى بلحيا الطاهر أنه «لا يمكننا أن نكتب في هذه المـدد رواية جديدة بالصورة التي ظهرت عليها عند روب غرييه ونتالي سـاروت وميشـال بيتور وكلود سـيمون ولا حتى صامويل بيكت وغيرهم» بل إن الروائـي العربـي «قد يكتب رواية جديدة بصورة يتوصل إليها من قناعاته وتصوراته الجمالية للأشـياء» انظر: بلحيا الطاهـر، الرواية العربية الجديدة من الميثولوجيا إلى ما بعد الحداثة جذور السَّرد العربي، ابن النديم للنشر والتوزيع، الطبعة الأولى، 2017م، ص115.

65 ــ لم أشأ أن أتوقف عند هذه الأحداث وتبيان أثرها على الرواية لأنها معروفة لأكثر الدارسين كأثر نكسة 1967 التي خلقت وقعاً متأزماً في نفوس الأدباء وجعلت الرواية العربية تأخذ مساراً مختلفاً عما كان قبلها.

66 ــ سـعيد يقطين، من النص إلى النص المترابط، المركز الثقافي العربي، الدار البيضاء ــ بيروت، الطبعة الأولى، 2005م، ص202.

67 ــ د. شكري عزيز الماضي، أنماط الرواية العربية الجديدة، ص248: ص249، باختصار وتصرف. وتجدر الإشـارة إلى أن كتاب أنماط الرواية العربية الجديدة يعد في تصوري من أهم الدراسات العربية التي استطاعت أن تستنبط وتستخلص التقنيات والخصائص الفنية لرواية ما بعد الحداثة.

الفصل الثاني:
الخطاب الميتاسردي
في الرواية العربية الجديدة

توطئة

إن الرواية العربية الجديدة قد أعطت تقنيات الميتاسرد أهمية كبيرة والميتاسرد Metanarrative – حسب تعريف جيرالد برنس – هو «ما يدور حول السرد، سرد واصف للسرد. إن سرداً يتضمن سرداً يشكل (جزءاً) من موضوعه (أو موضوعاته) هو ميتا سرد، ولاسيما السرد الذي يحيل إلى نفسه، وللعناصر التي يتشكل بواسطتها وينجز تواصلاً؛ سرد يناقش نفسه، وينعكس على ذاته»[1]، ويمكن القول إن الخطاب الميتاسردي هو «ذلك الخطاب المتعالي الذي يصف العملية الإبداعية نظرية ونقداً، كما يعنى هذا الخطاب الوصفي برصد عوالم الكتابة الحقيقية والافتراضية والتخييلية، واستعراض طرائق الكتابة وتشكيل عوالم متخيل السرد، وتأكيد صعوبات الحرفة السردية، ورصد انشغالات المؤلفين للسراد، وتبيان هواجسهم الشعورية واللاشعورية، ولاسيما المتعلقة بالأدب وماهيته ووظيفته، واستعراض المشاكل التي يواجهها المبدعون وكتاب السرديات بشكل عام؛ بمعنى أن الخطاب الميتاسردي يحقق وظيفة ميتالغوية أو وظيفة وصفية (Fonctionmétalangage) تهدف إلى شرح الإبداع تمظهراً

ونشأة وتكوُّناً، وتفسير آلياته وتقنياته الفنية والجمالية قبل الإبداع، وأثناءه، وبعد الانتهاء منه»[2]، فهو محيط بالإبداع الكتابي، متعلق به، باحث في فلسفته.

أما فيما يتعلق بأهمية الخطاب الميتاسردي ووظائفه، فهو يسعى «إلى تقديم رؤية ناقدة مستمدة من وعي الميتاقاص بالمسائل النظرية التي ينبني وفقها القص، ولا تنحصر تلك الرؤية الناقدة في حيز ضيق يعبر عن الثورة على مواضعات الكتابة السائدة، إنما تصور، كذلك، استيعاباً للخبرة المعاصرة في فهم العالم»[3] وتأويله وعملية الميتاسرد «تتم من خلال الوعي الذاتي الذي ينطلق منه الكاتب في إنتاجه الروائي. وعبر هذا الوعي يُمارس الحكيُ كإبداع من خلال ترابطه بنقد يتم على الحكي نفسه: أي أن الروائي لم يبق ذلك الذي ينتج (قصة محكمة البناء)، ولكنه أيضاً، من خلال إنتاجه إيّاها ينتج وعياً نقدياً يمارسه عليها أو على الحكي بصفة عامة»[4]. و«تتطوّر الرواية من القصة ((الجيدة)) إلى تكسير القصة إلى إنتاج مزدوج يدمج فيه إبداع القصة بنقدها: ننتقل من الرواية إلى ((الميتارواية)) مروراً بالرواية الجديدة أو (اللارواية). وخلال هذه الصيرورة تحقق الرواية بحثها الدائم والمتواصل عمّا يحقق ((نوعيتها)) كخطاب أدبي دائم الانفتاح والتحوّل في مواجهة التحوّلات التي يزخر بها العالم المعاصر»[5]، بشكل لا نهائي.

ويصنع الميتاسرد تداخلاً في النص وهو «المزج بين مادتين محكيتين مختلفتين»[6]. إذن يؤدي الميتاسرد إلى إحداث «تعددية نصية أو تعددية حكائية في النص الروائي؛ إذ لسنا أمام حكاية واحدة،

بل أكثر من حكاية متداخلة، أو نص متداخل، تنهض على خرق للتقاليد الثابتة في الحكي، وتجريب لشكل كتابي ذي توجّه قصدي نحو التعددية»[7]، بل «إن الأمر لا يقتصر على تعددية سردية أو تداخل سردي فحسب، وإنما يحقق وظيفتين مهمتين هما: (التواصلية، والتوجيه) من خلال الإرجاءات أو الإحالات أو الإشارات والتنبيهات التي يقوم بها السارد، ومن ثَمَّ، فإن الخطاب الميتاسردي ينهض على تعددية نصيةٍ أو تعددية حكائية في النص السردي؛ بتضمين بعض الحكايات الأخرى التي توازي السرد الإطار وتحقق وظيفة تواصلية، فيكون ذا توجه قصدي ووعي بمسألة الكتابة»[8]، وعملية التسريد.

ويمكن اكتشاف وجود الخطاب الميتاسردي في الرواية العربية الجديدة من خلال استشعار حضور «وعي ذاتي مقصود بالكتابة القصصية أو الروائية يتمثَّل أحياناً في الاشتغال على إنجاز عمل كتابي أو البحث عن مخطوطة أو مذكّرات مفقودة، وغالباً ما يكشف فيها الراوي أو البطل عن انشغالات فنية بشروط الكتابة، مثل انهماك الراوي بتلمُّس طبيعة الكتابة الروائية»[9]، وإشراك المتلقي معه في ذلك الإشغال.

وسيتتبع الباحث مظاهر حضور تقنيات الخطاب الميتاسردي في الرواية العربية الجديدة.

المبحث الأول:

المخطوط

استثمرت الرواية العربية الجديدة تقنية المخطوط ووظفتها في بنائها الفني، والمخطوط هو «الكتاب الذي كتب باليد»[10] باختلاف الوسيلة التي كتب من خلالها، «سواء أكان في شكل لفائف أم صحف ضم بعضها إلى بعض على هيئة دفاتر أو كراريس، وهي النسخة الأصلية التي كتبها المؤلف بخط يده باللغة العربية، أو سمح بكتابتها، أو اعتمادها، أو ما نسخه الوراقون، ومن هنا يمكن القول إن المخطوط هو كل أثر علمي أو فني كتب بخط اليد، سواء أكان رسالة أم كتاباً، على ورق أو حجارة أو رِقٍّ، أو غير ذلك»[11].

ويعد المخطوط من أهم تقنيات الخطاب الميتاسردي؛ فالروائيون «تمكنوا من توظيف هذه المادة الطريفة بحثاً عن إطار متخيل يمنح المتلقي مزيداً من التشويق ويصرفه عن رتابة الطرق التقليدية في السرد»[12]، التي لم تعد جاذبة.

وقد تقوم الرواية بأكملها على حضور تقنية المخطوط، «وفيها ينسحب السارد الرئيس، أو هكذا يفترض، تاركاً مكانه لسارِدٍ ثانٍ، هو صاحب المخطوط، متحوّلاً إلى سارِدٍ ضمني يبثّ الكثير من أفكاره عبر سارده الثاني المختلق. وبشكل عام، نرى أنّ استخدام هذه التقنية، إضافة إلى ما تمثّله من مغايرة لشكل السرد الروائي السائد

حال ظهورها وبما توفّره للمؤلف من بعد افتراضي عن تداعيات عمله وشخوصه، فإنها تُحدث في لاوعي المتلقّي إيهاماً بحقيقة وجود المخطوط/ الوثيقة. وبالتالي استعداداً لقبول العمل والتفاعل معه»» [13]، وقد يأتي المخطوط جزءاً من رواية، أو تشير إليه الرواية إشارة عابرة، «فمن الروايات ما قامت على فكرة المخطوط بكامله، ومنها ما اكتفى به في أحد عناصر بنية السرد»» [14]، التي تشي بحضوره.

1 – المخطوط صلب العمل الروائي:

من النماذج الروائية التي قامت على حضور المخطوط بشكل كامل رواية (لفائف كسليف)» [15] للمؤلف (نصار الحسن) والرواية تتأرجح بين عالمين، عالم فيه العربي الفلسطيني مهجر ومشرد، من قبل اليهود، وعالم آخر أقدم تتبدل فيه الأدوار؛ حيث اليهودي مشرد ومقموع من قبل السلطة العثمانية، عالم يهجر فيه اليهودي من بيته، وبعد سنوات يأتي فلسطينيون هجرهم اليهود؛ ليسكنوا في البيت نفسه، إنها جدلية القمع والسلطوية المتسربة في التاريخ، إن الكاتب في هذه الرواية يتعرض لمعاناة الإنسان أياً كان دينه أو موطنه، ويعري وجوه العنصرية والإرهاب وينبش في ذاكرة التاريخ دون حرج، طوال فصول الرواية.

وقد نمذجت الرواية الهمَّ الجمعي البشري بنموذجين اثنين، نموذج أسرة فلسطينية مهجرة ونموذج شاب يهودي مشرد كما أسلفنا، لتصبح المعاناة الفردية أو محدودة الأفراد منطلقاً إلى الهم

الإنساني ككل، والعالم الأول ـ حياة الأسرة الفلسطينية ـ هو العالم الذي يُقرأ فيه المخطوط الذي كتبه الشاب اليهودي في العالم الثاني؛ «فالسرد الما بعد حداثي يتأرجح بسلسلة حركية بين قطبي الماضي والحاضر ويؤسس تأريخاً جديداً هو في الأصل مزيجاً من عبق الماضي وأصول الحاضر، وهو بذلك يحطم قيود المسار الواحد ويسير باتجاه مسارين مختلفين في آن واحد؛ إلاّ أنهما يمثلان في الوقت نفسه هيكلية واحدة من البناء والتوليد»[16]، ليصل العمل في النهاية إلى التكامل. وتبدأ أحداث الكشف عن طبيعة المخطوط في الرواية باستكشاف ووصف الشخصية الراوية له:

«أدهشتني فخارة جميلة متوسطة الحجم شكلها ولونها يدلان على قدمها. تناولتها كانت تحتوي لفائف ورقية كثيرة فيها كتابات بخط اليد. كما تبعثرت كتب وأشياء كثيرة أخرى هنا وهناك. جمعتها وحملتها إلى غرفتي على عجل»[17].

فالراوية تبدو وكأنها وجدت كنزاً بالعصور على تلك اللفائف، ما جعلها متعجلة لإخفائها في غرفتها قبل أن يعبث بها أحد، أو يطلع عليها غيرها؛ فمن الطبيعي أن هذه اللفائف الكثيرة المكتوبة بخط اليد تثير من يجدها ويزيد وضعها في فخارة الغموض من حولها، فلماذا حرص صاحبها على إخفائها ألم يكتبها لأجل أن يقرأها الجميع؟

إن إخفاء اللفائف يستلزم أن القارئ الذي سيحصل عليها، قارئ لديه حس الاستكشاف وحدسه، ليدرك ما بداخل اللفائف، وبالتالي فإن الراوية تشعر بأهميتها من خلال وجود تلك اللفائف بهذا الشكل

الباعث على الغموض، وهذا ما جعل الراوية تزيد من شأن الغموض حول تلك اللفائف من خلال الإعجاب بها وبتعظيمها:

«أثارت تلك اللفائف بشكلها والإناء الموضوعة فيه تشوقي للاطلاع عليها، فجلست أتأملها وأمعن في لمسها وشم رائحتها، ثم بعد ذلك بدأت قراءتها»[18].

إن الراوية تستشعر وكأنها تعمل في مهنة التنقيب عن الآثار تتعامل مع الكنوز بحرص واحترام، توقيراً للآخر الذي قام بكتابة هذه اللفائف وحفظها، ثم تبدأ الشخصية الراوية بأخذ دور محقق التراث:

«حاولت الانزواء بما لدي لأحاول فك طلاسمه المبهمة. بذلت جهدي للاحتفاظ بترتيب اللفائف كما هي ومحاولة الاطلاع على ما فيها. بدت غريبة بكل شيء شكلاً ومضموناً. ساعات طويلة مرت وأنا أتأملها، كنت أستقطع من وقتي لأعتكف هناك في الزاوية حيث احتفظت بها ضمن تلك الجرة القديمة تحت الطاولة المستديرة. كل كلمة جديدة أقرؤها أضاءت ما كنت أجهله، فكنت أسارع بالقراءة لمعرفة المزيد والمزيد لأصل لنقطة تبدو كنفق مظلم فأعاود القراءة من جديد. أي رجل هذا؟ تساءلت وأنا أبحث في كلماته المتلاصقة والمتداخلة والتي تحتاج لإعادة قراءتها مئة مرة لأستطيع فهمها»[19].

فهذا الجهد المبذول من قبل الشخصية يوحي بأهمية هذه اللفائف، كما أنها تؤثر في الشخصية التي اكتشفتها التي لا تمل من إعادة

القراءة، كل ذلك ولم تُدخل الشخصية الراوية المروي عليه الضمني الماثل في الحكي وكذلك المتلقي الخارجي في موضوع اللفائف أو ماذا تقول؟ لتمارس عملية تشويقية تربط المروي عليه والمتلقي معاً بالمخطوط، كي يستمرَّا في متابعة حكي الشخصية الراوية، كما أن إبداء الصعوبة يقدم الأعذار للقارئ فعليه أن ينتظر كما انتظرت، حتى تفك شفرات المخطوط.

ثم تنتقل الراوية بعد ذلك إلى محتوى اللفائف من خلال صوت الراوي الآخر، الذي كتبها ليمارس هو الآخر شكلاً من أشكال (الميتاسرد) من خلال الوعي بإرادة الفعل الكتابي، حيث يقول: «هاجس الكتابة داهمني مع ما سمعته من هنا وهناك عن أفعال الغوغاء التي انتشرت وكثرت في الآونة الأخيرة تطالب بخروجنا من بينهم. لِمَ؟ لا أعرف، أريد أن أكتب تعاستي والحظ العاثر الذي لازمني مثل ظلي وعلى الدوام»[20].

فالراوي لم يدخلنا في الحكي بعد ويزيد من حيرة القارئ فمن هؤلاء الذين يودون إخراجه/ إخراجهم، وما سر تعاسته؟ وما هي الحظوظ العاثرة التي لازمته كظله؟ وماذا سيكتب؟! هل سيكتب مذكرات، أم يوميات، أم سيرة ذاتية أم شيئاً آخر؟ ولماذا تلح الكتابة على الراوي إلى هذه الدرجة؟

إن الكتابة تأتي محاولة للهروب من الآخر الذي يطارد الذات، ولإبداء اعتراض لا تستطيع الذات أن تبديه خارج الورقة والقلم، فالراوي ينشد راحة ذاته المعذبة من خلال الكتابة، ويرجع ذلك لأسباب عدة:

أولاً ـ إقامة علاقة بين الذات ونفسها والذات والآخر من خلال الكتابة:

يقول الراوي «ها أنا أكتب تفاصيل حياتي لأقرأها دائماً»[21] «سأكتب كل شيء حتى أسترجع هذه الذكريات»[22] ويقول: «أو ليقرأها إنسان آخر ليعرف عنا»[23].

فالراوي يريد أن يمارس فعلاً تذكيرياً على نفسه، فلا ينسى ما مرّ عليه؛ فهو يريد أن ينقش ما في داخل الذاكرة على الورق، وهنا يأتي دور الآخر الذي سيشعر بما مرّ للراوي، ولو في زمن مختلف، إن الذات الراوية تسعى للخلود التاريخي من خلال فعل الكتابة.

ثانياً ـ الكتابة من أجل استحضار المحبوبة الغائبة:

يقول الراوي: «لن أفقد الأمل مهما طال الزمن، سأنتظر وأكتب وكأنك بجانبي أحدثك وجهاً لوجه»[24]؛ فالراوي يحاول أن يتخلص من حالة رحيل المحبوبة التي تعتريه، كأنْ يتخيلها المتلقية الأولى لما يكتب محاولاً أن يخفف من نار الاشتياق لها من خلال تأجيج سعيرها.

ثالثاً ـ تقديم التجارب للآخرين من خلال الكتابة:

يقول الراوي: «أكتب أيضاً ما أستخلصه من تجاربي في هذه الحياة»[25]، لقد جعلت المآسي الراوي ـكاتب المخطوط ـ يمتلك خبرة كبيرة في الحياة، خبرة تستحق أن يستفيد منها الآخرون لربما يتجنبون من خلالها مصير الراوي، وما وقع له من خلال فهم أوسع للحياة.

رابعاً ــ الكتابة سبب لذاتها:

يقول الراوي «أريد أن أكتب كل شيء»[26]، فالراوي يمتلك شرهاً للكتابة، فهو يرى أن كل ما مر به يستحق أن يسجل، فإن خشي البوح به لأهل عصره، فلا أقلَّ من أن يكتب لفائفاً تعيش مع الزمن.

لقد تحولت الكتابة من مجرد محاولة للهروب من الواقع وتسجيله في آن، إلى واجب ضروري وممتع له لذته الخاصة، التي تجعل الراوي يحرص على فعله يومياً؛ فيقول الراوي:

«لم أكن أعرف أن الكتابة رائعة هكذا حتى مارستها. أصبحت طقساً يومياً لا بد منه»[27].

ويلحظ الباحث وجود شكلين من أشكال الميتاسرد المتعلق بالمخطوط اللفائف في هذه الرواية: الأول ــ اللفائف ذاتها، باعتبارها مخطوطاً بالنسبة للراوية الأولى الفلسطينية التي وجدت المخطوط ووعي الراوي اليهودي كاتب المخطوط بفعل الكتابة؛ تقول الراوية «عدت إلى اللفائف أقرأ ما جاء فيها علني أعثر على الحلقات المفقودة التي تكمل لي باقي الأحداث، أنصت لي زوجي وأنا أقرأ ما جاء فيها»[28]؛ فقد استطاع المخطوط أن يزيد من رقعة متلقيه، حتى استعانت الراوية بزوجها، وبالتالي، فقد نجح في تحقيق غايته التواصلية، وإن لم يبح بكل ما فيه؛ فيقول الراوي: «صببت كل اهتمامي على إتمام الكتابة على لفائفي»[29] ويقول: «وأنا غارق في الكتابة»[30] وكذلك قوله: «عاودت الكتابة»[31]؛ فالراوي يكتب ويعرف أنه يكتب، ويريد أن يشرك المروي عليه في إدراك هذا الفعل.

وفي النهاية، فقد حقق كاتب اللفائف ما صبا إليه؛ فاستطاع أن يخترق وجدان متلقيه؛ فتقول الراوية «يوماً ما سنغادر هذه الدار، وعندها سأقص على أولادي ولربما أحفادي حكاية لفائف كسليڤ»[32].

إن الراوية المهجرة تمتلك أملاً في أن تعود إلى وطنها وتترك الدار التي سكنتها في شتاتها، وتحكي لنسلها قصة رجل هجر واستطاع العودة لوطنه يوماً ما، لتستلهم الأجيال الجديدة الأمل وتنفض عن نفسها غبار اليأس. هذا، وقد نتج عن وجود المخطوط في تلك الرواية إلى حضور تقنية التضمين السردي وهي عبارة عن «إقحام حكاية داخل حكاية أخرى»[33]، ما يولد سرداً إطارياً[34] فقد أقحمت حياة (كسليڤ) من خلال المخطوط داخل حكاية الراوية وأسرتها.

2 - المخطوط جزء من العمل الروائي:

يأتي وجود المخطوط في الرواية العربية الجديدة إشارة عابرة، كما في رواية (حجاب الساحر)[35] لـ(أحمد الشهاوي) عندما يقطع الراوي حديثه عن حبيبته، وينتقل إلى الحديث عن إحدى مخطوطاته التي ينوي نشرها في كتاب: «كانت شمس حمدي تحتاج إلى قواي السحرية تلك، رغم أنني نبهتها كثيراً إلى أنها تستطيع التغلب على معاناتها، وفك السحر المعمول لها بممارسة العشق، وطقس القراءة، وفعل الكتابة، وإخفاء وجهها وراء كتابٍ لي نادرٍ ما زال مخطوطاً لم أنشره بعد، وأفكر في نشره؛ لأساعد الناس على حل عقدهم، وفك السحر الذي يقيد قلوبهم، ويغل أيادي أرواحهم، وحرق الأشرار الذين يسجنون أرواح من يكرهونهم»[36].

فـ(شمس حمدي) تحتاج إلى قوة الراوي (عمر الحديدي) كي تتخلص من السحر المصنوع لها وتنهي مأساتها، لكن الراوي يرى أنها ليست بحاجة له، فيمكن أن تتغلب على الشر بممارسة الخير المتمثل في العشق؛ فالمحبة تهزم الكراهية، وكذلك تحوُّل القراءة إلى فعل طقوسي يحمل قداسة وتوقيراً، فتتغلب الثقافة على الجهل، وهنا يحضر كتاب الراوي ليكون مناسباً لتلك الحالة؛ فهو كتاب يحارب الشر والأشرار، وينقذ الناس من الأذى؛ فالكتاب من وجهة نظر الراوي جدير بأن ينشر، وقول الراوي (وأفكر في نشره) يوحي بكثرة تدبر وتأمل في كتاب كهذا، من الصعب أن ينشر، وسيقف في وجهه كثير من الأشرار بأسلحتهم.

ويأتي المخطوط أيضاً إشارة عابرة من الراوي إلى أوراق أبيه في رواية (مزامير أفرُوديت)[37] للكاتب (محمد عطوة)، حيث تقترح إحدى الشخصيات على الراوي بتحويلها إلى كتابة سردية، يقول الراوي: «نجلس أنا وعلي الخُضري، ننتظر قدوم فضل الله أخبرته بأمر أوراق أبي، فأشار بتحويلها إلى كتابة سردية تهتم بتفاصيل تجربة سفر الوالد، الوقت الذي يمضيه في محبسه، كان متأكداً من خروج أبي وصفحته ناصعة البياض في وقتٍ قريبٍ، اليوم أكتشف وجهاً جديداً لـ الهيلهيلي حيث قال: حين تكتبُ، لا تتبع كل خطى الأولين. اخرج قليلاً عن النسق، تخير بداية مشوقة، قد يتوقف القارئ في البداية، إذا لم يكن لديك ما يشغل باله، ويثير اهتمامه»[38]، فلم يحدد علي الخُضري طبيعة تلك الكتابة السردية، هل هي رواية أم قصص قصيرة، أم إعادة كتابة السيرة الذاتية لوالد الراوي؟ كل ما

هنالك أن تلك الأوراق المخطوطة قابلة لإعادة التدوير في شكل سردي إبداعي، ثم يستدعي الراوي مقولة لشخصٍ يسمى (الهيلهيلي) يُنظر للفعل الكتابي الإبداعي ويولي القارئ اهتماماً كبيراً كأن الراوي يمرر فكرة أن كل كتابة ينبغي أن تكون جديدة، وليست ملتزمة التزاماً تاماً بالنسق الكتابي السائد والمتعارف عليه، بل كاسرة للنمط ولديها القدرة على تجاوزه ولو قليلاً.

لقد استطاع المخطوط بشكليه الكلي والجزئي أن يسد ثغرات في العمل الروائي ويضفي عليه المزيد من المتعة والتشويق، من خلال الغموض الذي يحيط بتلك المخطوطات، فيزيد من الشغف حول معرفة مضمونها وما تحويه من معلومات.

المبحث الثاني:

الوعي بالفعل الكتابي
واستحضار المتلقي

يُشكل وعي الراوي في المتن الروائي بفعل الكتابة شكلاً محورياً من أشكال الميتاسرد؛ «فالانعكاس الذاتيَّ أو الوعي بطبيعة البنية السردية للرواية أهم مكون لما وراء القصّ»[39]، وذلك حينما يُشعر الـراوي قارئه أنه يتقمص دور المؤلف، كما في روايـة (حجاب الساحر)[40]؛ حيث يقول الراوي: «لن أذهب إلى نظرية ما لأكتبها أو أحكي قصتها، فالشكل الكتابي أمرٌ فضفاض وواسع، وأنا أحب ألا أكون مملاً، أو أجعل من يقرؤني يلتفت عني من فرط الملل والاستطراد والاستغراق في الدقائق والهوامش الصغيرة المغرية لأي كاتب أو قارئ، فالتفاصيل كثيرة والأسرار أكثر»[41].

فالراوي يدرك أن ثمة نظريات كثيرة تتعلق بالكتابة وبناء الشكل الكتابي، لكنه لا يريد أن يلجأ إلى ذلك، لأنه يرى الكتابة أكثر رحابة من القالب المصبوبة فيه، وهو ما يتوافق مع نظريات ما بعد الحداثة التي تثور على التأطير والقولبة، ولا يريد من ناحية أخرى أن يصيب قارئه بالسأم من كثرة الاستغراق في الدقائق والهوامش رغم أنه يمتلك الكثير منها.

لكن الراوي يحرص على قارئه، رغم كونه لم يذهب إلى الكتابة إلا من أجل إسعاد ذاته: «لم أذهب إلى الكتابة إلا لإدخال البهجة على

نفسي أولاً، ليمتلئ قلبي مسرة وفرحاً، فمثلي يبتهج بالتأمل والنظر عميقاً نحو ما لا يراه الآخرون»[42]، تمثل الكتابة للراوي مصدراً من مصادر السعادة، فالكتابة تحلق بصاحبها عالياً في عوالم بعيدة وتفتح له آفاقاً كانت عصية على الفتح، وتجعله يرى ما لا يراه غيره، كما أنها تساعد من يمارس الفعل الكتابي على التخلص من آلام الواقع من خلال تسويد الصفحات وإخراج ما في داخل الذات إلى خارجها، كما يشرك الكاتب القارئ معه بعد ذلك من خلال مشاركته الهم والأمل، ما يؤسس علاقة بين المؤلف والمتلقي، يقول الراوي:

«هي مقدسة عندي، ولم أدنسها يوماً ما، وعليك أن تجتاز معي سطراً بسطر، وليس فصلاً بفصل؛ كي تشاركني الكتابة، والخروج بشمس إلى نهارها الغائب وأن تتعاطف معها، وأن تحبها، وأرجو ألا تحذو حذوي في تعلم السحر، فقد أفنيت جزءاً ليس قليلاً من عمري في تعلمه وحذقه، وأخشى أن يصيبك أذى من الأسياد الذين أستخدمهم، وهم وسطاء لي في الوصول إلى الحقيقة، أو الحق الذي أبحث عنه، وأريد له أن يسود في الأرض، وليس لدى شمس فقط»[43].

إن الراوي (المؤلف الماثل في الحكي) يؤسس علاقة بينه وبين المتلقي من خلال توجيهه؛ حيث «يتضح أن الراوي هو الساحر، وهو هنا يسحر متلقيه من خلال توجيهه والسيطرة عليه، ليجعله يشاركه الكتابة والتلقي معاً، حتى يستطيع أن يخلص (شمس) من الشر الذي أحاط بها، فالشر يحتاج إلى تكاتف العالم أجمع حتى يتلاشى نهائياً، فلن يكون خلاص (شمس) بأن يواجه الراوي الشر بمفرده، ويحذر الراوي متلقيه الضمني من تعلم السحر كي لا يصاب بأذى، ورغم

أن السياق يفهم منه خوف الراوي على متلقيه أو المروي عليه الماثل أمامه في النص، فإنه يخيفه أيضاً؛ فالراوي متمكن من فنون السحر وعلى المتلقي أن ينصاع، رغم كونه ساحراً طيباً، يريد سيادة الحق في الأرض، لكن الحق لا يسود من دون قيادة فيها المسيطر (الساحر – الراوي – المؤلف الضمني) وفيها المسيطر عليه (المتلقي الضمني –المروي عليه الماثل في الحكي»[44]؛ فالراوي يجعل المتلقي شريكاً له في الكتابة، فلا يمكن أن يسمح بالمتلقي السلبي الذي لا يستطيع أن يؤدي دوراً أكثر من القراءة، إن الراوي المؤلف هنا يدرك أن المتلقي يمتلك مهارات أكثر ويستطيع أن يؤدي دوراً فاعلاً.

ونجد هذه العلاقة التوجيهية بين الراوي المتقمص دور المؤلف من جهة، والمروي عليه الماثل في الحكي والمتلقي الضمني من جهة ثانية أيضاً في رواية (بيت ياجوري)[45] لـ(سمير فوزي)، عندما يعلق الراوي على ادّعاء شخصية من شخصيات الرواية، وهي شخصية الأستاذ (نوار) بأن الفتاة التي تعيش معه في الشقة وتحمل ملامح قريبة منه حفيدته؛ فيقول الراوي موجهاً خطابه إلى (المروي عليه والمتلقي):

«ليست ابنته قولاً واحداً، حتى لا يظن المأولون أنني ألمح لأنها ابنته من صلبه أنجبها من وراء ظهر المرحومة زوجته، فما سنعرفه عن علاقتهما ينفي ذلك تماماً، فلا يسرح الخيال بعيداً ويؤلف قصة موازية ويستبطن رموزاً لم تخطر على بال السارد، ولا دليل واحد عليها، كل ما هنالك أن الريفيين يشبهون بعضهم في اللهجة والطباع، وأحياناً لون البشرة وملامح الوجه، البنت هي ابنة إحدى قريباته،

ماتت أمها وتزوج أبوها، فأراد الأستاذ نوار أن يعمل فيها معروفاً، وبالمرة تأخذ حسه في الشقة التي خلت عليه»» [46].

إن الراوي يجزم بأن الفتاة التي يدعي الأستاذ (نوار) أنها حفيدته بأنها ليست ابنته، حتى لا يفهم الراوي المتلقين فهماً لم يشأ أن يفهموه، ويشرك الراوي المتلقين معه في استباقه إلى المعرفة التي ستأتيهم بعد قليل محذراً من محاولة تأليف حكاية عن تلك الفتاة والأستاذ (نوار) لم يتخيلها الراوي نفسه، ثم يقدم بعض المعلومات عن طبيعة سكان الريف والجينات المتأصلة فيهم، كي يبرئ (نواراً) من الزواج على زوجته الراحلة التي لم تنجب، يعود باسترجاع ليفسر سبب وجود الفتاة التي اتضح أنها يتيمة الأمّ، وأن الأستاذ (نوار) كان أكثر رأفة بها من والدها، وصار لها أُمّاً وأباً، إن تلك العلاقة التي أسسها الراوي مع المروي عليه والمتلقي تشير إلى أهمية الأستاذ (نوار) وإلى محاولة الراوي إنزاله منزلة رفيعة لا تشوبها شائبة، فهو شخصية مثالية فقد ظل مخلصاً لزوجته في حياتها وبعد مماتها، شخصية عطوفة تحب الآخرين، ومن ثم لا يمكن للمتلقي أن يتصور تصوراً آخر عن (نوار) غير ما يظهر منه؛ فالراوي لا «يترك للقارئ المبادرة التأويلية» [47] للأحداث.

وفي رواية (مزامير أفرُوديت) يتم البحث عن كيفية الكتابة التي يفضلها القارئ الشغوف، يقول الراوي:

«الكاتب يحتاجُ إلى بذل ما يمكن، ليقنع القارئ أنه لا يحكي حكاية في نهايتها موعظة، بل هو ينكشُ ذهن هذا القارئ كي يكون يقظاً.

كما اتفقوا أيضاً على اجتهادي ألا أترك أحداً يقرأ روايتي وهو مستلقٍ على قفاه يشاهد التلفاز، وكلما جاء رنين رسالة على الواتس آب، تركَ روايتكَ واشتبكَ مع هاتفه. وأن هذا لن يتحقق إلا بامتلاك حواسه»[48].

إن الراوي الذي يقوم بدور المؤلف ملزمٌ بأن يجذب القارئ إلى كتابته، وأن يتسرب بحروفه إلى وجدانه ويسيطر عليه، حتى يظل القارئ منتبهاً إلى تفاصيل الرواية، لا يشتته عن القراءة شيء، وبالتالي، فإن الكتابة التقليدية التي تحكي حكاية باعثة على التسلية، وتختم بموعظة لم تعد مناسبة لجذب القراء والسيطرة على وعيهم، بل القارئ يريد أن يرى كتابة جديدة غير مكررة أو يمكن العثور عليها عند كاتب آخر.

وقد يحضر المتلقي في النص بأنماط متعددة، كما في رواية (صورة مريم)[49] لـ (مريم العجمي)، فيحضر المتلقي جنيناً في رحم والدته، حيث تتحدث الأم إلى جنينها وعنه، فتقول:

«لنا لقاء بعد سبعة أيام أيها الحبيب، صحبته وذهبنا إلى القصر، سيحب الشعر والقراءة مثلي، سراً أسمعه ما أكتب من حين إلى آخر، أغني له، يتمايل مع صوتي ويُطرب بشغف؛ يضرب ضرباً خفيفاً داخلي»[50].

فالجنين يحضر كمتلقٍ فاعل لما تكتبه والدته ويشعر به، وينسجم معها، الجنين الذي لم يخرج إلى النور بعد صار مستمعاً متفاعلاً، إن الراوية من خلال ذلك تشير بشكل ضمني إلى قوة ما تكتب وأثره المخترق للحجب حتى تصل إلى مسامع الجنين، وكلماتها من القوة

التي تستطيع أن تؤسس ذوقاً أدبياً لجنين في الرحم، وتجعله يحب الشعر والكتابة، إن الراوية لا تثق في ذوق ولدها بقدر ما تثق في قوة ما تكتبه وتؤمن بتأثيره.

كما يحضر أيضاً في الرواية كذلك التلقي السلبي المتمثل في التصفيق والمجاملة التي لا تحدث تقدماً في العملية الإبداعية، أو بلّيّ أعناق النصوص، أو تصيد الأخطاء للكتاب بغية فرد العضلات المعرفية عليهم، تقول الراوية:

«سأُخرج الورقة المطوية من حقيبتي وأذهب بثقل إلى المنصة، روحي تسبقني إلى هناك، ترتعشُ أصابعي ويتعثر صوتي وأنا أقرأ تتثاقل الكفوف وهي تصفق ككل مرة بعد أن انتهي، يحدثني مدير الندوة عن الأخطاء النحوية التي أسقط فيها، يجاملني آخر بما صنعت من صورٍ بلاغية جذابة، يتحدث آخر عن قضية أخرى لم أقربها في نصي من قريب أو بعيد، لكن رؤيته أوسع من كل النصوص! يرفس الصغير بالداخل كأنه يضحك، أحرّك يدي ناحية الرفسة فيهدأ. لا جديد ككل مرة على حالهم، وعلى حالي دون تقدم واضح»[51].

فالراوية تبحث عن التلقي المعتدل الذي لا يشتط من الناحيتين، ناحية المدح المبالغ فيه، وناحية الذم، ونلحظ وجود (التلقي للتلقي) المتمثل في الجنين وكأنه قد صار وعياً (بنقد النقد) مدركاً لفلسفته، فيسخر من هؤلاء المتقولين على النصوص، فقد بلغ مبلغاً كبيراً من فهم نصوص أمه وإدراكها وهنا تحاول الراوية أن ترفع من قدرها مرة أخرى.

وفي ظل هذا التلقي السلبي للعمل، يحضر المتلقي الإيجابي الذي لا يخدع الراوية/ الكاتبة، ولا يتصيد لها الأخطاء:

«بعد انتهاء الندوة انتظرتُ بالخارج الصديق صاحب النظرة النافذة؛ أثق برأيه دون غيره، سألته عن النص، قال لي إن ما أكتبه سهلٌ أي شخص يكتبه، والكتابة على حسب تعبيره عملٌ شاقٌ مؤرق. لم أفهم ما المشكلة في الكتابة السهلة. بقي أسبوع حتى موعد الوضع؛ قررت أن أتبع وصاياه لسبع ليالٍ، سأكتب فيها بصعوبة وأضاعف الجهد»[52].

فنلحظ ضآلة حضور المتلقي الإيجابي وكثرة المتلقين السلبيين، لكن لماذا لم يقل رأيه أمام الجميع في الندوة؟ ربما لم يرد أن يحرج الراوية، وربما أيضاً يرى أن هؤلاء المتلقين السلبيين لا يستحقون أن ينالوا شيئاً من خبرته ومعرفته بالكتابة، وربما يدرك أن المعرفة ينبغي أن يُسعى إليها لا أن تسعى هي إلى الآخرين، ولهذا، يلاحظ من قول الراوية: «والكتابة على حسب تعبيره عملٌ شاقٌ مؤرق» كأنها تمرر خطاباً مضمراً يشي بتمكنها، فالكتابة بالنسبة إليها عمل سهل بسيط، ليس لأن الكتابة كذلك، بل لأنها تمتلك الموهبة التي تجعلها تتمكن من الكتابة بسهولة. وفي النهاية فقد استطاع هذا الصديق المتلقي أن يؤثر في الراوية ويجعلها متلقياً إيجابياً له وتسعى إلى الكتابة بصعوبة، في الفترة التي تسبق وضع المولود وهي فترة متعبة ومرهقة لأي امرأة على المستوى البدني والنفسي، وتجعل الفكر مشغولاً، فليست فترة مثالية للكتابة، لكن الراوية/ الكاتبة تمتلك القدرة على تحدي الصعاب وتريد إثبات تمكنها في الكتابة.

هذا إلى جانب حضور (المتلقي المحفز)، الذي يشجع الراوية على الاستمرار في الكتابة، والمتمثل في شخصية (اختصاصية المسرح) [53] التي تتمتع بقدرة كبيرة على منح الطاقة الإيجابية للأخريات:

»إذا كان لا بُدَّ من الجلوس والحديث مع أحد أفضّل اختصاصية المسرح، الشابة الصغيرة الباسمة الحروك، تمر بالقلوب قبل الأماكن أحبها، وتخبرني بمحبتها لي كأخت صغيرة، تحب ما أكتب، وتحثني ألا أتوقف عن الكتابة، وأواصل في طريقها، وعلي التخطي والعبور مهما حدث. يشعلني حديثها حماسةً وإصراراً، يبحر بالنور حيث نقطة ما في روحي تنتظر قدوم الموجة بعد الموجة، تطالبني بالمزيد من القراءة والبحث، عرفت أنها وسيلتي الوحيدة للكتابة. أنتظر فترتها كل أسبوع بفارغ الصبر، ويطير الوقت معها خفيفاً ممتعاً، تقرأ لنا القصائد بصوتها الطفولي الباسم، تلمع عيناها باستمرار خاصة إذا طافت بالحديث حول كاتب من كتابها المفضلين. عرّفتني على درويش، أمل دنقل، صلاح عبد الصبور، فؤاد حداد، جاهين والأبنودي، كانت تتحدث من نبةٍ عاليةٍ تمد يدها، تصحبني فأرتقي، نتشارك تفصيل الحكايات، نصنع حولها حواراً مسرحياً. تنبهر بخيالي فأندهش منها المتفردة المختلفة تماماً عن باقي المدرسين والمدرسات، يتصل الحديثُ بيني وبينها بلا انتهاء، سأحكي لها أسطورتي الخاصة، سرّي المدفون، أنا...«[54].

والذي يجعل من اختصاصية المسرح متلقية مثالية ما يأتي:

أولاً ــ شابة صغيرة مقبلة على الحياة، تمتلئ بالتفاؤل قريبة من عمر التلاميذ، واختلافها عن بقية المعلمين.

ثانياً ــ محبة الراوية لها ومحبتها للراوية ما يقيم علاقة حوارية فعالة.

ثالثاً ــ تمتلك ثقافة موسوعية، ولديها المقدرة على الإبحار في الأدب بمختلف أشكاله وأنواعه.

رابعاً ــ القدرة على الإلقاء وجعل الطلاب يتذوقون الشعر وينسجمون معه.

وهذا النموذج ليس متلقياً مثالياً وحسب، بل هو المعلم الذي يطمح إلى وجوده حتى ترتقي المجتمعات من خلال أجيال جديدة تعرف مهاراتها وقدراتها عن طريق معلمين أسوياء. لقد أصبحت اختصاصية المسرح مصدر أمان للراوية التي أرادت أن تخبرها بأسرارها؛ فنجد أن الراوية قد وضعت نقاط حذف ثلاث (...) بعد كلمة (أنا) فعلى أي شيء تدل هذه النقاط؟ الراوية أرادت أن تقول (أنا ماذا؟) هل تريد أن تقول إنها تمتلك خيالاً واسعاً؟ هل ترى ما لا تراه اختصاصية المسرح؟ هل تريد أن تقول لمعلمتها: أنا أنتِ عندما كنت صغيرة؟ وبهذا، تعد الراوية صورة الاختصاصية في الماضي، والاختصاصية صورة الراوية في المستقبل.

من أشكال الوعي بالكتابة طرح التساؤلات عن جدوى الكتابة كما يظهر في رواية (زمن التراجعات)(55) لـ(شطبي ميخائيل) فالراوي كثيراً ما يطرح سؤالاً مفاده لماذا يكتب: «لماذا أكتب هذه السطور؟ فلا تعزيه لما تقودنا إليه أقدارنا. نحن الذين صنعناها. هل هي رغبة في الاعتراف، في تعرية النفس؟ ربما، لكنها لا تعني أحداً غيري.

لغتي الميتة في عالم مليء بالعبث، بالثرثرة الفارغة. أم هي الرغبة في الاستمرار، في مواصلة الوجود، في تأكيد الذات، في البحث عن ذلك المعبر الذي سأنفذ منه، البحث عن لغة جديدة، غير عسيرة الفهم، البحث عن طبيعة جديدة لجوهر الأشياء، بعد أن تداعت كل الاعتبارات القديمة، كل الأفكار القديمة»[56].

في هذه الفقرة، يحدث الراوي نفسه من خلال مونولوج[57] طويل عن جدوى الكتابة، ويحاول إدراك بواعث الكتابة لديه، هل هو باعث ذاتي، يريد من خلاله أن يكشف أوراقه للآخر؟ كيف؟! وهذه الكتابة لا تتعلق إلا به؟ أم أنه يريد أن يحقق وجوده من خلال الكتابة أن يشعر بكينونته بعد أن فقد إيمانه بالعالم، وفقد ثقته بموروثه، فتقوقع على ذاته يريد التعبير عن همها الخالص؟ لكنه ما يلبث أن ينتقل من الذات إلى الآخر؛ ليكتب عنه ويعبر عن آلامه، ويكشف واقعه المهترئ، لتصبح الكتابة لديه ضرورة لإنقاذ قريته، يقول الراوي:

«ما الذي يجعلني أكتب عن هذه المواجع؟ أهي ضرورية إلى هذا الحد؟ لماذا أكتب هذه الأشياء ولمن؟ أأنا أكتبها للا أحد؟ الصحف والكتب والإذاعة المسموعة والمرئية في شتى بقاع الأرض، اليوميات والمذكرات والأعمال العظيمة لأصحاب نوبل وبوليتزر واتحادات الكتاب والمبدعين وآلاف المطبوعات اليومية وزخم لا ينتهي من الأوراق المرقشة بحروف الطباعة. من سوف يعثر عليَّ وسط كل هذا، أنا من يكتب للعدم إيقاعات الموت والجوع في قريتي: لن يقرأ كلماتي أحد وما من أحد سمع صوتي. صوت صارخ في وجه العدم»[58].

لكن صوت الراوي لا يصل؛ فقد ضاع وتلاشى في زحمة الكتابات الكثيرة، كأن كتابته لم تكن موجهة إلى أحد؛ فهو يصرخ في فراغ ممتد لا تتلقفه أذن، لقد أيقن الراوي من أن بوحه الكتابي لن يصل، ليس لأنه منسي ومهمل ومهمش ومبعد، بل لأن كتابات الألم كثيرة، وما أكثر من يعبرون عن آلامهم وآلام مجتمعاتهم! حتى صار ذلك مألوفاً وطبيعياً، وأصبحت حكايات الوجع يتسلى بقراءتها، فلم تعد مآسي الإنسانية وما تعانيه موضوعاً بكراً يجذب القراء الذين يعانون هم أيضاً.

إن الراوي هنا هو المروي عليه، هو المؤلف والمتلقي في آن واحد؛ لأنه لم يجد الآخر الذي يقرأ له، حتى الذين كُتب عنهم وعن أوجاعهم، لا يمتلكون رفاهية القراءة، وهذا أدى إلى يأس الراوي وفقدانه الشغف، لكنه ما زال يحاول وإن كان يسأل دائماً نفسه: «لماذا أكتب عن هذه المواجع»[59] ليظل هذا السؤال حائراً، لا يجد إجابة نتيجة لحيرة الراوي.

المبحث الثالث:

اليوميات والمذكرات

تعد اليوميات والمذكرات من تقنيات الميتاسرد التي وظفت على نحو ملحوظ في الرواية العربية الجديدة واليوميات هي «خواطر ووقائع ومشاعر وأخبار يدوّنها الكاتب يوماً بعد يوم، ولا يجمعها سوى اندراجها في مجرى يومه»[60]، أما المذكرات فهي «سيرة ذاتية، في الغالب، تنقل تجارب الماضي المُعاشة إلى الناشئة، وتعتمد نظرة توليفية للأحداث تسمح بإعادة ترتيب الوقائع بما يوافق رغبة الكاتب (الرغبة في تعويض النقص أو الانتقام أو طمس الحقيقة) وربما بسبب الانتقائية وإعادة الترتيب، أي بسبب مسألة الصدق»[61]. وبما أن اليوميات والمذكرات في النصوص محل الدراسة ليست في سياقها الطبيعي، بل مشيدة في نصوص روائية من قبل الشخصيات، فإنها تختلف في طبيعتها الفنية عن تلك التعريفات؛ فهي يوميات ومذكرات الشخصيات، لا المؤلف.

تحضر اليوميات في رواية (زمن التراجعات) حيث يعرض الراوي الخارجي لمشهد الشخصية الرئيسة في العمل والراوي الداخلي في آن[62] (نبيل الألفي) وهي تكتب يومياتها، يقول الراوي:

«كان يكتب خواطره على نهج مختلف، سجل في يومياته: ناريمان زهرة نادرة متأنقة في بيت زجاجي أحرقها أول شعاع.

إبراهيم النجمي: يرقة هائلة تتعفن داخل شرنقتها تكتنفها موسيقى احتفالية»[63].

فالراوي الخارجي يمهد للفعل الذي سيقوم به الراوي الداخلي، الذي تلح عليه خواطره، فيلجأ إلى يومياته ليحرر الخواطر من سجن الذاكرة لتخلد على أوجه الصفحات، ويبدأ الراوي في الحكاية عن الشخصيات الأخرى وصفاتها، فيبدأ بشقيقته، متحدثاً بلغة مجازية، لا تتضح للقارئ إلا من خلال قراءة العمل الروائي كاملاً، فـ(ناريمان) شقيقة الراوي فتاة مدللة رقيقة من طبقة أرستقراطية، تتمتع بنبل وذوق رفيع، ولا تمتلك خبرة كبيرة في التعامل مع العالم الخارجي، ولم تكن مؤهلة لتلقي صدمات الواقع الذي يحتاج إلى إنسان يتخلى عن عوالمه المثالية.

أما الشخصية الأخرى التي يسجلها الراوي في مذكراته، فهي شخصية (إبراهيم النجمي) والد زوجة الراوي الراحلة، الضابط الكبير المتقاعد، شخص له هيبة، يوقره الناس ويحترمونه، لكن فاجعة موت ابنته أمرضته، فجاء أهله من البلاد المختلفة كي يطمئنوا على صحته، لكنهم في الحقيقة ينتظرون موته، ويثمنون بيته الضخم الذي سيحال إليهم بعد أن فقد الوريثة الوحيدة من صلبه.

والجدول الآتي يوضح (علاقة التشبيه بدور الشخصية) داخل الرواية:

(المشبه به) يرقة هائلة	(المشبه) إبراهيم النجمي.
يتعفن في صمت	مريض ويعاني ولا يدري بشيء.
داخل شرنقتها	بيت كبير وفخم ويعد تحفة معمارية.
تكتنفها موسيقى احتفالية	المحيطون بإبراهيم النجمي يحتفون بمرضه منتظرين موته لتحقيق منافع دنيوية يرون أنهم أحق بها منه.

إن التشبيه يؤدي دوراً تأويلياً من خلال تكثيفه للأحداث التي مرت خلال العمل في صورة مجازية، يلزمها قراءة النص في بعده الحقيقي المبتعد عن المجاز، كي تتضح الصورة البيانية المضمنة في تركيب الراوي الذي يقوم بكتابة يومياته.

كما تمتد اليوميات إلى تناول شخصية زوجة الراوي الراحلة، فيجعلها متصدرة لكل الصفحات؛ فهي تمتلك حيزاً كبيراً من قلبه وعقله وفعله، يحاول ألا ينساها عن طريق الورقة والقلم، أما الصفات المتعلقة بها، فهي (قبر فارغ) وذلك إشارة إلى الحدث الذي قام به (نبيل الألفي) عقب موتها بأن أوصى أحد رجاله بسرقة جثمان زوجته من مقابر أهلها كي يدفنها في مقابر أهله[64]، فصار قبرها المعروف لدى الناس قبراً فارغاً:

«أمام اسم سارة الذي يرقش كل الصفحات، فقد كتب تحته:

قبر فارغ وسماء تحتشد بالرؤى. وأيضاً:

سلاماً، يا من وهبت للأطيار نغماً تصدح به، وللأزهار عطرها،

عبثاً أصرخ أن قلبي فارغ كالقبر، لكن صداح الطيور وعطر الزهر يتصاعدان دوماً ولا يتلاشيان»[65].

فالقبر الفارغ يشير أيضاً إلى قلب الراوي المتروك فارغاً، يعاني بعد رحيل زوجته، يدل على ذلك قول الراوي أيضاً (أصرخ أن قلبي فارغ كالقبر) وبالتالي، فإن المعنيين الحقيقي والمجازي يلتقيان في هذا التعبير، أما كون سارة سماءً تحتشد بالرؤى، فلأنها كانت تمتلك في حياتها ذاتاً وثابة متطلعة محبة للخير تمتلك الكثير من حيوية الشباب؛ فقد ماتت صغيرة، لكنها استطاعت أن تترك أثراً في كل من عرفتهم، لقد كانت شخصية متناغمة مع الطبيعة، تشكل معها سمفونية بديعة مفعمة بالنغم والعبق. إن (سارة) وإن منحت أشياء خالدة للآخرين إلا أنها لم تخلد وكأنها جاءت في زمن وجيز لتوزع المحبة للجميع.

كل تلك الشخصيات ولم ينتقل الراوي إلى الحديث في يومياته عن نفسه بعد، فإذا كان يمتلك تلك البصيرة في رؤية الآخرين، فكيف يرى ذاته، يحكي الراوي الخارجي مشهده وهو يكتب عن ذاته:

«ثم كتب أمام اسمه:

نبيل الألفي: للحقيقة وجوه كثيرة، تحت أي قناع أخفي نفسي.

ومرة أخرى يكتب

هراء X هراء X هراء هي الحياة»[66].

إن (نبيل الألفي) لا يمتلك شخصية ثابتة، بل متحولة طوال العمل،

من شخص يحب المرح إلى شخص حريص على العمل، من شخصية منفعلة، إلى منضبطة، إلى منفعلة مرة أخرى، يحب (نبيل) (سارة) لكنه يعتدي على (ست الحسن) ويغتصبها، وتحمل منه وتنتحر جراء ذلك، ثم يعطف على أهلها، يلوم نفسه على أفعاله، ويقوم بتبرئتها في الوقت ذاته، شجاع وجبان، كلها حقائق ثابتة عن نبيل الألفي، وهي أقنعة كذلك، يتخفى خلفها جميعاً، ما يجعل الوصول إلى طبيعة شخصيته مستحيلاً، إنها شخصية تجعل من يعرفها يحبها ويبغضها في آن واحد.

إن تصرفات (نبيل الألفي) فيها الكثير من الهراء؛ لأنه يرى الحياة في يومياته هراء ولم يكتب (هراء في هراء في هراء) بتلك الصيغة التي توحي بكثرة الهراء وتكراره، بل يكتبها بصيغة حسابية، مستخدماً علامة الضرب (X) مما يوحي أن الهراء حاصل ضربه في نفسه مرتين، فهو هراء لا محدود ولا تدرك نهايته، هراء يتكاثر بطريقة آلية، يخضع لقوانين الرياضيات لا أفعال البشر، فنبيل الألفي فقد الثقة بالجميع وبنفسه وبجدوى الحياة التي يراها بلا قيمة.

وكما حضرت اليوميات في رواية (زمن التراجعات) تحضر المذكرات المتمثلة في كتابات زوجة الراوي الراحلة (سارة) التي تعاملها بتبجيل واحترام، فوجودها المكاني يقع تحت الوسادة، فهي تريد أن تظل قريبة منها، تحديداً من موضع الرأس عند الذاكرة لتقيم مع هذه المذكرات علاقة اتصالية، كما أن لفافة المذكرات عقدت بخيط حريري إمعاناً في احترامها وزيادة في التأنق، يقول (نبيل الألفي):

«مدت يدها تحت الوسادة وسحبت لفافة ورق معقودة بخيط حريري.

ظلت مطبقة يدها عليها: هذه سطور كتبتها في الأيام الخوالي، هل تذكر؟ ما زلت أحتفظ بهما إلى الآن. وأيضاً بعض ردودي، كتبتها، ولم أرسلها إليك أبداً ما زلت يا حبيبي أحتفظ بنفس المشاعر التي أملتني كلماتها، لا أسحب منها كلمة واحدة ها هي»[67] .

فمن خلال تحول الـرواة، حيث كان (نبيل الألفي) في موقع الراوي، ثم صار في موقع المروي عليه[68] وتحولت زوجته (سارة) إلى راوية، حينما استهلت الحديث عن مذكراتها وطبيعتها، فقد كتبت تلك المذكرات في بداية علاقة الحب بينهما قبل أن يتزوجا، وظلت محتفظة بها طوال حياتها، لكنها لما استشعرت دنو الأجل رأت أن من واجبها تسليم تلك المذكرات إلى الزوج ليزداد يقينه أنها كانت تحبه قبل الزواج وبعده، ولم يتغير ذلك الحب أو يتبدل أو ينقص، إنها المشاعر الصادقة التي صادفت قلباً نقياً لا يعرف شيئاً غير المحبة الصادقة، ومن نماذج ما كتب في هذه المذكرات ما يأتي:

«قرأ نبيل الألفي، وهو يفتش في الأوراق القديمة لزوجته، هذه الرقعة الصفراء:

لماذا رحل وتركني، إذا كان يريدني فلماذا يرحل؟

وجهه جميل حلو التقاطيع، شعره أشقر وعيناه عسليتان، ما ألطفهما، إنني دائمة التفكير فيه، فإذا كان هذا هو الحب، فأظن أنني
...

أرادني، أعرف أنه في ذلك المساء في الشرفة، آه، ماذا قلت له يا بابا؟؟

ماذا فعلت معه، ألا تعرف أنني ...

سأتزوجه، سأكون له دائماً عروسه التي تهبه السعادة والبهجة»⁽⁶⁹⁾.

إن حديث (سارة) مفعم بالأسئلة التي لا توجد لها إجابة قاطعة، فهي متمسكة بـ(نبيل) وتحبه أكثر مما يحبها، الذي يريدها لكنه لا يستطيع أن يواجه بقوة ويتمسك بمطلبه في زواجها؛ فهو لا يعرف التحدي المباشر، أما (سارة) فرغم كونها أنثى إلا أنها تمتلك الإرادة، وتستطيع أن تحصل على مبتغاها، وتجدر الإشارة إلى طبيعة التشكيل الكتابي المعتمد على نقاط الحذف في موضعين (فأظن أنني ...) (ألا تعرف أنني ...) فيمكن التعويض عن نقاط الحذف تلك بكلمات من قبيل (أحبه، أعشقه، أشتاق إليه) لكن (سارة) رغم أنها تكتب كلماتها على الورق، وتخبئ تلك المذكرات جيداً، إلا أن الحياء يمنعها أن تتلفظ بذلك حتى على الورق، إنها خجولة بينها وبين نفسها رغم امتلاكها مقومات الإرادة والتحدي، كما أنها ترى نفسها مانحة لا ممنوحة، لا تسعى إلى إسعاد نفسها من خلال زواجها بمن تحب، بل تمنحه حياتها وفاءً وإخلاصاً وكرماً.

وتأتي المذكرات في رواية (أكرو فوبيا) لـ(أحمد عوض الله فخري) من خلال مذكرات كتبها الوالد لبنته في دفترين، ودافعه في ذلك خشية أن ينسى بعد موته:

«أخشى أني حين أموت تنسيني، لذا لجأت لحيلة الدفترين، أعلم أن

الحال تغير كثيراً، وأن القراءة من دفتر واحد حالياً أصبحت صعبة، ولكن من يتحملها يا رؤى في ظل كل هذه الأساليب الجديدة للقراءة والبرامج التي تسهل قراءة أي عمل، وكل هذه المميزات التي تحظون بها، ولكنها أضاعت أجمل ما في الأمر، أضاعت أن تنشأ بينك وبين الكتاب علاقة حب وود متبادل، الكتب يا رؤى ترى، الكتب تسمع، والكتابة حياة يا ابنتي، اخترت أن يكون الدفتران بخط يدي حتى لا تنسيني يا رؤى، أخشى أن أسقط من ذاكرتك، وأصبح مجرد ذكرى لأب رحل، كنت تعرفيني، وكنت أعرفك، هل تعلمين يا ابنتي؟ حينما فكرت في أمر هذين الدفترين، كنت أفكر فيك، لا بد أنها سمعت صوتي المسجل في محادثات الواتساب كثيراً، رأيتيني في البرامج التلفزيونية، سمعت في التسجيلات الإذاعية، هذه كانت حياتنا قبل أن أرحل عن عالمكم، كان لا بد أن أكتشف طريقةً، تجعلك تشعرين بأني عدت من جديد، ليس تسجيلاً آلياً، بل حياً»[70].

فلم يكن كاتب المذكرات عابثاً حينما قام بتسمية ابنته رؤى، فهو يريدها أن تقوم بتأويل ما يكتب، أن تعرف ما وراء السطور، أن تستلهم من كتاباته ما ينفعها في الحياة أن تستحضر والدها في غيابه، وقد اختار الكاتب أدوات صارت قديمة ليسجل من خلالها مذكراته، رغم وجود تقنيات حديثة تسهل عمليتي التسجيل والتلقي، إلا أنه يريد أن يزيد من العلاقة المتينة بين ابنته وبين القلم والأوراق في زمن التكنولوجيا والوسائط المتعددة، ويدخل الكاتب ابنته في جو الكتابة عن طريق فعل يجمع ما بين الاستباق والاسترجاع، الاستباق في فعل القراءة من الابنة بالنسبة للأب، والاسترجاع متمثل في فعل كتابة الأب بالنسبة للابنة:

«تجلسين الآن في مكاني وقت كتابة هذه الكلمات، هل ترين هذه الصورة هناك؟ كنت أنظر إليها، هذه الساعة التي تسمعين دقاتها كانت دقاتها تسمعني، هل تعرفين أن الكتب تحفظ الأرواح»[71].

فالكاتب يريد من ابنته أن تستحضر حالته، يدخلها في طقوسه الكتابية، حتى تتفاعل مع تلك المذكرات وتكون جزءاً منها، يمهد لها ذلك من خلال تأمل الصورة وسماع دقات الساعة وتدخل في عالم الكتب وتلتقي بالأرواح الموجودة داخلها.

ولا يتوقف أثر تلك المذكرات على الابنة فقط، بل يمتد للتأثير على الابن، رغم أن المذكرات لم توجه إليه في الأساس:

«عندما أخذت الدفتر الأحمر من رؤى، فتحت أول صفحاته، وجدته عالماً مختلفاً عن عالم أبي، ولكن ما فيه مكتوب بخط يده، أحببت أن أقرأه وأكمله للنهاية، دخلت غرفتي، أغلقت بابها وجلست على سريري أقرأ ما كتب أبي، لأول مرة في حياتي»[72].

فالابن يكتشف عالماً جديداً عن والده لم يعرفه من قبل، ليدرك أن أباه كم كان عظيماً، لكن بعد فوات الأوان.

وتربط اليوميات والمذكرات بين الماضي والحاضر من خلال لحظتين زمنيتين، لحظة الكتابة المنفتحة على ذاكرة الكاتب الذي يجتر الأحداث الماضية التي يود تدوينها من جهة ولحظة القراءة من ناحية أخرى.

المبحث الرابع:

الراوي المحقق

الراوي المحقق هو الراوي الذي يبحث عن مصادر معلوماته، وينقل عن رواة آخرين ويشكك في صدق مروياتهم، ويبرئ نفسه من المعلومات التي لا تخضع للمنطق معتمداً على وظيفتين من وظائف الـراوي، فالوظيفة الأولى هي (التوثيقية أو البيّنة) «عندما يشير السارد إلى المصدر الذي يستقي منه خبره، أو درجة دقة ذكرياته الخاصة، أو الأحاسيس التي تثيرها في نفسه مثل هذه الحادثة؛ وهذا شيء يمكن تسميته وظيفة البينة أو الشهادة»[73] ، والوظيفة الأخرى هي الوظيفة التفسيرية[74]؛ عندما يعمل الراوي عقله في تلك الأخبار التي جلبها من المصادر، فيحاول تفسيرها.

ولذلك، فقد اعتمد (ناصر محسب) في روايته (الوزغة)[75] على نمط من الرواة المحققين، الذين يتتبعون حياة الشخصيات محاولين الوصول إلى حقيقتها بدقة، فمثلاً ينفي الكلام عن نفسه، ثم يتتبع أصل الكلام ويبحث عنه، يقول الراوي:

«وقد شاع في البلدة (وهذا ليس كلام الراوي) أن وجه (نفيسة رزق) يقطع الخميرة من الماجور (وهو مثل شعبي يدل على شؤم صاحبه) واعتبرت منذ ذلك التاريخ (الوزغة) التي يجب مقاطعتها وهو لفظ استخدم لكل من يتم مخاصمته ويصبح وحيداً مشبهاً (بالوزغة) التي

بالبحث وردت الوزغ دويبة والوزغ سوام أبرص»[76].

فالراوي ينفي عن نفسه الإساءة لشخصية (نفيسة رزق) كونها شؤماً، ويؤكد الراوي على ذلك من خلال وضع النفي بين قوسين؛ فهو لم يكن من الذين أشاعوا صفة الشؤم عنها، ثم يوضح أنهم لا يقولون عنها إنها مصدر شؤمٍ بشكل مباشر، بل يستخدمون لذلك مثلاً شعبياً لا تخفى دلالته على من يسمعه، والمثل في أصله «وشه يقطع الخميرة من البيت، الخميرة هنا لا يعني ظاهر اللفظ ولكن يعني الخير والبركة، ويقال المثل عن شخص محل شؤم ونحس يحل مع قدومه»[77]، وترديد هذا المثل عن الشخصية نتج عنه أن تجنبها الناس وقاطعوها، وأطلقوا عليها لقباً ينتقص من قدرها، ولا يتوقف الراوي عن ذكر اللقب وحسب، بل يقوم بالبحث عن أصله وتوضيح معناه، كل ذلك وهو يبرئ نفسه من تهمة توجيه المثل إليها وإلصاق اللقب بها.

ويحقق الراوي كذلك في أفعال الكراهية وأقوالها بين الشخصيات منقباً في التاريخ، ليثبت افتراء شخصية على أخرى، عندما اتهم (خليفة الطويل) قريبه (إبراهيم ولي) بالمروق من الدين، رغم براءة (إبراهيم ولي) وقد حاول الراوي الوصول لدوافع (خليفة الطويل) فيقول الراوي: «بالبحث تبين لنا أن خلافات قديمة نشبت بينهما بسبب الميراث وقد أشاع البعض سراً أن الخلاف بينهما تعدى الميراث في حد ذاته، فقد روي البعض وفي مجالس سرية جداً (والراوي) في حل من ذكر المصدر لأسباب قبلية»[78].

فيثبت الراوي أن سبب الاتهام ليس الحرص على الدين، بل هي

مشاكل دنيوية بين الشخصيتين، والراوي لديه أساليب تمكنه من اختراق المجالس السرية، ويعرف كيف يحتفظ بمصادره لنفسه، وحتى لا يظهر بمظهر الأناني، يدعي أنه يحافظ على السلم العام بإخفائه المصدر الذي استقى منه المعلومات.

وعندما تدعي إحدى الشخصيات بأن أصولها تركية، يلتزم الراوي الحياد تجاه ذلك الأصل؛ لأن المصادر لم تنفها أو تثبتها: «ورواية فريح لم تجد من ينفيها أو يثبتها لاختلاط أنساب البلدة فعلاً والتي تراوحت أصولها من بين قبائل في الجزيرة العربية والأتراك والليبيين والمغاربة بالإضافة إلى السكان الأصليين»[79]، لكن الراوي يتتبع أنساب البلدة، والتي تدل على اختلاط كبير يصعب عندها تحديد أصول أي شخصية.

وعند ورود ذكر إحدى الشخصيات يرى الراوي أنها شخصية هامشية، وكان يمكن أن يستغني عن ذكرها، لولا أن لها وقائع تواترت مع سكان البلدة:

«وكنا نرى ذكرها غير ضروري في سياق الأحداث ولكن لارتباطها بوقائع أخرى إثر هذه الواقعة وهو ما جعل أغلب سكان الواحة تحجم عن دعوتها في الولادة فيما بعد على اعتبار أن كل من تقوم بتوليدهن ينجبن بناتاً»[80].

فالشخصية قد صارت مصدر شؤم لدى أهل البلدة؛ لأن كل من ولدتهن أنجبن فتيات، ولعل الإشارة لتلك الشخصية من قبل الراوي، رغم عدم أهميتها الكبيرة، إلا ليبرز نسقين متوغلين عند أهل البلدة،

النسق الأول هو تفشي الجهل؛ فالشخصية لا تمتلك القدرة على اختيار نوع المولود، أما النسق الآخر، فهو النظرة الدونية للمرأة وكراهيتها، فالراوي لا يذكر تلك الشخصية، بقدر ما يود إدانة أهل البلدة دون أن يصرح بذلك.

ويستمر الراوي بالتحقيق في طبيعة الشخصيات وأفعالها، فيتتبع شخصية بائع الأقمشة ليثبت كذبها واستغلالها، يقول الراوي:

«بل إنه أحياناً كان يخبر البعض أن الكفن ليس من دكانه وهي كذبة سخيفة لأنه بالبحث تأكدنا من عدم وجود من يتاجر في الأقمشة وخاصة قماش الأكفان وهو قماش الدبلان»[81] .

فشخصية القماش تتصف بصفة الجشع، حتى إنها لا تترك لأهل المتوفى عند شرائهم الأكفان منه فرصة لجمع المال، بل يدعي أن الأكفان ليست له، كي يأخذ ثمنها كاملاً، ومباشرة في اللامبالاة لظروفهم ولا للعارض الذي ألمّ بهم، وهم رغم حاجتهم يدفعون له استناداً للحجج التي يدعيها.

كما يتابع الراوي تحقيقه في معرفة سبب فقدان البصر لإحدى الشخصيات، فيربط ذلك بعالم الغيبيات:

«وتبعاً لأقوال بعض الرواة أن السبب الحقيقي لفقدانها البصر يرجع لإحدى جلسات تحضير الجن التي تمارسها في أعمال السحر ولأنها فشلت في صرف الجن بعد تحضيره فما كان من الجن إلا أن قام بضربها على رأسها فأحست بصداع شديد استمر معها لمدة ثلاثة

أيام كان نتيجته أن فقدت بصرها وهو سبب ربما كان وجيهاً يتلاءم مع طبيعة عملها والذي لم يختلف عليه أحد من كونها مخبرة وهو اصطلاح شاع وانتشر لكل من تعاملن بالسحر ويلجأ إليهن أكابر القوم قبل البسطاء»[82].

فالراوي يورد أقوال بعض الرواة التي تتفق على سبب فقدان الشخصية بصرها، ويقوم بترجيح تلك الأقوال، ولا يشكك فيها، مطمئناً إلى النسق الخرافي السائد؛ حيث «أصبح الوعي العام يجنح إلى الأبعاد الخرافية بوضوح»[83]، دون أن ينتقد الراوي ذلك؛ فالصداع استمر ثلاثة أيام دون أن تذهب الشخصية إلى الطبيب، وربما كان للبخور والأدوات المستخدمة في أعمال الشعوذة أثره في الضرر الذي لحق بها، وليس ضرورياً أن يكون السحر قد انقلب على الساحر. وهنا سؤال جدير بالطرح لماذا لم يشكك الراوي في الواقعة رغم كونه راوياً محققاً؟ لقد أراد الراوي أن يضفي مزيداً من العجائبية حول شخصياته والأحداث التي تقع لهم أو من خلالهم.

ولا يتوقف الراوي المحقق عند تتبع المصادر والبحث في الأصول، بل يعرض لتضارب المصادر؛ فيقول:

«وتبعاً لمصادرنا لم يستقر رأي واحد مؤكد عن سبب عدم عودته ولم يؤكد أي من المصادر نسبته إلى (أم كمال) وهو ما يؤكد أن هذه المرأة كانت قوية وربما خشي الناس مجرد سؤالها عن أسباب غياب ابنها بل ظلت تمارس حياتها العادية وحيدة وإن كانت بعض الآراء تجنح مثلما جاءنا عن رواية لـ(هاشم عطا الله) الذي كان مفادها أن

أم (كمال) أسلمت ابنها إلى مستشفى المجانين وكان رأيه مستنداً إلى سببين أولهما، رباطة جأش (أم كمال) وقوة عزيمتها وممارستها لحياتها بشكل عادي جداً وهو ما لم يكن يحدث في حال كون ولدها الوحيد قد قتل في حادث أو فارق الحياة لأي سبب. أما السبب الآخر من وجهة نظره فهو تعدد سفر (أم كمال) بين فترة وأخرى مدعية السفر إلى شقيقها بالريف. بينما دحض هذا الرأي البعض وخاصة (إبراهيم ولي) الذي أكد أن شقيق (أم كمال) مات منذ سنوات ولم يخلفه إلا ولد (صايع) حسب تعبير باع عربة الفول التي كان يسترزق منها والده قبل موته..»[84]؛ فالمصادر رغم تضاربها تحمل رأياً وجيهاً مدعماً بالأدلة، فما الذي يجعل أماً لا تبالي باختفاء ابنها وتعيش مطمئنة؟ وما السر الذي يجعلها تتغيب كل فترة عن البلدة مدعية زيارة شقيقها، رغم أن مصادر أخرى تؤكد موته؟ فلماذا فعلت (أم كمال) ذلك؟ ولماذا لم تصرح بالحقيقة؟ إن تضارب المصادر يزيد من الغموض حول الواقعة المتعلقة باختفاء الابن، فالفعل التحقيقي من قبل الراوي يريد أن يبرز لنا من خلاله خلقه الحسن دون أن يشي بذلك من خلال وضع لفظة (الصايع) بين قوسين والتأكيد على أنها من قول (إبراهيم ولي)، ما يدل على مهارة الراوي؛ «فالمصور المحترف هو الذي لا يشعرك بوجود كاميرا»[85]، ونجد الراوي يستخدم تلك الحيلة في التبرئة الأخلاقية لذاتها، من خلال عرض آراء المصادر في المقطع الآتي، يقول الراوي:

«وبالبحث توصلنا إلى أن كلا الاسمين صحيح وأن عبد الحميد كان شاب (فلاتي) حسب ما جاء في المذكرات وذكر أيضاً وكان

غريب الملابس غير أن المصدر أكد أن (عبد الحميد) لم يمكث طويلاً بالواحة وغادرها إلى أوروبا بعد وفاة والده بأشهر قليلة وقيل إنه سافر إلى أوروبا ولم يعد منها إلا في إحدى السنين» [86].

ووضع لفظة فلاتي بين قوسين هذه المرة ليس لحرصه على أنها ليست له؛ إمعاناً في أمانة النقل وبراءة ذاته من التلفظ بالكلمة فقط، بل أيضاً إشارة إلى تمكنه اللغوي؛ حيث وضعها على الحكاية كونها كلمة عامية، فلم تنصب وكذلك لم ينصب الراوي كلمة الشاب، بل سكنها وحقها النصب لتكون مناسبة أكثر للطبيعة العامية في النطق.

كما يقوم الراوي في عملية تحقيقه بالشك في المصادر ونفي الحوادث، وقد يكون هذا الشك كلياً، كما في الواقعة الآتية: «ولم نستدل عما يؤكد أو ينفي إن كانت هناك صلة بين (راتب مخلوف وصبيحة مخلوف) والتي ورد ذكرها وأشير إليها بالشكوك في واقعة فرخ الحرام» [87]. وقد يكون الشك جزئياً فقط، كما جاء على هذا النحو: «لم يساورني الشك كثيراً في الواقعة فالمصدر ومن خلال العديد من الوقائع الواردة تبين لنا دقة وصحة ما أورده ولكن ما أثار الاستغراب هو اسم الزوج (عز العرب قناوي مبروك) فالاسم لم يستدل عليه من قبل أهل الواحة ولم يتعرف عليه أحد من مصادرنا» [88]؛ وهذا استغراب يمكن أن يُستغنى عنه وهذا الاستغناء له ما يبرره طالما المصادر دقيقة وصحيحة حتى وإن سقط أحد الأسماء من ذاكرة الناس؛ فأحياناً يكون الاسم الرسمي في الوثائق مختلفاً عن الاسم الذى يُنادى به الفرد من قبل الناس.

والملاحظ أن الراوي يمتلك القدرة التي تمكنه من استبعاد ما يراه

غير ذي جدوى من المصادر التي تقع تحت يديه، فيعرف المهم الذي ينبغي أن يُثبت وما يجب إهماله حتى لا يثقل من مدونته:

«كانت الأحداث عبارة عن يوميات بعضها كان مبتوراً والبعض الأخر كأسماء لزواج وتواريخ لحالات وفاة أو تسجيل لزيارات مسؤولين للبلدة وبعض الأحداث الشخصية غير المعنيين بها وهو ما تجاوزناه باعتباره لن يضيف إلى الأحداث التي نحن بصددها كما أن هذه المذكرات قد وثقت لدينا بعض الأحداث التي جاء ذكرها في روايات بعض المصادر التي كان الشك يحيط بأصحابها.. لكن المفاجأة جاءت في كراس قديم مهترأ لنفس المصدر، استوقفني فيه تاريخ عقد زواج الراجل»[89].

إن استبعاد الراوي لهذه الأسماء والتواريخ والزيارات لا تعني أنها غير مهمة في المطلق، بل قد يهتم بها غيره، أو هو ذاته إذا كان سياق الأحداث التي يبحث حولها يتحمل ذلك، كما أن الراوي يستخدم طريقة الجرح والتعديل في استبعاد روايات يشك في أصحابها، حتى وإن كانت موثقة، فهو يتحرى اختيار من ينقل عنهم من الرواة جيداً. والراوي لا بهرجة الوثائق والسجلات، لكنه يتوقف عند كراس قديم مهترئ ما دام يحمل معلومة تثري بحثه.

ويتميز الراوي بميزة كبيرة وهي الانسحاب من عملية التحري والتحقيق التي يجريها والتوقف الفوري، إذا اقتضت طبيعة العمل ذلك، أو فقد القدرة على استكمال عمله، حتى وإن بدا عمله متسقاً ومنسجماً:

«القصة تبدو مقنعة إلى حد كبير وإن لم تكن تحمل كل الحقيقة.

ولعلي كنت أبحث عن مبرر ومخرج لتظل صورة نفيسة رزق التي أعرفها، بل لعلي كنت أود أن تبتر هذه الواقعة من سياق الأحداث وهو انحياز يجعلني أخشى مفاجأة جديدة تفتح أبواب الشك في أحداث ووقائع الرواية وشخصيات الرواية التي تشككت فيها بالفعل، لذا أفضل الانسحاب لأني غير قادر على استكمال الرواية»(90).

فالراوي الذي كان يشكك في المصادر، ويرجح بينها ويعرف كيف يثبت بعضها، وكيف يستبعد ما لا يراه مناسباً، صار يتشكك في الرواية التي جمعها حول الشخصيات؛ لأنه أراد إخراج الرواية في صورة قابعة في متخيلته، وبالتالي، وإن بدا الحياد ظاهراً للمروي عليه والقارئ الضمني أو حتى القارئ الخارجي طوال الرواية، إلا أن الراوي نفسه يدرك أن حياده ليس تاماً، ويتخذ من الموضوعية التي يدعيها غطاءً جمالياً يمرر من خلاله ما يريد، لكن ضمير الراوي يستيقظ، ويتوقف عن استكمال الرواية، رغم أن الكثير من أحداثها تحتاج إلى أن تستكمل، وتحتاج كذلك إلى الترابط مع بعضها البعض.

وبانسحاب الراوي من استكمال الراوية، هل يمكن يأتي راوٍ آخر يمتلك مهارات المحققين ليستكمل أحداثاً تركها الراوي الأول؟ أم تظل الرواية مبتورة لا يُعرف الكثيرُ من أحداثها وطبيعة شخصياتها؟ وإذا جاء هذا الراوي الآخر، هل سيكمل الرواية إلى نهاية الأحداث؟ أم سينسحب أيضاً لأنه لا يمتلك رؤية لا يقينية لعالمها حتى وإن توافرت المصادر؟ وعلى كلٍّ، فإن الروائي نفسه قد توقف مع توقف الراوي، ولم يختر راوياً آخر ليكمل الأحداث، لكنه استطاع أن يقدم نمطاً من الرواة المحققين رغم أنهم لا يلعبون دوراً في الأحداث.

113

المبحث الخامس:

الرواية موضوعاً للسرد

تعد الكتابة عن الكتابة من الظواهر الشيقة التي تجذب المؤلف والقارئ على السواء، في محاولة لإدراك فلسفة الكتابة من خلالها، وتتخذ (مريم العجمي) في روايتها (صورة مريم) من موضوع الكتابة السردية تيمة أساسية للعمل؛ فالرواية من النمط الذي يتخذ «مؤلفاً داخلياً يحاول كتابة رواية»[91]، أو عمل سردي آخر، فيصبح لدينا المؤلف الحقيقي (مريم العجمي) والمؤلف الداخلي الراوية (مريم) التي تظهر ملامحها في الرواية من خلال الأحداث، كما تصنع هي أحداثاً أخرى على الورق، وهذا يؤدى إلى «أن القارئ يظل عالماً بانتقال السرد من أفق إلى آخر، ولا يلغي ذلك ـ بالطبع ـ تفاعل عوالم الرواية بعضها ببعض»[92]؛ لتتشكل رؤية كاملة حول الشخصيات والأحداث.

فتحاول الراوية (مريم) أن تكتب بمعاناة امتثالاً لنصيحة صديق لها، فتجعل الراوية الأسبوع الذي يسبق موعد الولادة هو المحدد لممارسة تلك المعاناة الكتابية؛ لتصنع طقساً خاصاً تمارس من خلاله مخاض الكتابة، فكما يحمل الجنين في الرحم تحمل الأفكار في الرأس.

أولاً - طقس الليالي السبع:

ينقسم الفصل الثاني من الرواية إلى سبع ليالٍ تروي فيها الكاتبة معاناتها مع الكتابة، تقول الراوية عن الليلة الأولى:

«أكتب واقفة لساعتين حاملة الدفتر على كتفي اليسرى؛ تضاعف الوقفة من تورم قدمي، لكن روحي تخف. أغمضت عينيّ، يمكنني فعل كل شيء على الورق، رأيت بحراً، فردته على السطر، صرخت كأول مرة رأيت فيها البحر. يمكنني التنفس تحت المياه والسير عليها، أدور الشمس من المشرق إلى المغرب، أغطسها في قلبه الذي أتضاءل أمامه، لا شيء بعد البحر، هو بداية العالم ونهايته، يمكنه ابتلاع أي شيء بداخله، ويمكنني حمله على الورق»[93].

إن الراوية/ الكاتبة رغم ضعفها جراء الحمل، إلا أنها تمتلك قوة كتابية خلاقة، فتستطيع حمل عالم من الخيال على صفحات، إن الكتابة تصنع كوناً موازياً، تجعل روح الراوية خفيفة رغم تورم القدمين؛ فالمرحلة الأولى من طقس المعاناة استطاعت أن تؤتي ثمارها، وأن تفجر طاقات الإبداع في عقل الكاتبة، وأن ترجع الماضي، فتستدعي البحر الكبير الهادر وتطوعه لقلمها، لكن الطقس يزداد صعوبة، ويقل الخيال مع الليلة الثانية، تقول الراوية: «أقف على قدم واحدة، أثني ركبتي رافعةً ساقي لأعلى قليلاً، أكتب على ساق ونصف»[94]، كما تقول: «يحذف خيالي ما تذكرته، أسند الدفتر إلى الجدار وأكتب»[95]؛ فطبيعة الطقس في هذه الليلة يختلف عن الليلة التي تسبقها، فبدلاً من الوقوف على قدمين، تقف الكاتبة على قدم واحدة، وبدلاً عن إسناد

الدفتر على الذراع اليسرى، يُسند إلى الساق ما يجعل الظهر أكثر انحناءً، لكن الخيال يصبح أبياً ويمارس قسوته في الحذف، فتلجأ الكاتبة للجدار في محاولة يائسة للكتابة، وفي الليلة الثالثة من الطقس تنهار الكاتبة جالسة على الأرض بعد إظلام الغرفة وإضاءة شمعة لخلق جوٍ شاعري، تقول:

«أظلم الغرفة، أضع الشمعة في ركن بعيد على الأرض، أفتح الدفتر على صفحةٍ أتأكد أنها فارغة. لا يهم إن كان ما كتبت على السطر أم فوقه، أو تحته. الكلمات طيورٌ فزعة لا تستقر، تحلق؛ أجري وراءها كما كنت أجري وراء الدجاجة الصفراء فوق سطح بيتنا» [96].

ففي الليلة الأولى تعاملت الكاتبة مع الخيال معاملة تبدو عادية، فأتى إليها عادياً يحمل بحراً وشمساً وكوناً مألوفاً، في الليلة الثانية تعاملت معه بقسوة فلم يأتها، ومارس هو الآخر قسوة متبادلة؛ «فإن حركة الراوية ليست هي المسيطرة بشكل ظاهر على النص وإنما الخيال» [97]. أما الليلة الثالثة، فعاملت الراوية الخيال بحب، أضاءت له الشموع، تركت لكلماته حرية الحركة دون التقيد بالأسطر، وبالتوقف أمام هذا التشبيه نلحظ الآتي:

التشبيه من حيث الركن	المشبه (الكلمات)	المشبه به (طيور فزعة)
التشبيه من حيث المصدر	عالم الكتابة الخيال	عالم الحيوان والطير

الإسقاط الدلالي للتشبيه: فيجمع بين المشبه والمشبه، القدرة على التحليق في السموات والتحرر من القيد، وصعوبة الاصطياد، والإبهار وجذب الأنظار، وبهذا، استطاعت الكاتبة أن تستدعي

الخيال من خلال احترامه، ففتح الخيال لها الذاكرة على الماضي، عندما كانت تجري خلف الدجاجات بِحُرِيّة.

لقد عرفت الكاتبة كيف تستدعي الخيال من خلال الشمعة: «تدريجياً اعتدت الكتابة في ضوء الشمعة البعيدة، لم أعرف ماذا كتبت بعد، صرت (أشخبط) أجر القلم على السطور، يرفسني الجنين بالداخل؛ أترك القلم، أتحسس موضع الحركات المتتالية خلف البطن العظيمة. مشيت أحمل بطني إلى ركن الغرفة حيث الشمعة، نفختها، أظلمت الغرفة، لن أكتب المزيد هذه الليلة»[98].

إن الكتابة قد وصلت إلى مرتبتين مهمتين جلبهم الطقس، الأولى أن تكتب دون أن تعي ما تكتب، أن تترك للقلم حرية العبث في الصفحات كما يشاء، دون أن تلاقي بالاً لما يكتب، والثانية إرادة التوقف عن كتابة المزيد، ما يوحي باطمئنان الكاتبة للخيال، وهو اطمئنان لم يكن في محله وجلب عليها العذاب في الليلة الرابعة:

«أحضر شمعة أشعلها، أميلها، تسيل القطرات على قدمي وتتيبس من جديد صانعة وخزة أشعر بصداها في كتفي اليسرى، يسيل لعابي، مع كل قطرة متساقطة أكتب، أحكي للورق كما كنت أفعل بعد كل مرة أنال عقاباً من والدي أو من أحد المدرسين؛ صار الأمران متلازمين»[99].

فالشمعة التي كانت مصدر إلهام وجذب للخيال صارت مصدر ألم ووجع، فالخيال أقنع الكاتبة من خلال استدعاء أحداث ماضاوية قاسية بتلازم الألم مع الإبداع، ووصل الأمر بالراوية إلى ممارسة الأفعال

المازوخية ـ حيث «قبول التعذيب، الميل إلى تحمل القسوة»[100] ـ على ذاتها: «جلست إلى المكتب، أمامي الأوراق وفكرة ولا أستطيع الكتابة. مددت يدي اليمنى وضربت ذراعي اليسرى، ضربات متتابعة حتى احمرت ذراعي، ثم انتقمت لليد اليسرى وعاقبت اليمنى. توالت الضربات والصفعات على فخذي ووجهي بالإضافة لبعض اللدغات والعضات، كنت إذا ما أتممت مقطعاً نلت عقاباً. تصبغ جسدي باللونين الأحمر والأزرق»[101].

إن الكاتبة تعرض مشهداً قاسياً، وهي تقوم بتعذيب نفسها عذاباً شديداً تحفيزاً لمكامن الإبداع، فتستطيع إكمال ما بدأت كتابته، لكن الخيال المنتقم هو الذي يمارس فعله الذاتي؛ لأنها ظنت أنها امتلكته، وتستطيع أن تجلبه في أي لحظة، وتتوقف عن الكتابة متى شاءت.

لقد وصل طقس الألم الكتابي إلى ذروته في هذه الليلة، حتى أن المكافأة التي تعقب الإنجاز الكتابي تحولت إلى عقاب، عقاب عما كتبت، وعقاب عما ستكتبه. أما الليلة الخامسة فتصبح أقلَّ في المعاناة؛ فقد عانى الجسد بما يكفي طاعة للخيال.

فقط الراوية تحتاج إلى بعض الطاقة والدفء كي تمارس الفعل الكتابي: «بأيدٍ مرتعشة أحاول الإمساك بالقلم، كل شيء من حولي بارد، القلم، الدفتر، المنضدة، الكرسي، تُطبق برودة الجدران على جسدي. أنفخ في يدي كي أمدها بدفقات ساخنة من أنفاسي، وأحرك يدي على أكتافي وذراعي، أنثني، أنفرد، لا أكف عن الحركة حتى أمد الجسد بالطاقة»[102].

ففي الليلة السادسة تنتصر الراوية أخيراً، وتتوحد مع الخيال؛ لقد أوشك الطقس على الإثمار، لقد تخلت عن المكتب وصارت تكتب في أي مكان، وصارت تتغلب على المعاناة:

«أقف على أطراف أصابع قدمي وأكتب في دفتري على ترابيزة المطبخ، الثقل بجسدي يتسرب إلى القلم، أجر السن بصعوبة، علي المواصلة، هل الأمر يستحق العناء والصبر (نعم) أجاب صديقي صاحب النظرة النافذة في خيالي. يرتفع جسدي قليلاً عن الأرض، يتخلص من بعض أثقاله، شيءٌ ما يشدني، وحلم قديم بالطيران يراودني. أرتفع، تضمني ألوانٌ سبعة، أدور وسطها، تتوحد في لونٍ واحد وأصبح ضوءاً، شعاعاً يرتد إلى الشمس، ينير بقعة ما مظلمة بالداخل، أتلاشى بين السطور، ترتفع الكلمات من حولي، أرتفع معها»[103] .

رغم عدم معقولية الفعل، أن تقف سيدة وهي على وشك وضع مولودها، وأن تمارس الكتابة في هذا الوقت الحرج؛ إيماناً بمقولة صديقها بأن الكتابة تستحق العناء والصبر، وهذا ما حدث، فقد تأكد الخيال من إخلاصها وعزمها من خلال طقوس الليالي السابقة وما نالته من ألم وعقاب ومعاناة، فكانت المكافأة في فقدان الجاذبية والقدرة على الارتفاع لتحلق الكلمات حول الكاتبة في تجلٍ صوفي، تتَّحِدُ فيه الألوان، وتنكشف فيه الظلمات التي تهزمها الأنوار، فقد أصبحت الكلمات كثيرة وطيعة، إن الراوية قد تخلصت من جاذبية الأرض، ووقعت في جاذبية الكلمات.

ـ نهاية الطقس:

الليلة السابعة ومع حدث الولادة يصل الطقس إلى نهايته، وتصل الراوية إلى المخاض الكبير:

«أسمع صوت بكاء الصغير.

هل اكتمل النص الذي أكتب في ليالٍ سبع؟»[104].

إن الراوية –ونحن معها – تطرح سؤالاً جديراً، هل اكتمل النص؟ هل كانت المعاناة لفائدة، في الحقيقة لا نعرف الكثير؛ فقد كان الاهتمام بالطقس أكثر من النتائج الصادرة عن القلم، وهي حكايات لا تكمل بعضها – وإن كانت تتوازى – لكن ليس المهم أن يكتمل النص، بقدر أن تتجلى الكلمات على الورق، وأن ينفتح الخيال على العالم والذاكرة.

ثانياً – قوة السطور:

تمتلك السطور في رواية (صورة مريم) قوة جذب كبيرة، كأنها آلة تنفتح على عالمين، من يقترب منه ستنقله إلى عالم آخر موازٍ، حيث الأوراق صاحبة القوة المطلقة فيه، تقول الراوية:

«تتقوس السطور وتسحبني، ترتفع وتلتف حولي مع قوة شفط. لم أكن أتخيل أبداً أن الورق له هذه القدرة، كان بإمكانه ابتلاعي. أسحبُ إصبعي في اللحظة المناسبة، أنظر بدهشة إلى الورق الخالي من الكلام، أمد أصابعي بحذر، تسحبني السطور من جديد؛ أستسلم، ينغرس نصف ذراعي داخل الدفتر»[105].

إن ملفوظات مثل (قوة شفط، تسحبني، ينغرس) تدل على طاقة

تلك الأسطر القوية من ناحية ومرونتها أيضاً، وهذه القوة معادل لقوة خيال الراوية، فالحياة الموجودة تدخل العقل توهم بأن حياة أخرى لم تكتب بعد موجودة داخل الدفتر الذي يتحول إلى شرفة علوية يُرى في داخلها مدينة وتسمع فيها الأسطر: «أغوص بمقدمة وجهي في الدفتر، أميل برأسي، أرى المدينة بالداخل، وضعت أذني على السطور»[106]؛ فالآن الراوية لم تعد خائفة من الأسطر، بل صارت تتطلع إليها وتسلم لها الذات، فتتسلل إلى الأسطر على مراحل وهنا تحدث تحولات فسيولوجية لا منطقية لوظائف الحواس:

«يسحبني الدفتر على مهل، تنفتح السطور وأدخل، يداي أولاً، ثم رأسي بالكامل، أغوص بالكامل في باطن السطور، تحوط بي مادة رطبة بين السائل والبخار، تضفي غبشة أسطورية على المشهد بالداخل، تجحظ عيناي، ترتبك أعضائي، تتبادل الوظائف في فوضى، أرى بأذني، أتنفس بالجلد، أسمع رائحة الموسيقى، أمد عيني تلامس الأشياء. على بعض خطوات، أرى ألواناً سبعةً مضيئة متوهجة خاطفة، إنه قوس قزح! يسحبني للتزحلق عليه»[107].

إن ما وقع لوظائف حواس الكاتبة هو ما يطلق عليه تراسل الحواس «وتراسل الحواس معناه وصف مدركات حاسة من الحواس بصفات مدركات حاسة أخرى، فنعطي للأشياء التي ندركها بحاسة السمع صفات الأشياء التي ندركها بحاسة البصر، ونصف الأشياء التي ندركها بحاسة الذوق بصفات الأشياء التي ندركها بحاسة الشم، وهكذا تصبح الأصوات ألواناً، والطعوم عطوراً»[108] وجاء تراسل الحواس في الرواية على النحو الآتي:

التحول التراسلي	مدركاتها	الحاسة
الرؤية (مدركات العين)	السمع	الأذن
التنفس (مدركات) الأنف	الإحساس	الجلد
اللمس (مدركات الجلد)	الرؤية	العين

أما قولها «أسمع رائحة الموسيقى» فلم توضح الكاتبة طريقة الإدراك هل كانت عبر الأذن أم الأنف أم حاسة أخرى، لكن الموسيقى تسمع ولا تشم، وهذا التراسل يوحي باندماج الراوية مع الدفتر الذي سُحبت إليه حتى تحولت إلى كائن آخر يعبر عن معاني تذوق الجمال من خلال تراسل الحواس، فليس ضرورياً هنا كيف ستتلقى الجمال وبأي وسيلة، لكن المهم أن يُشعر به وأن يُتسرب إلى الإحساس.

وهذه القوة الممنوحة للكتب لا تكتفي بالقوة الجاذبة، بل تمتلك قوة طاردة أيضاً، فتخرج ما في داخلها إلى العالم الخارجي:

«عرفت طعم القبلة الأولى من الكتاب.. الحب الأول.. الرغبة الأولى والرعشة الأولى، هنا بين السطور راوغت البطلة حبيبها فراوغته معها، اقترب بطلها من وجهها، قربت وجهي من الصفحة»[109].

إن الأحداث التي تحدث في داخل الكتاب تشعر بها الذات الساردة وتراها حية، حتى يصل الأمل إلى خروج البطل عن إطار الكتاب ورؤية وسماع البطلة القابعة داخل الكتاب لما يحدث خارجه:

«استسلمت بطلته فلم أقوَ على المقاومة، انتفض جسدي فتحت

الكتاب عن آخره، مررت سبابتي والوسطى بين الصفحتين، تأن البطلة، فتدفق سائل رطب ولزج بين السطور.

أعدت قراءة المشهد..

ترك حبيبته تبحث عنه، هل خرج البطل الأسمر الطويل من السطور؟

ارتبكتُ.

اقترب مني.

رجوته أن يبتعد وتمنيت ألا يفعل.

مرغتُ وجهي في الكتاب، شممت حر أنفاسه بين السطور، ألهبتني فاشتعلت. غارت البطلة، تلصصت علينا كما كنت أفعل منذ قليل؛ أطبقت عليها الكتاب لتموت غيظاً، لم أتركها تنظر إلينا»[110].

إن التشكيل الكتابي في هذه الفقرة يعمق الدلالة التي تريد الذات الراوية إيصالها؛ فالنقطتان اللتان تعقبان (أعدت قراءة المشهد) لا توحي بتكرار القراءة فقط، بل التأني في القراءة مع الشغف في آن، وإفراد كلمة (ارتبكت) في سطر يضفي على المشهد رعشة تعبّر عن الحالة التي ألمت بالراوية، وكذلك مع إفراد تركيب (اقترب مني) في سطر لتُحبس الأنفاس ترقباً لفعل البطل، أما إفراد (رجوته) «أن يبتعد وتمنيت ألا يفعل» فلكي تعبر الذات الراوية عن حالة التناقض والتردد بين الجانب البراني والجواني داخلها.

فهل استطاعت الراوية، أو الذات الكاتبة داخل الرواية كتابة شيء

بعد كل هذه الطقوس، وبعد هذه القوة الخارقة للأسطر؟ بمعنى هل قدمت منتج خيالها في هيئة حكائية، أم كانت الكتابة كلها حول فلسفة الكتابة بلغة إبداعية؟! لقد استطاعت الكتابة أن تفجر خيال الراوية من خلال عودة العقل إلى الماضي واستخراج حكايات اصطنعتها من ذلك، مثل ما أنتجه طقس الألم في الليلة الأولى، حيث تعود الكاتبة/ الراوية إلى الماضي عندما كانت طفلة أمام البحر، وتختلق فتاة أخرى وتقدم من خلال ذلك قصة بديعة يدور أكثرها حول الكتابة كذلك:

»كيف يمكن الوصول إلى الجانب الآخر من البحر، حيث يابسة أخرى وطفلة أخرى في المقابل تصرخ في أول مرة ترى فيها البحر، تتساءل إذا ما كنت موجودة هنا أم لا؟! بإمكاني الآن السير ومقابلتها، هل ستعترف لي أنها لم تصدق وجودي؟ لا، ستخبرني أنها اختلقتني لنصير أصدقاء، لقد فشلت في تكوين صداقة بأقرانها بعد اتهامهم لها بالسرقة والكذب، هي الكاتبة تملأ ظهور الكراسات بكلمات الأغاني، لم تكتفِ بالغناء مثل باقي الأقران، كانت تحذف كلمات الأغنية وتضع كلمات جديدة من رأسها. لم يصدقوها وألصقوا بها التهم القاتلة، بالضبط مثلما يفعلون معي، لم أعرف أبداً كيف أجيبهم عن سؤال كيف تكتبين؟ واجهت نفسي بالسؤال، كيف أكتب؟«[111].

فالراوية ــ رغم اختلاقها للفتاة الثانية ــ تجعل الفتاة الثانية تختلقها، لتسقط كل واحدة على الأخرى ما يحدث معها؛ فكل فتاة منهما تعاني التهميش والإبعاد، بسبب الغيرة والحسد من خلال التشكيك فيما تكتبان، حيث تتهمان بالسرقة، ويتم سؤال كل فتاة منهما سؤالاً ماكراً عن كيفية الكتابة، يصعب الإجابة الصادقة عنه.

إن الذات الكاتبة ومعها صديقتها، تتمردان على النسق السائد في الكتابة، ولا تخضعان لقالب، إنهما تكتبان من رأسيهما فقط، ولذا تقول الكاتبة:

«لم تعد الأغاني المعروفة تستهويني في الكتابة. وضعت لحناً خاصاً بي، أنسج حوله الكلمات، يتسلل إلى رأسي، أطبق على الكلمات أكررها حتى أحصل على أقرب ورقة، إذا أفلت مني أبحث عنه باقي اليوم بلا جدوى، وكانت أجمل الكلمات هي التي أفلتت. تضاعفت شكوك أقراني حول مصدر ما أكتب؛ أقسمت الأيمان المغلظة أن الكلمات من رأسي، تأتي طواعية لأنثرها على الورق، ومثلي لم تفهم لم يرمونها بهذه التهم!»⁽¹¹²⁾ .

إن أقران الكاتبتين يستكثرون عليهما الإتيان بالجديد وابتكار نمط خاص من الكتابة لا يتتبع خطى لحنهما المكرر، كتابة لا مصدر لها إلا الخيال الحاد لتلك الكاتبتين، لكن التلقي الحاقد يصر على موقفه.

وتتبع الراوية طقوس الفتاة الأخرى في الكتابة، وهي طقوس متمردة على الطريقة المتبعة في ممارسة الفعل الكتابي: «انتبهت أنها تفعل شيئاً خارجاً عن المألوف، شيطان صغير مقرفص في رأسها يملي عليها الكلمات، حتماً ستجده إذا ما فصصت الرأس، تراقب نفسها لحظة الكتابة، لا تعرف لم تغمض عينيها، هل تستقبل شيئاً ما؟ ماذا لو كتبت بأعين مفتوحة؟ لم تضع يديها على رأسها؟ لم تمص إبهامها؟ لم تحك الجبهة؟ هل تقلب شيئاً ما بالداخل؟ لم يهبط الكلام على رأسها بالذات؟ بدلت الأقلام (رصاص وجاف) كل

الألوان والأنواع، كسرت قلم الرصاص، كتبت بكل نصف على حدة، أخرجت الأنبوب من القلم الجاف وكتبت به، تنقلت بين الدفاتر، أغلفة الكتب والكراسات، أوراق اللحم، بين المدرسة والبيت وتحت السلم وفوق السطوح، تستطيع كما أستطيع الكتابة»[113].

فالفتاة تعاني أيضاً من ممارسة الكتابة، رغم وجود شيطان متمثل في الخيال يمليها، إنها تقاتل بأدوات الكتابة، ولا تكفيها أداة واحدة، تكتب بكل شيء، وعلى كل شيء، وفي كل مكان، لكي تثبت استطاعتها الإبداعية وتنفي عن نفسها ادعاء الكتابة، إنها تبرئ ذاتها أمام ذاتها ولا يعنيها رأي الآخرين.

والملاحظ أن رواية (صورة مريم) تعد إجابة عن هذا السؤال الكبير: كيف تكتبين؟ فقد قدمت الرواية صورة للكاتبة ومعاناتها في الكتابة، عبر شخصيات متعددة تمارس الفعل الكتابي ويتضح أنها جميعاً تصبّ في شخصية واحدة، تبرز من خلالها شخصية الذات الكاتبة، وهي في الآن نفسه الذات الراوية، وربما كانت أيضاً الذات المؤلفة، يوحي بذلك تطابق اسم الراوية مع اسم المؤلفة في متن الرواية:

«في نهاية الحصة القادمة يسأل عن بنت من عائلة العجمي، أرفع يدي، يدقق النظر ويجلسني، يسأل ثانية عمن تُدعى مريم العجمي، لوهلة أتردد في رفع يدي، أكدتُ له أن لا مريم العجمي غيري بالدرس»[114].

فهل تعد من قبيل رواية السيرة الذاتية؟ أم تعرض الكاتبة لجزء واحد من حياتها وهو الجزء المتعلق بالكتابة؟ أم اختارت الكاتبة

شخصية أخرى لتعبر من خلالها عن الرؤية التي تود إيصالها وليست بالضرورة شخصية المؤلفة رغم حدوث التطابق في الاسم واللقب؟ رغم عدم وجود إجابة قاطعة لهذه الأسئلة، إلا أن الرواية استطاعت أن تقدم خطاباً ميتاسردياً، من خلال مجيء الكتابة موضوعاً لكتابة السرد.

هوامش الفصل الثاني:

1 – جيرالـد برنـس، قامـوس السـرديات، ترجمة السـيد إمـام، ميريت للنشـر والمعلومات، القاهرة، الطبعة الأولى، 2003م، ص109.

2 – د. جميل حمداوي، أشكال الخطاب الميتاسردي في القصة القصيرة بالمغرب، موقع الأنطولوجيا، 5 مارس 2018، https://alantologia.com/blogs/6624/

3 – أحمـد خريس العوالـم الميتاقصية في الرواية العربية، دار الفارابي، بيروت، الطبعة الأولى، 2001م، ص39.

4 – سـعيد يقطيـن، الميتاروائي في الخطاب الروائي الجديـد في المغرب، مجلة مواقف، لبنان، العدد (70 – 71) فبراير 1993م، ص121: ص192.

5 – السابق، ص192.

6 – جيرالـد برنس، المصطلح السـردي، ترجمة: عابد خزندار، مراجعة وتقديم: محمد بريري، المشـروع القومي للترجمة، العـدد (368) المجلس الأعلى للثقافة، القاهرة، الطبعة الأولى 2003م، ص129.

7 – د. تامـر محمد عبد العزيز، الخطاب الميتاسردي في روايـة الخيال العلمي الموجَّهة للطفل مقاربة إدراكية في رواية (سـفن الأشياء الممنوعة)، حولية كلية اللغة العربية بالزقازيق، العدد (42)، 2022م، ص 1452.

8 – السابق، ص1458.

9 – فاضـل تامر، المبنى الميتاسـردي في الرواية، دار المـدى، بيروت، الطبعة الأولى، 2013م، ص8.

10 – أحمد شوقي بنبين، ومصطفى الطوبي، معجم مصطلحات المخطوط العربي

(قاموس كزديكولوجي)، منشورات الخزانة الحسنية، الرباط، الطبعة الثالثة مزيدة ومنقحة 2005م، ص320.

11 ــ هبة الله عبد الفتاح، المخطوطات العربية الإسلامية كمصدر للتراث: نشـأة المخطوطــات وأهميتها وأنواعها، المجلة العلمية لكلية السـياحة والفنادق، جامعة الإسكندرية، العدد (18) الإصدار الثاني، 2021م، ص115، باختصار.

12 ــ د. ماجد بن أحمد الزهراني، حضور المخطوط في الرواية السعودية، دراسة وصفيــة تحليلية، مجلة جامعة الجوف للعلوم الإنســانية، جامعة الجوف العدد (7) 2020م، ص49.

13 ــ محمد عبد حسن تحديث تقنية (المخطوط) في السرد الروائي (إشارات قارئ حول رواية (الجبان) لياسين شامل، موقع الحوار المتمدن:

https://www.ahewar.org/debat/show.art.asp?aid=712864 م2021 ــ 3 ــ 20

14 ــ د. ماجد بن أحمد الزهراني، حضور المخطوط في الرواية السعودية ص71.

15 ــ نصار حسن، لفائف كسليف ، دار الوهيبي، الطبعة الأولى، 2022م.

16 ــ د. سامي شهاب أحمد، سرد ما بعد الحداثة، رواية (سابع أيام الخلق) مفتاحاً إجرائياً، دار الحامد للنشر والتوزيع، عمّان، الطبعة الأولى 2016م، ص59.

17 ــ نصار حسن، لفائف كسليف، ص30.

18 ــ السابق، ص31.

19 ــ نفسه، ص31.

20 ــ نفسه، ص32.

21 ــ نفسه، ص34.

22 ــ نفسه، ص34.

23 ــ نفسه، ص34.

24 ــ نفسه، ص34.

25 ــ نفسه، ص156.

26 ــ نفسه، ص156.

27 ــ نفسه، ص164.

28 – نفسه، ص167.

29 – نفسه، ص158.

30 – نفسه، ص164.

31 – نفسه، ص165.

32 – نفسه، ص168.

33 – د. لطيف زَيتوني، معجم مصطلحات نقد الرواية، ص57.

34 – «السـرد الإطاري Frame narrative سـرد يتضمن سـرداً آخر. سرد يعمل بوصفه إطـاراً آخر بأن يشـكّل محيطـاً أو خلفية لـه». جيرالد برنـس، قاموس السـرديات، ص74 والسـرد المطمور / Embedded narrative سرد داخل السرد، سرد ثانوي لمادة الحكي جيرالد برنس، ص72.

35 – أحمد الشـهاوي، حجاب السـاحر، الدار المصرية اللبنانية، القاهرة، الطبعة الثانية، 2022م.

36 – السابق، ص143.

37 – محمد عطوة، مزامير أفرُوديت، دار ميتا بوك للطباعة والنشر، المنصورة، الطبعة الأولى، 2022م.

38 – السابق، ص229: ص230.

39 – د. محمـد لافـي اللويش الشـمري، مـا وراء القص التاريخـي في رواية ما بعـد الحداثة العربيّـة واللاتينيّـة، روايتي (موت صغير)، و(سـاعي بريد نيرودا) أنموذجـاً، مجلة علوم اللغات وآدابها، جامعة أم القرى، مكة المكرمة، العدد (28) أغسطس 2021م، ص542.

40 – أحمد الشهاوي، حجاب الساحر، 2022م.

41 – السابق ص9.

42 – نفسه، ص9.

43 – نفسه، ص22.

44 – إبراهيم أحمد أردش، التمرُّد على نظريات الشَّـكل الروائي.. الوعي بالكتابة في رواية حجاب السَّاحر، مجلة إبداع، الإصدار الرابع، العدد(43) الهيئة المصرية العامة للكتاب، القاهرة، مارس 2023م، ص60.

45 – سمير فوزي، بيت ياجوري، دار الناشر، بنها، مصر، الطبعة الأولى،2021م.

46 – السابق، ص38.

47 – أمبرتو إيكو، القارئ في الحكاية، التعاضد التأويلي في النصوص الحكائية، ترجمة: أنطوان أبو زيد، المركز الثقافي العربي، الدار البيضاء – بيروت، الطبعة الأولى، 1996م، ص63.

48 – محمد عطوة، مزامير أفرُوديت، ص233.

49 – مريم العجمي، صورة مريم، الهيئة المصرية العامة للكتاب، القاهرة، الطبعة الأولى، 2022م.

50 – السابق، ص15.

51 – نفسه، ص15: ص16.

52 – نفسه، ص16.

53 – سيتضح مع الرواية أن شخصية اختصاصية المسرح هي الراوية نفسها، والرواية تعد في جزء منها سيرة ذاتية للمؤلفة والتي تعمل أيضاً اختصاصية المسرح بوزارة التربية والتعليم المصرية.

54 – نفسه، ص56، ص57.

55 – شطبي ميخائيل، زمن التراجعات، مركز إنسان للدراسات والطباعة والنشر، المهندسين – الجيزة، طبعة 2020م.

56 – السابق، ص187.

57 – المونولوج أو المناجاة النفسية هي «طريقة للسرد يلتزمها بعض كتاب الرواية في الكشف عما يدور في نفوس شخوصهم بعيداً عن تقديم الحدث أو الحوار الملفوظ، ومن غير تقيد بالترتيب النحوي أو المنطقي للكلام. ويكون ذلك محاكاة لتطور الأفكار في الذهن الذي يسرد من موضوع إلى غيره دون قاعدة أو اتجاه معين. والغرض من تقديم هذا النوع من المناجاة هو الكشف عما سماه علماء النفس بمستويات الوعي السابقة على التعبير، وأن الغرض من تسجيلها الإيحاء بحركة العقل المتدفقة المستمرة بكل ما تشتمل عليه من تداعي المعاني من غير ضبط ولا منطق» مجدي وهبة، كامل المهندس، معجم المصطلحات العربية في اللغة والأدب، ص389.

58 – شطبي ميخائيل، زمن التراجعات، ص280.

59 – السابق، ص281.

60 – لطيف زيتوني، معجم مصطلحات نقد الرواية، ص179.

61 – السابق، ص146.

62 – بالنسبة لمظاهر حضور الراوي داخل الحكي «فهناك حالتان: إما أن يكون الراوي خارجاً عن نطاق الحكي، أو أن يكون شخصية حكائية موجودة داخل الحكي، فهو إذا راوٍ ممثل داخل الحكي، وهذا التمثيل له مستويات، فإما أن يكون الراوي مجرد شاهد متتبع لمسار الحكي، ينتقل أيضاً عبر الأمكنة، ولكنه لا يشارك مع ذلك في الأحداث، وإما أن يكون شخصية رئيسية في القصة» د. حميد لحمداني، بنية النص السردي من منظور النقد الأدبي، المركز الثقافي العربي للطباعة والنشر والتوزيع، بيروت، الطبعة الأولى 1991م، ص49.

63 – شطبي ميخائيل، زمن التراجعات، ص278.

64 – في الفصل الأول من الرواية حدثت مشاجرة كبيرة بين (نبيل الألفي) زوج (سارة) وبين والدها (إبراهيم النجمي) حيث يرى كل شخص منهما أن (سارة) عليها أن تدفن في مقابره ف(إبراهيم النجمي) يستند إلى وصيتها حيث تود أن تدفن إلى جوار والدتها، أما (نبيل الألفي) فيراعي الأصول والعادات المتعارف عليها كما أنه يحبها، لكن (إبراهيم النجمي) انتصر بقوة السلاح حيث هدد بأنه سيرتكب جريمة إذ لم تدفن ابنته في مقابرهم، أما (نبيل الألفي) فقد انتصر بالحيلة، راجع القسم الأول من الرواية المعنون بـ(الدفن) كاملاً، ص 9: ص54.

65 – السابق، ص278.

66 – السابق، ص278.

67 – نفسه، ص234.

68 – المروي عليه أو (المسرود له Narratee) «هو الشخص الذي يسرد له، والمتموضع أو المنطبع في السرد، وهناك على الأقل (واحد وأكثر يجري إبرازه ظاهرياً) مسرود له لكل سرد يقع في مستوى الحكي للسارد نفسه، الذي يوجه الكلام له أو لها، وفي سرد ما يمكن أن يكون هناك عدة مسرودين لهم، كل واحد منهم يوجه له الكلام من سارد واحد أو سارد مختلف. والمسرود له مثل السارد يمكن أن يمثل واحداً من الشخصيات، ويلعب دوراً أقل أو أكثر أهمية في الوقائع والمواقف المروية، وعلى أية حال فإن المسرود له يمثل كشخصية» انظر جيرالد برنس، المصطلح السردي، ص142: 143.

٦٩ – شطبي ميخائيل، زمن التراجعات، ص١٣٩.

٧٠ – أحمـد عـوض الله فخـري، أكـرو فوبيا، مكتبة المرسـال للنشـر والتوزيع والترجمة، بيلا – كفر الشيخ، مصر، الطبعة الأولى، ٢٠٢٣م، ص٢١٥.

٧١ – السابق، ص٢١٥.

٧٢ – نفسه، ص١٨.

٧٣ – جيـرار جينـت، خطاب الحكاية، بحث في المنهـج، ترجمة: محمد معتصم، عبدالجليـل الأزدي، عمـر حلي، المشـروع القومـي للترجمـة، المجلس الأعلى للثقافة، القاهرة، الطبعة الثانية، ١٩٩٧م، ص٢٦٥.

٧٤ – يقسـم جيرار جينيت Gerard Genette وظائف السـارد (الراوي) إلى خمس وظائـف: «الوظيفة السـردية المحضـة، التي لا يمكن لأي سـارد أن يحيد عنها، ووظيفة الإدارة (التنظيمية)، وظيفة التواصل، وظيفة البينة أو الشهادة (التوثيقية)، الوظيفـة الإيديولوجيـة» جيـرار جينـت، خطـاب الحكايـة، ص٢٦٤، ص٢٦٥، (باختصار وتصرف).

ويسـتفيض جيرار في شـرح هذه الوظائـف وتبيانها، لكنه يقر أنها غير ملزمة، يقول «وبالطبع لا ينبغي تلقي هذا التوزيع إلى خمس وظائف بصفته جامعاً مانعاً: فليست أي من هذه المقولات خالصة تماماً وغير متشاركة مع المقولات الأخرى، وليسـت أي منها (ما عدا المقولة الأولى) أساسـية تماماً، وفي الوقت نفسـه ليست أي منهـا قابلـة للتحاشـي تماماً، مهما بذل من عناية في سـبيل هذا التحاشـي. إنه بالأحرى مسـألة تركيز وتشـديد نسبي» السابق، ص٢٦٥. يتضح إذاً من كلامه أنها متروكـة لجهـد القارئ، الذي يحدد وظيفة الراوي طبقـاً لما تقتضيه طبيعة النص وليس ملزمـاً بالوظائف التي أشار إليها جينيت باستثناء الوظيفة الأولى التي توجد فـي كافة الأعمال السـردية، إذن فالوظيفة التفسـيرية هي وظيفة تتعلق بما يراه الراوي طبقاً لمخزونه من الأفكار والمعتقدات الأيديولوجية المختلفة، حيث يفسـر فيهـا الراوي الحدث مـن وجهة نظره وقد يطرح حلولاً للحدث بشـكل ظاهر، أو مضمـر، وهى أقرب إلى الوظيفة الأيديولوجية بمفهوم جيرار جينيت وإن لم تكن الوظيفة نفسها.

٧٥ – ناصر محسب، الوزغة، سلسلة أصوات – أدبية، العدد (٥٠٦) الهيئة العامة لقصور الثقافة، القاهرة، الطبعة الأولى، ٢٠١٨م.

٧٦ – السابق، ص١٨.

77 – د. إبراهيم أحمد شعلان، موسوعة الأمثال الشعبية المصرية والتعبيرات السائرة، دار الآفاق العربية، القاهرة، الطبعة الأولى، 2003م، الجزء الخامس، ص162: ص163، باختصار.

78 – ناصر محسب، الوزغة، ص36.

79 – السابق، ص39.

80 – نفسه، ص53.

81 – نفسه، ص61.

82 – نفسه، ص67.

83 – محمد بن علي المحمود، المجتمع وهيمنة الوعي الخرافي، موقع جريدة الرياض https://www.alriyadh.com/33812

84 – ناصر محسب، الوزغة ص75: ص76.

85 – مصطفى رجوان، نعيش لنحكي، دار كنوز المعرفة للنشر والتوزيع، عمان، الأردن، الطبعة الأولى، 2023م، ص79.

86 – ناصر محسب، الوزغة، ص77: ص78.

87 – السابق، ص78.

88 – نفسه، ص86: ص87.

89 – نفسه، ص86.

90 – نفسه، ص88.

91 – أحمد خريس، العوالم الميتاقصية في الرواية العربية، ص156.

92 – السابق، ص157.

93 – مريم العجمي، صورة مريم، ص17.

94 – السابق، ص23.

95 – نفسه، ص23.

96 – نفسه، ص25.

97 – د. محمد زيدان، نظرية المجاز في الشعر المعاصر، سلسلة «دراسات نقدية» دائرة الثقافة والإعلام، الشارقة، الطبعة الأولى، 2022م، ص41، بتصرف

طفيـف للغاية، حيث قـال المؤلف: «حركة الـراوي» وقلـت: «الراوية» لتكون مناسبة للسياق العام الذي نقل إليه الاقتباس.

98 – مريم العجمي، صورة مريم، ص25.

99 – السابق، ص26.

100 – د. محمـد مصطفى زيدان، معجـم المصطلحات النفسـية والتربوية، دار الشـروق للنشـر والتوزيع والطباعة، جدة – السـعودية، الطبعـة الأولى 1979م، ص118.

101 – مريم العجمي، صورة مريم، ص26.

102 – السابق، ص28.

103 – نفسه، ص33.

104 – نفسه، ص35.

105 – نفسه، ص39.

106 – نفسه، ص40.

107 – نفسه، ص42: ص43.

108 – د. علي عشـري زايد، عـن بناء القصيدة العربية الحديثة، مكبة ابن سـينا للطباعة والنشر والتوزيع والتصدير، القاهرة، الطبعة الرابعة، 2002م، ص78.

109 – مريم العجمي، صورة مريم، ص31.

110 – السابق، ص31: ص32.

111 – نفسه، ص18.

112 – نفسه، ص18.

113 – نفسه، ص19.

114 – نفسه، ص21.

الفصل الثالث:
التداخل النوعي
في الرواية العربية الجديدة

توطئة

لقد أصبحت الرواية العربية الجديدة نصاً جامعاً منفتحاً، لديه القدرة على توظيف الأنواع الأدبية والفنون الأخرى في متنه، فالقارئ للرواية الجديدة صار يجد بداخلها الشعر والأغنية، والقصة القصيرة والحالة المسرحية، والفن التشكيلي، والسينما وغيرها من الفنون التي تمنح الكثير من تقنياتها إلى الرواية، «وليست هذه التقنيات مجرد انقلاب على النظام الأدبي القديم، لكنها مرتبطة ارتباطاً عُضوياً، بل منصهرة بحق مع رؤيةٍ ومع منحى الإدراك»[1]. لقد أصبح الفن الروائي «يمتاز بمرونته وانسيابيته. لكن تنوع الشكل الروائي وتجدده الدائم وقدرته على (الانفتاح) تؤثر فيها عوامل عديدة لعل أهمها: تمرد الشكل الروائي المستمر على ذاته استجابة لظروف البيئة المحلية، وطواعيته وقدرته على استلهام أدوات وتقنيات فنية متنوعة من الشعر والدراما والسينما والتراث القصصي الشفاهي وتمثله السريع لمنجزات العلوم الإنسانية والطبيعية (النظرية النسبية والشخصية الرمادية على سبيل المثال) وتفاعله مع تطورات الفكر الأدبي المحلي والعالمي»[2].

وهذا التداخل بين الأنواع الأدبية والفنون الأخرى في الرواية الجديدة يثبت أنها ذات «نمط مرن، وقابل للتطور، أو قل إنه متطور بطبيعته وليس مجرد صنف ثابت، وهو أيضاً نمط قابل للتماس والتفاعل مع الأنماط الأخرى»[3]. لقد صارت «الأنواع تخلط أو تمزج، والقديم منها يترك أو يحور، وتخلق أنواع جديدة أخرى إلى حد صار معها المفهوم نفسه موضع شك»[4]، وفي ظل هذا الشك في مفهوم النوع تصبح النصوص «جامعة، لأن كُلاً منها يُفترض فيه أن يشرف ويضم ـهرمياً ـ عدداً معيناً من الأجناس الاختبارية التي هي ـبداهة، ومهما كانت سعتها ودوامها أو قدرتها على التعاود ـ ظواهر ثقافة وتاريخ. لكن أيضاً (وقبل ذلك) هي (أجناس) لأن معاييرها تتضمن دائماً عنصراً غرضياً يمتنع عن وصف شكلي أو لساني صرف»[5] وصار من «الحاصل أن كل جنس بإمكانه أن يحتوي على عدة أجناس»[6].

وهذه العلاقة التراسلية والتداخلية ليست مستغربة فنحن «نبصر بأنه ليس هناك هوة فاصلة للأدب عما ليس إياه، وبأن الأجناس الأدبية نجد أصلها، بكل بساطة، داخل الخطاب البشري»[7] أليس من الطبيعي إذن أن تتداخل الأجناس بينها وبين بعضها؟ وهذا لا يعني انهيار الحدود بين الأنواع والأجناس تماماً، بل إن التقنيات الوافدة من نوع إلى آخر تندمج مع النوع الذي انتقلت إليه وتصبح مكوناً أصيلاً فيه، حيث «يتم هنا اتحاد تقنيات النوع الوافد مع البنية الفنية للنوع المستفيد، بل وينصهر في بنيته ولا ينعزل عنها»[8]. وعلى كل فإن الرواية العربية الجديدة «تصوغ مادتها من الأحلام والهواجس، والسرد والوصف

والشعر والسيناريو السينمائي، والترسيمات والإعلانات واللقطات المسرحية، ومخزن الذاكرة وكوابيسها، والصور الفوتوغرافية، وكل هذا في سبيل التعبير عن علاقة الإنسان المعقدة بالعالم»[9]، من ناحية وإثبات قدرة الرواية على استيعاب خصائص وتقنيات الأنواع الأدبية والأجناس الفنية من ناحية أخرى.

المبحث الأول:

التشكيل بالشعر
في الرواية العربية الجديدة

يحضر الشعر في الرواية العربية الجديدة وهذا لا يعني الاقتباس أو استدعاء شعر الآخرين وتوظيفه في البناء الروائي[10] بل يعني أن يبتكر الروائي الشعر على لسان أو قلم شخصياته، ويمثل الشعر في تلك الحالة عنصراً جوهرياً إذا حذف من الرواية يؤدي إلى تصدعها، فيصبح الشعر ضمن صميم العمل الروائي، حيث «استطاعت الرواية أن تأخذ من الشعر بعض آلياته ومظاهره في تداخل وتلاقح بائن، يصعب معه أحياناً تبين حدود كل منهما، الأمر الذي يؤكد مرونة جنس الرواية، وانفتاحه على لغات وأجناس عدة وتفاعله مع ثقافات مختلفة وتميزه بطابع الحوارية»[11]، ولعل ذلك مرده إلى شعور «الروائيين الجدد بأن طريقة الأسلوب الذي يستخدمه الروائيون الطبيعيون قد تؤدي إلى ملل القارئ فيلجؤون إلى النظريات والأسلوب الشعري إثراء للغة الرواية وصبغها بحلى جمالية»[12]. ويمكن تقسيم حضور الشعر المكتوب من قبل الروائي إلى نمطين: نمط يتشكل فيه الشعر بنية أساسية في الرواية، والنمط الآخر يتشكل فيه الشعر بنية فرعية.

1 – الشعر بنية أساسية في الرواية:

في رواية (دارية)[13] للكاتبة (سحر الموجي) تراوح المؤلفة بين

الكتابة الشعرية والسردية طوال العمل، فبطلة الرواية تكتب الشعر، حتى إن الأشعار التي كتبت في الرواية يمكن أن تجمع في ديوان، وكأن الرواية تقدم لنا الأحداث الدائرة حول كتابة تلك الأشعار، أو كأنها تقدم ديوان شعر ورواية في آن، ما يجعل الشعر عنصراً مؤسساً في الرواية، وسيتم تناوله من هذا المنظور.

تمهد الراوية (دارية) لكتابة القصيدة بأن تتذكر أمها الراحلة، وتستشعر وجود روحها ترفرف من حولها، وتتفتح ذاكرة الحواس على رائحة الأم وملمس بشرتها وهي تعطف على ابنتها حتى في غيابها الأبدي، تقول الراوية:

«تبقى فقط نشوة تصديق أنها معي، حولي، داخلي، أقرأ لها الفاتحة ورائحة جلدها المميز عالقة في أنفي. وملمس بشرتها الطفلة ساكن في أناملي»[14].

ثم تأتي القصيدة التي تتناول حالة اليتم (العجي) المتمثل في فقدان الأم وتعرض الراوية لآلام اليتم من خلال القصيدة:

«غصة اليتم

تجرح حلقي،

ينكتم مد الآه بين ضلوعي،

يجف ماء الألم

فوق نار القهر المنسية.

غصة اليتم

تجرح حلقي

أرى من وراء ستار الملح

بنتاً في حضن أمها

تربت ظهرها

تمسح شعرها

أقنع نفسي

أني فوق الثلاثين

لا أحتاج مداعبة،

أعرف أني كاذبة

غصة اليتم

تشطر قلبي نصفين،

نصفاً للماضي

والنصف الآخر للآن

نصفاً لها حيث تكون

ونصفاً لي

نصفاً للخبز الساخن بنار الفرن العملاق

لطقطقة تحمير دجاجة

البسلة الحمراء

والرقاق

أتسب إلى حضن الداخل الطري

أترك قرمشة الحافة،

نصفاً لأمان النوم

في منزل تسكنه هي

يسكنه أبي

قبل أن يغويه خريف الغربة

ويلفظه ثلج الوطن.

غصة اليتم

تنسيني أحياناً

هفهفة الروح الشفافة

فوق مكاني

لمسة اليد الحانية

على كتفي

أنسى في موج الاشتياق

أني

لست وحيدة»⁽¹⁵⁾.

إن أول ملمح من ملامح الشعر في تلك القصيدة هو التكرار لما يحمله «من دور واضح في الكشف عن الأبعاد الدلالية التي يُعنى بها الشاعر ويرغب في إيصالها إلى المتلقي، إضافة إلى دورها في إخصاب شعرية النص والعمل على تلاحم أجزائه وتماسكه»⁽¹⁶⁾، فيتم تكرار (غصة اليتم) أربع مرات للتأكيد على مرارة تلك الغصة وملازمتها وهذا التكرار يجعل القصيدة تنقسم إلى أربعة مقاطع، كل مقطع يتناول شكلاً مؤلماً لتلك الغصة، في المقطع الأول قد جرح الحلق من كثرة البكاء والصراخ ومناداة الأم، حتى صار الصراخ يرتد إلى الداخل، فيزيد من وجع الذات الشاعرة، لكن القهر الذي تعرضت له الشاعرة عن طريق جفاء مشاعر زوجها الحاضرة طوال الرواية، جعلها تتوهم أنها نسيت ألم فقدان الأم بوجود ألم أكبر.

وفي المقطع الثاني تخرج الذات الشاعرة من داخلها إلى العالم الخارجي، فترى طفلة تدللها أمها، فتحاول الشاعرة أن تقنع ذاتها بأنها كبيرة بما يكفي ولا تحتاج لذلك الدلال، لتوهم نفسها بالاستغناء، وفي المقطع الثالث تجد الذات الشاعرة منشطرة بين عالمين، الماضي، حيث الأم وهي تحضر الخبز وبقية الأطعمة في عالم طفولي مفعم

بالحيوية والمرح، لكنه مغموس بالألم أيضاً، فالأب رحل إلى الخارج والأم ماتت، فيتحول الماضي السعيد إلى تعاسة الذات في عالم الحاضر.

وفي المقطع الرابع تستحضر حالة الوحدة التي تعاني منها الذات التي قد تنساها بذكريات الماضي والشعور بروح الأم تلتف من حولها.

ومن أبرز خصائص الشعر في هذه القصيدة التصوير مثل (يجف ماء الألم فوق نار القهر المنسية، ستار الملح، يلفظه ثلج الوطن، الروح الشفافة، موج الاشتياق).

كما يحضر السرد داخل القصيدة، حينما تحكي الشاعرة عن حال الفتاة التي تداعبها والدتها وعن طريق الاسترجاع المتمثل في حضور الأم والأب وسفر الوالد إلى الخارج. إن الرواية لا تعرض للقصيدة فقط، بل تعرض أيضاً للتلقي من قبل زوج (دارية):

«قرأ سيف قصيدة كتبتها دارية صباح عيد تاسع يمر عليها بعد رحيل أمها. جاءته في جلسته المعتادة أمام التلفزيون. سلمته الورقة. يغلب على دموعها نوع من الرضا لا يتوفر عادة في مثل هذا الموقف. غالباً ما يتبعه جلبة ما. مناقشة. تفسير. تبرير. نظر إليها مندهشاً

ـ غريب الحنين المرضي ده لأمك. إن دل على شيء فيدل على تعلق بالماضي لازم أستنتج منه إنك مش راضية عن حياتك اللي لازم تكون بديل عن أي فقد»[17].

في البداية لا يوضح الخطاب الروائي هل القصيدة التي قرأها

(سيف) هي القصيدة التي عرضت للتو أم لا، لكن عرض مشهد قراءة (سيف) عقب حضورها في الرواية مباشرة، يرجح بأنها القصيدة ذاتها، وقد يشير أيضاً إلى كثرة قراءة (سيف) لقصائد زوجته، والتي يقابلها بجفاء لا يتناسب والموقف، حيث يرى الحنين إلى الأم مرضاً، ويجعل من نفسه بديلاً لكل فقد، لتظهر المركزية الذكورية التي يتبناها (سيف) فهو يرى نفسه المعوض لـ(دارية) عن كل شيء، رغم أنه لا يقدم لها غير الغلظة والجفاء. ومع ذلك تحاول (دارية) أن تفسر لنفسها التلقي السلبي لسيف، كأنها تبحث له عن عذر:

«كيف تفسر كآبة ما يراها سيف في كتاباتها؟

أقبية الروح مسدودةٌ

مغلقةٌ

في العتمة

مخبوءةٌ

في صخب الحياة اليومية

تحت وطأة الهدر السام

والهدر الإنساني

لماذا لا مفر من الحفر بين الأشياء

حتى أجد بين ركامها لؤلؤة»[18].

إن الفعل التواصلي منقطع بين (دارية) و(سيف) فهو لا يستطيع أن يدرك ما وراء الذي تكتبه، أن يعرف كيف يحتويها وينير العتمة داخلها، لكن (داريـة) لا تجد حلاً إلا في مزيد من الحفر والكتابة والمحاولة، حتى تستخرج من هذه الحياة الزوجية المحطمة لؤلؤة يتلاشى من خلالها الوجع وهيهات. وفي موضع آخر يعرض الراوي الخارجي مشهداً لدارية وهي تمارس طقس كتابة الشعر، جلباً للنور وطرداً للعتمة:

«تمسك فنجان القهوة، يدفئ روحها المقشعرة، وربما تكتب سطوراً، شعاعات نور تولد على استحياء، فتزيح العتمة:

بين مد الروح

وجزرها

ترقد محارةٌ وحيدةٌ

حبلى بالأسرار

تتقاذفها موجات الملح

أحياناً

تطؤها أقدام الأطفال

والباعة الجائلين

يحملون لعباً ملونة

قمصاناً.. وحكايات

يغطيها رملٌ خشنٌ

ساخنٌ

ونفايات،

لكن مد اليوم التالي

يأتي.. يغسلها

يصبح أبيص بشرتها

مرآة تعكس وَجْهَ نوت

فضياً مستديراً

بمعجزة تحدث ببساطة

كل يوم»» [19].

فالروح تتحول إلى بحر، يتعرض إلى المد والجزر، إشارة إلى روح الذات الممتدة، التي تتحول أيضاً إلى محارة مفعمة بالأسرار، لا يتركها الموج المالح المتمثل في أوجاع الدنيا في حالها، ونشير إلى أن عنوان هذا الفصل الذي يحمل تلك القصيدة هو (محارة الروح)، ومن الجدير بالذكر أن الفن التشكيلي أيضاً يتعانق مع الشعر والعنوان، من خلال الرسم، فنجد لوحة بحجم صفحة كاملة تعرض لمشهد محار ملقى على الشاطئ [20]:

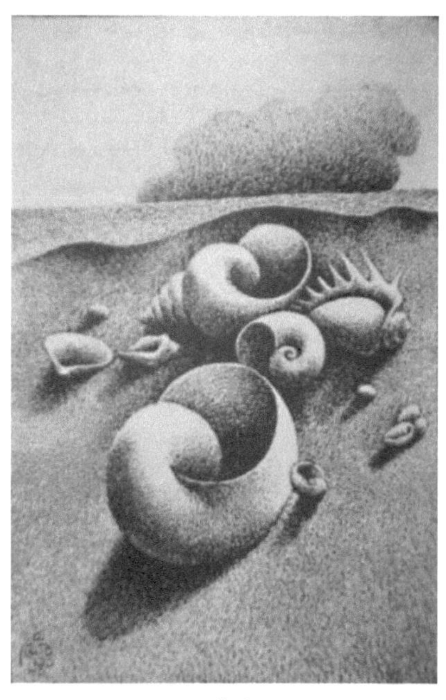

(شكل1)

ويلاحظ من اللوحة أن كل المحار مفتوح ويسهل اختراقه باستثناء محارة واحدة صغيرة تشبه القلب، ولها ما يشبه الشوك، إنها محارة منكفئة على ذاتها، وتأتي القصيدة مكملة لمشهد غير موجود في اللوحة؛ فيتعانق هنا الشعري والتشكيلي ليتمان الفكرة؛ فاللوحة ليست نسخاً للقصيدة، وإنما ثمة تنوع بينهما ووظائف مختلفة، ففي القصيدة يحاول الموج المالح أن يخترق المحارة، كما أن المجموع أيضاً لا يبالي بها فتداس من قبل أطفال لا يعرفون قيمتها، وباعة لا يبحثون إلا عن مصالحهم وتجارتهم ولا يبالون بها، وتلقى عليها الرمال والنفايات لتدفنها بأسرارها، إنها الحياة التي لا تلقي بالاً لـ(دارية) وأوجعها وتسير إلى وجهتها وتبقى (دارية) مأسورة في عوالمها

الداخلية لا يشعر بها أحد، لكن الأمل يظهر ثانية من خلال البحر أيضاً، الذي يغسل تلك المحارة ويبدي بياضها ولمعانها إنها إشارة إلى مراحل مضيئة في حياة (دارية).

إن الحياة لا تسير على وتيرة واحدة، ففيها الألم والأمل، فيها الحضور والغياب، الوجود والتلاشي، فقط هو الانتظار، حتى يأتي مد البحر ليغسل تلك الأوجاع، وبالتالي فإن الذات الشاعرة قد وفقت حينما جعلت المحارة رمزاً لها.

كذلك يحضر تعانق السرد مع الشعر مع الرسم من خلال المقطع الآتي:

«تكتب تعرف أن هذا الوقت هو الذي يرتفع بها. فتسمو فوق الأشياء. بعد أن تكتب تخبِّئ وريقاتها لتظهر في وقت يكون سيف في حالة مزاجية جيدة، فيظهر وجهه القديم ولا يتجادلان:

من قال إن العصفور الصامت

يأكل ذهباً

يأكل ياقوتاً ولآلئ

يستحمُّ بنبيذٍ أبيض

ويغفو في هدوء

على فراش من ريش إخوته

خلف القضبان الحديدية

إن العصفور

يأكل

حرية»» [21].

فمازالت (دارية) تصر على إرضاء سيف وإيصال قصائدها إليه واختيار الوقت المناسب لذلك، حتى لا يتطور الأمر إلى صراع بينهما، فتمارس (دارية) الصراع مع نفسها المتمثل في الكتابة وانتظار الوقت المناسب، إن صمتها لا يعني أنها راضية وتحيا حياة سعيدة، بل هي تعاني، لأنها فاقدة للحرية، إنها مثل الطير لا تهتم بالأشياء التي يُظن أنها نفيسة، بل تهتم بحريتها والشعور بكينونتها في الحياة، وتعرض اللوحة [22] التالية، لمشهد العصفور الماثل في القصيدة:

(شكل 2)

إن العصفور معلق في حبل يشبه حبل المشنقة وعلى جانبيه ستار، كأنه يؤدي دوراً في عرض مسرحي وتحيط بالعصفور ظلمة، وفي الأسفل يد لا يُعرف منها هل تحاول إنقاذه أم تسليمه إلى المشنقة، أم تصفق لدوره في هذا العرض المسرحي؟! إن العصفور مثل (دارية) فاقدٌ للحرية عن طريق يد آمن لها فوضعته في مشنقة محاطة بالظلام، إن (دارية) لا تريد أكثر من حريتها الآن، لا تريد هذه الحياة المُنعمة التي يوهمها (سيف) بها. إن (دارية) لم تجد الدعم من أقرب الناس إليها زوجها، لكنها وجدت دعماً كبيراً ممن يشبهونها على صغر سنهم:

«كان أمتع أوقات دارية في المدرسة هو وقت (النادي الثقافي) يأتيه فقط التلاميذ المهتمون لأنه حصة حرة، مساحة الإبداعات تتمرد على قيود المنهج والنظام والمفروضات» [23].

إنهم طلاب اختاروا محبة الإبداع بأنفسهم ولم يفرض عليهم، ويسعون إلى التثقيف بدلاً عن اللعب، إنهم المتلقي المثالي لشعر (دارية) ويمتلكون القدرة على تحليله ونقده بأسلوب ممتع:

«تستمتع بنقدهم لآخر ما كتبته:

الجني الصغير في الداخل

عفريت ضئيل القامة.. كله شقاوة

يدق .. يدق.. يدق

يدق على القمقم من جواه

يخدش جدران الروح

يقفز .. يطير .. يتواثب

يحلم .. ينزلق .. يقرأ أشعاراً

يحدث الشمس

يغازل القمر

يعشق الزجاج الملون

وجدران الجامع

مفتوحة على السماء

نوافير من رخام

ورائحة الخشب المتشقق

لا يمل معاكستي يرمي في طريقي

ورقاً .. أقلاماً

وتصوروا..

يطلب مني أن أطلقه

من سجن أبدي

داخل جدران القمقم!»[24] .

يُلاحظ ذكاء الذات الشاعرة في تلك القصيدة، حيث استخدمت
مواضيع ومفردات وتراكيب تناسب عالم الطفولة، فهم يتطلعون إلى

هذا العفريت الساكن في القمقم، وهذه الألفاظ البسيطة القريبة من اللغة الدارجة (شقاوة، يدق، جواه يحلم، يرمي) تتناسب مع ذلك العالم الطفولي، إن هذا العفريت صغير ويحمل روحاً طفولية، لكنه لا ينتظر أن يدق أحد من الخارج القمقم، إنه يحرر نفسه بنفسه، ليخرج إلى الكون الرحيب، فهو عفريت عاشق للجمال المتمثل في المرح وقراءة الشعر والزجاج الملون، ويتحول إلى ملهم للشاعرة ويمنحها أدوات الكتابة، ثم تمنح الشاعرة نفسها القوة بأن العفريت يطلب منها المساعدة.

إن هؤلاء الأطفال هم المعادل لذلك العفريت، فهم يتطلعون إلى المستقبل ويمثلون مصدر إلهام للشاعرة لأنهم يفهمونها ويساعدونها على كتابة الجديد دوماً وهم أيضاً في حاجة لها كي تساعدهم وتعلمهم لتخرجهم إلى العالم أكثر نضجاً.

‏- ربة الإلهام الشعري:

تتخذ الراوية والشاعرة (دارية) من (نفتيس) ملهمة شعرية وراعية لها و(نفتيس) «هي إحدى آلهات تاسوع هليوبوليس، وشقيقة إيزيس وزوجة ست، ويقال أحياناً إنها أم أنوبيس، وبالرغم من زواجها من ست شقيقها، فإنها لم تقاس من الكراهية التي لحقت باسمه في الأساطير وكانت آلهة حامية للتوابيت والأواني الكانوبية مع إيزيس ونيت وسرقت»[25] و(نفتيس) أيضاً «رمز للولادة والموت والخفاء والظلام عند الفراعنة والمصريين القدماء»[26]، فلماذا (نفتيس) تحديداً، هل لأنها أنثى؟ أم لكونها جميلة وتشبه (إيزيس) كما هو موضح في النقوش الفرعونية[27] أم لأن دورها يتناسب وطبيعة

(دارية) وأغراضها، فهي تبحث عن ولادة القصيدة وتستدعي أمها الراحلة في وجدانها وتعاني من ظلام الذكورية، وتخفي مشاعرها داخلها خشية أن تكشف للآخرين، إن ذلك التواصل بينها وبين (نفتيس) يعد تواصلاً حضارياً، يمتد من الأبناء إلى تراث الأجداد، كأنها تطمع في شعر يُخلد مع الزمن، مثل الحضارة الفرعونية، وأكثر الشعر الذي جاء في الرواية، جاء بعد حضور (نفتيس) وهذه بعض النماذج:

«أرتمي في حضن نفتيس الدافئ. تربت رأسي. تمسح ظهري بحركة رقيقة بطيئة من أعلى لأسفل. وأكتب:

أيتها الجدران القديمة

حائلة اللون

مشققة الأبواب والنوافذ

يتسلّقك لبلاب وعنب

أخضر ما يزال

أيتها الجدران القديمة

دثريني

ألق عليّ عباءة أمي الصوفية

طمئنيني أن كل شرور العالم لا تطولني

هدهديني

بعيداً عن أصابع

تتهمني

أني ساحرة

غداً سيتم حرقها

في الميدان العام

وسط حشرجة هتافات العامة»[28].

لقد صارت (نفتيس) الملاذ لـ(دارية) التي تشعر أن هناك من يترصد لها ويود هلاكها لأنها فنانة تكتب الشعر، فصارت مثل ساحرة تحرق مع هتافات تقوم بماركة ذلك الفعل، لذلك تلجأ الشاعرة إلى الجدران والحضارة القديمة محاولة الاحتماء بها.

وقد تغيب (نفتيس) فيحدث لـ(دارية) جفاف يجعل قريحة الشعر متوقفة، لكنها تعود فيفيض ماء الإبداع:

«كانت أول هبات نفتيس بعد شهور من الجفاف:

لا تسيري في ظل جدار آمن

لا تحني الرأس المتوهج بالأفكار

لا تخرسي اللسان

لا تخفي الروح الصعلوكة

تحت نقاب أسود قاتم

لا تقتلي الطفل العابث بالأحلام

حطمي أصنام الوهم»» [29] .

إن الشاعرة تتوجه بالخطاب الشعري لذاتها، فهي الراوية والمروي عليها في آن واحد، وتطلب من ذاتها ألا تأمن لجدار الذكورية التي يُظن فيها الأمان، وألا تُخضع أفكارها لمن يريدون التسلط عليها، إن تكرار (لا النهاية) من خلال تلك الأوامر المتعاقبة يوحي بممارسة نوع من فرض الوصاية على الذات، ما يضعها في دائرة الأوامر السلطوية أيضاً، لكنه تسلط يحمي من التسلط. كما أن (نفتيس) تمثل مصدر البهجة للذات الشاعرة كما كانت مصدر الأمان والإلهام:

»»تصل إلى سور الكورنيش الحجري المترب. تجلس، تنظر إلى الماء، تأتيها نفتيس، وتبتهجان:

خمر الهواء المعتق

يدور برأسي

يطير بها

يطير

إلى آفاق حلمي الممكن

إلى فضاءات مغمورة

بنجمات عشقي المستحيل

خمر الهواء المعتق

ينزع عني أغلالي الصدئة

يهدم سجن السنوات الممتلئة

ملحاً .. قلقاً .. رهبة»» [30] .

إن الشاعرة تتمرد أخيراً على قيودها وسجن الذكورية التي ظلت قابعة فيه، تخشى الخروج منه متحملة آلامه المسلطة على الذات، ويلاحظ على هذا المقطع أيضاً التقاطع الثلاثي بين السرد والشعر والرسم، كما يظهر في الشكل[31] الآتي:

(شكل 3)

يظهر من الرسم أن ثمة جسداً يبحث عن منقذ ينتشله ينتشله من الماء، ونجد سيدة تطير في الهواء كأنها تسعى لإنقاذ ذلك الجسد، الذي من الممكن أن يكون جسد (دارية) وتلك السيدة هي (نفتيس) والتي تطير بها إلى عوالم رحبة ومبهجة مليئة بالحرية والخروج عن القيود التي ظلت تكبل دارية ردحاً كبيراً من حياتها. ولنفتيس القدرة على خلق أجواء جمالية تبعث الإلهام من داخل دارية:

«تسمع في سكون المكان صوت الصمت، ونفتيس تغرقها بأطياف فراشات الحلم:

بعد مُر السنين الطوال

بعد صدأ القضبان

أنظر من ورائها

بعينين تقطران ذنباً.. خجلاً

رهبة

إلى سراب أحلامي»[32].

كما أن (نفتيس) تعاني الحيرة مع الذات الشاعرة أثناء الكتابة، فحتى (نفتيس) تحتاج لمن يلهمها أيضاً:

«ألتقط ورقة بيضاء وقلماً، نفتيس تشاركني الحيرة:

حشد ذكريات الأمس

شلال

يهدر في رأسي

يتقاطع .. خطوطاً ودوائر

حكايا .. منحنيات ودهاليز سحرية»⁽³³⁾ .

رغم كثرة الكلمات والحكايات القابعة في رأس (دارية) كشلال هادر، فإنها عاجزة عن التعبير عنها لا تعرف كيف تبدأ الكتابة عن تلك الدهاليز. لكن (نفتيس) ستظل الملهمة التي تجعل (دارية) تتنفس بعمق وتظل تكتب:

«تأتيني نفتيس، فأكتب وأتنفس بعمق:

أجمع شظايا الروح

من فوق مرآة الغد المشروخة

أجتث شعيرات بيضاء

من الرأس المثقلة بمر السنين»⁽³⁴⁾ .

إن الذات الشاعرة في حضور (نفتيس) تستطيع مجاوزة ماضيها المحطم ومجاوزة العبور إلى بوابة المستقبل وإن كانت مراياه منكسرة لا تبين.

لقد قدمت (سحر الموجي) في روايتها (دارية) الشعر إلى جوار السرد، حتى صار الشعر داخلاً في صميم العمل الروائي لا يمكن أن ينفصل عنه، ويأتي مترتباً على الأحداث التي وقعت لـ(دارية) كما

يترتب عنه أيضاً أحداث أخرى، فليست الكتابة الشعرية في الرواية مجرد استعراض لمهارات المؤلفة، أو التباهي بقوة اللغة، بل صار الشعر صانعاً للأحداث السردية، وتكاد مساحة الشعر المكتوب من قبل (دارية) في الرواية أن تصل إلى 20 % فالرواية 169صفحة وقد حضر هذا النوع من الشعر 30 صفحة[35]، ويؤدي حذفه من الرواية إلى تصدعها.

2 – الشعر بنية فرعية في الرواية:

في رواية (حضرة المجذوب)[36] للكاتب (عبد الرحمن السواح) يحضر الشعر المكتوب من قبل الروائي مع السرد من خلال شخصية (سعد) صديق الراوي، الذي يكتب شعراً يعبر عن مشاعره الغرامية تارة ويحمل موضوعات نضالية تارة أخرى، وقد كان حوار الراوي معه دافعاً لاستخراج ذلك الشعر:

« – أخبرني ماذا كتبت أيها العاشق!

– سأخبرك مطلعها فقط، فلا يحق لأحد أن يسبقها إلى معرفتها.

ثم أطرق سعد رأسه إلى الخلف، وأصدر تنهداً حاراً، وقال بصوت مبحوح:

وطيف بدا لي.. وعشق توارى

فآنست من جانب الحب ناراً

تلظى حنيني.. وزاد اشتياقي

هاج اضطرابي.. وزدت استعاراً

– يا لك من ولهان! أنت تتآكل عشقاً يا صديقي! حدثها يا سعد،
اعترف لها.. حالتك هذه ستؤدي بك إلى الجنون»[37].

من خلال السرد والحوار ظهر تحفيز الراوي للشخصية، كي
تنشد ما تحمله في جعبتها من شعر، ثم يأتي دور التلقي الذي استطاع
أن يستبطن ما وراء تلك الأبيات القليلة من مشاعر ينبغي أن يُباح بها،
حتى لا تعرض الشخصية (سعد) نفسها للأذى جراء كتمان الجوى.

وثمة قصائد أخرى في تلك الرواية كتبها الروائي وقيلت من خلال
شخصية (سعد)[38].

وكذلك يحضر الشعر بنية فرعية في رواية (مزامير أفرُوديت)
لـ(محمد عطوة)، فهناك الشعر الذي يكتب من قبل شخصية والد
الراوي[39]، والشعر الذي قيل من قبل الراوي، الذي يقول: «فخرجت
الكلمات تزقزق لكروان يسبح بحمد ربه، الملك لك واليسر بعد
العصر حالي أسألك»[40] والقصائد التي تقال من قبل (فيض الله)
«خذني إليك فإنني بعض يراك ويشتهي»[41]، وقصيدته التي يقول
في مطلعها «أنت الذي لا أرتجيه تخوفاً»[42]، وقصيدته «أنت الذي
لا أرتجيه تخوفاً»[43]، أو مقطوعة حامد أبو المجد: «يا أيها الكلب
النزيه المحترم»[44].

وفي رواية (حجاب الساحر) لـ(أحمد الشهاوي) يحضر الشعر
كبنية فرعية في الرواية، فعلى سبيل المثال يفتتح فصل «ستنعمُ
بالمخدّر» بنصٍ شعري يأخذ صفحة كاملة من الرواية[45].

ويأتي الشعر في رواية (الإيبس)[46] لـ(سفيان صلاح هلال) في مواضع عدة منها الأبيات مكتوبة على صدر كمال والتي يقول في مطلعها بعد أن نعرض لتقديم الراوي للمشهد:

وكانت أبرز أعماله هذه صورة نادية على منتصف صدره، وقد كتب تحتها

(الحب)

«لو أستطيع التقاط صورة الإحساس
لكنت صورت حبي كي يراه الناس»[47]

إن (كمال) مخلص في حبه لـ(نادية) وقد حفر صورتها وأبياتاً تعبر عن هذا الحب خارجياً على صدره كما هي محفورة في وجدانه، وإن كانت (نادية) قد ماتت إلا أن (كمال) يسعى إلى تخليدها بحبه لها حد التماهي وإعلان ذلك الحب للجميع.

وتجدر الإشارة إلى أن الكتاب (أحمد الشهاوي، ومحمد عطوة، وسفيان صلاح هلال) يكتبون الشعر قبل إقبالهم على الكتابة الروائية. وعلى كل فقد تواترت ظاهرة وجود الشعر المكتوب من قبل المؤلف في الرواية العربية الجديدة بوصف هذا التداخل رافداً من روافد ما بعد الحداثة بحضوره الكثيف.

المبحث الثاني:

التقنيات السينمائية
في الرواية العربية الجديدة

إن الفن السينمائي والروائي أصبحا متقاربين، لا على سبيل تجسيد الروائع الروائية سينمائياً «فالسينما لا تتوقف عن عمليات البحث والتنقيب الدائم عن النصوص الأدبية الجيدة والتي لها ثقلها النوعي مادة وأسلوباً وحبكة درامية خاصة لتجعل منها أساساً أو خميرة لإنتاج عمل سينمائي ناجح»[48]، بل بوجود آليات السينما داخل معمار الرواية أيضاً، حيث «يقدم الروائي الواقع في حضوره الملموس مع خلط الماضي والحاضر والمستقبل، وتجزئ وحدة الحدث»[49] ومن هذه الآليات آلية المونتاج، وآلية السيناريو.

1 – المونتاج:

يعد المونتاج الآلية الأهم في الفن السينمائي، والمونتاج «هو اللصق المادي لقطعتين منفصلتين من الفيلم، وبلصقهما معاً فإن هاتين القطعتين تصبحان مشهداً له معنى محدد. وحرفة المونتاج السينمائي هي لصق قطعتين من الفيلم معاً لتعطيا معنى ليس ظاهراً في أي من القطعتين»[50]، إن المونتاج «له في أكثر الأحيان وظيفة سردية؛ فتغيير اللقطة يوجه تفهمنا للمشهد»[51].

وقد استثمرت رواية (تغريبة القافر)[52] للكاتب (زهران القاسمي)

تلك الآلية وقبل التطرق إلى تقنيات آلية المونتاج السينمائي في الرواية نعرض أولاً لقدرة الرواية على الصياغة المشهدية من خلال تسلسل اللقطات وتصاعدها من ناحية والمشهدية بين الداخل والخارج من ناحية أخرى. تعرض الرواية لمشهد تكفين (مريم) ثم يُكتشف أن الجنين الذي في بطنها على قيد الحياة، ويمكن إنقاذه:

«وبينما كانت النساء يُكفن مريم صرخت خالتها عايشة بنت مبروك فجأة:

(في بطنها حياة.. في بطنها حياة)

فتحسست إحداهن بطنها وشعرت بحركة الجنين تحت يديها، فقامت تنتفض من الارتباك»[53]، ثم يعرض المشهد لقطة أخرى في المكان نفسه والرجال يتجادلون حول مصير الجنين: «تضاربت الآراء وساد الهرج واللغط بين الناس، لكن الشيخ حامد بن علي، وهو الرجل الفقيه الذي يستمع إليه الناس، قال لهم وقد هب من جلسته في الطرف القصي من الحضرة:

(بو فبطنها أولى به الدفن)

اتكأ حميد بو عيون على جذع نخلة، وتحدث كأنه يكلم نفسه، ولكنه من الواضح أنه صد بكلامه الشيخ حامد:

– أيش وازنك تحرم وتحلل فأرواح الناس»[54].

إن النقاش يحتد ويتصاعد الحدث المشهدي في تلك اللقطة، هل سيدفن الجنين في قبرين قبر الرحم وقبر الأرض؟ أما سيتم إنقاذه

وإخراجه للحياة؟ وبينما الأمور تتجه نحو الاحتمال الأول، إذ بالمشهد ينتقل إلى لقطة أخرى:

«وفي خضم النزاع القائم، وغفلة الناس، سحبت كاذية بنت غانم سكيناً من حزام أحد الحاضرين، ورفعت ثوب الغريقة، وشقت بطنها ثم أدخلت يديها لتخرج الطفل من الرحم، وما أن قطعت حبل المشيمة ورفعت الطفل كما تفعل أي قابلة، حتى سمع الجميع بكاء»[55].

وتحدث اللقطة عملية تقريب (Zoom) على منظر (كاذية) وهي تسحب السكين من حزام أحد الحاضرين ثم تتحرك الكاميرا معها وهي تستخرج الطفل كأنها قابلة.

إن اللقطات السابقة تتفق في حدث موت (مريم) غريقة واكتشاف أن جنينها مازال على قيد الحياة، لكنها تختلف بين فئتين فئة المجموعة (الرجال) تناقش وتتجادل وفئة المفرد (المرأة) التي اتخذت الفعل الذي ارتأته صواباً دون الرجوع لأحدٍ، لأنها تؤمن بالحياة أكثر مما تؤمن بالموت، إنها الأمومة المتوغلة في أعماق الذات الأنثوية.

وتحضر في رواية (تغريبة القافر) عملية الانتقال المشهدي بين الداخل والخارج وذلك من خلال وقوف (كاذية) أمام بيت (سلام) والحديث معه فهو يتكلم من الداخل وهي من الخارج والكاميرا العارضة للمشهد بواسطة اللغة تنتقل بينهما:

«وقفت مكانها ولم تجرؤ على التقدم خطوة واحدة إلى الأمام، ووقف ينتظرها، وعندما شعر بخيالها لا يتحرك شك في بصره، هل ما يشاهده حقيقة أم خيلت له العتمة ذلك.

– إيه.. جن ولا إنس؟

صرخ بأعلى صوته فأجابت تُطمئنه:

– إنس، إنس.

تأكد أنها هي، ورغم تعجبه من حضورها في تلك اللحظة، فقد طلب منها الدّخول» [56].

إن (كاذية) رغم أنها امرأة كبيرة في السن ولن يظن فيها أحد ظن السوء بذهابها إلى بيت (سلام) ليلاً، فإنها تتمتع بحياء شديد يجعلها تخاف الاقتراب من رجل يُطمئن إليه وتثق فيه، لكنها تقترب للصالح العام، ويدور حوار بينهما يحاول فيه (سلام) التأكد من الشخصية التي جاءت إليه. ويستشف من المشاهد السابقة أن الراوي الخارجي قد «وقف هو مكان صاحب الكاميرا ومصور الفيلم، يتابع الأحداث ويأخذ منها صوراً، فروايته هذه تعتمد على عناصر من السرد السينمائي حيث يلاحظ فيها عنصر الحركة فينتقل السرد من حالة إلى أخرى» [57] من حالات المشاهد وهذا النوع من المشاهد يحتاج إلى استخدام تقنيات المونتاج السينمائي كي تستطيع الرواية التوفيق بينها، ومن أبرز تقنيات المونتاج التي حضرت في بناء الرواية (المزج، الازدواج، القطع، التناقض، الظهور والاختفاء).

أولاً – المونتاج باستخدام تقنية المزج Dissolve:

المزج «خاصية مونتاجية تعتمد على عرض مشهدين أو عدد من المشاهد تتشابه من حيث طبيعة الحدث والجو العام» [58]، ويحضر

المزج بين اللقطات المتتابعة والتي تتفق في الجو العام، عند تناول الرواية لمشاهد التنمر التي تقع لسالم:

«لكن رحلاته الصباحية لا تخلو من منغصات تظهر بين الحين والآخر، كأن يصادف امرأة تتشاءم من رؤية وجهه صباحاً فتسمعه بعض الكلمات الجارحة، أو أن يرميه فتى بحجر وهو يصرخ فيه ((ود الغريقة)) وقد يصادف رجلاً يخرج من بيته غاضباً فيفرغ ما أغضبه في وجهه مستعملاً أبشع ما يعرف من كلمات نابية»[59].

فهذه اللقطات تتفق في كونها تعرض لمشاهد الغلظة والعنف التي تقع على سالم، فقط لأنه ولد بعد أن ماتت أمه غرقاً، فهم يحملونه ذنباً لم يفعله، ويعدونه مصدراً لسوء الطالع، وعليه أن يتحمل كل تلك الإساءات ولا يرد عليها، كأنه شريك فيما وقع له ولأمه، لقد صار سالم وسيلة تفريغ الكبت لهؤلاء يمارسون عليه الكراهية والغضب، مع أنه لا يستحق ذلك.

وقد يتم صناعة آلية المونتاج باستخدام المزج عن طريق الاسترجاع كما يظهر من خلال المشهد الآتي: «في بعض الأحيان كانت تأخذه معها إلى الوادي وعندما تجلسه قريباً من الماء ينكس رأسه حتى تلامس أذنه الأرض، ويبقى على تلك الحال دقائق عديدة كأنه يصيغ السمع إلى حديث يجيء من باطن الصخر. ولقد قالت لها كاذية بنت غانم: ((الصغار يسمعوا بو نعجز عن سمعه)) وحكت لها حكايات متشابهة عن أطفال كانوا يرون أشخاصاً يدخلون مكاناً ما ويفعلون فيه أموراً بعينها، وعندما يعون ذلك بعد سنين يتكلمون

عمّا رأوه، فيتوافق مع حادثة معينة صارت في ذات المكان والزمان. وحدثتها عن الحريق الذي شب في عريش أحد البيوت، وامتد فأحرق حظيرة الأبقار، ثم أخبرهم صبي من أولادهم بعد سنوات بأنه كان يرى رجالاً يدخلون الحظيرة حاملين في أياديهم أوعية مملوءة بالماء. فتذكروا أنهم بعد أن خبت النار وجدوا البقرة تدور في مكانها حيث ربطت على الوتد، ولم يمسسها حرق واحد، وعندما رجعوا إلى تاريخ تلك الحادثة وجدوا أن ذلك الطفل لم يكن وقتئذ قد جاوز السنة بعد»[60].

فالمشهد يبدأ باكتشاف (آسيا) لبعض التصرفات الغريبة التي يقوم بها الطفل (سالم) عندما بدأت موهبته تتفتح في تتبع أثر الماء، ولما حكت ما رأته لإحدى جداته (كاذية) حاولت الجدة أن تصرف اهتمام (آسيا) عن ذلك الشيء الذي ألم بـ(سالم) عن طريق الادعاء بأن الأطفال تحدث لهم ظواهر غريبة، ويحضر المونتاج المزجي من خلال الاسترجاع إلى الماضي وعرض لقطات متشابه مع لقطة (سالم) في بحثه عن الماء مع اختلاف طبيعة الأحداث، فتعرض لحادث حريق، ثم تقطع الحدث لتعرض توهم الطفل لحريق شب في ذات المكان الذي شب فيه فيما مضى، كي تصرف ذهن (آسيا) عن التفكير فيما يقع لـ(سالم)، إن الجدة (كاذية) تمارس نوعاً من سلطة الحكي، تحاول من خلال تلك السلطة أن تطمئن قلب المروي عليها (آسيا) وأن تحمي حفيدها من ألسنة الناس إذا عرفوا عن أفعاله. وربما كانت الحكاية كلها مختلقة من الجدة، لأنها أدركت بحكمتها ما يمكن أن يحدث إذا لم تقتنع آسيا بمنطقية ما يفعله (سالم).

ويلاحظ أن المونتاج باستخدام المزج يأتي على نحو مباشر مثل اجتماع الشخصيات حول الغريقة أثناء تكفينها، أو لقطات التنمر التي يتعرض لها (سالم) أو يأتي على نحو التفافي يحتاج لإعمال دور الرواة و«المفارقة الزمنية الارتدادية»[61]، كما في مشهد سالم في البحث عن الماء وما يحدث للأطفال من استحضار الماضي كأنه واقع في الحاضر.

ثانياً ــ المونتــاج باستخدام تقنيــة الازدواج Super Imposition:

وتقدم آلية الازدواج «مجموعة اللقطات المتماثلة في مجريات الحدث، أو المعطيات الدلالية والتي لا تكوّن أية علاقة بينهما، ليشكل من حاصل جمعها مضموناً واحداً»[62]، ويتجلى المونتاج عن طريق الازدواج في الرواية من خلال مشهد إرضاع (آسيا) للطفل (سالم):

«جاءت آسيا بنت محمد مرة أخرى وأرضعت الطفل، ثم رفعته على كتفها حتى تجشأ، قبل أن تجلس هناك تراقبه وتمرر أصابعها على تقاسيم وجهه برقة»[63]، ثم ينتقل المشهد لعرض لقطتين مختلفتين لا توجد علاقة ظاهرية بينهما من ناحية وبين اللقطة إرضاع (سالم) من ناحية أخرى، وإن كانت اللقطات كلها تدور حول شخصية واحدة، اللقطة الأولى، تتعلق بحالة الحزن التي اعترت (آسيا) بعد وفاة ابنتها الخامسة:

«هذه الزيارة الخاطفة بعثت في نفسها فرحاً لطيفاً، إذ إن حياتها

صارت لا تُطاق بعد أن غادرتها طفلتها الخامسة. وقد كان حزنها يستغرق شهوراً من الصمت، كلما توفيت ابنة من بناتها، فلا تتحدث مع أحد ولا تقوى على النظر إلى الوجوه»⁽⁶⁴⁾.

إنه حزن كبير من الصعب أن تتحمله امرأة ضعيفة على هذا النحو المتكرر، وقد سبب لها آلاماً نفسية تستمر إلى شهور كبيرة بعد فقدها فلذات الأكباد.

أما اللقطة الثانية فهي رحيل زوج (آسيا) من القرية وتركها وحيدة تعاني مرارة فقد بناتها من ناحية، وتحمل أعباء الحياة بمفردها دون مشاركة زوج يتحمل المسؤولية معها:

«قبل أشهر سافر زوجها إلى مسقط وظل هناك ولم يعد. سمعت أخباره مع العائدين إلى قراهم ولم تتعمق في السؤال عنه. بل اهتمت ببيتها وبالنخيل والمزروعات، ودخلت في عزلتها الصامتة»⁽⁶⁵⁾.

ثم تتولى عن اللقطة السابقة لقطات أخرى لكن باستخدام المزج لا الازدواج، تتعلق برحيل الزوج عن القرية ومحاولة معرفة أسباب ذلك ما يجعل اللقطات الثلاث المزجية لقطة ازدواجية واحدة بالنسبة إلى اللقطات التي سبقتها: «لم يخبرها من قبل ولو على سبيل الدعابة بأنه سيهجر القرية ويتركها وحيدةً بلا رفيق أو معيل. كانت تظنه يعشق الحياة في القرية»⁽⁶⁶⁾.

فزوج آسيا قد أتى بفعل عجيب يظهر من خلاله النظرة الدونية منه تجاه زوجته، حيث يراها أقل من أن يستشيرها في أمر مصيري مثل الرحيل عن القرية، وكأنها ليست مسؤولة عنه، لكن الزوجة

الصابرة تحاول أن تجد له المبرر: «بعد سفره صارت زوجته تتساءل في سرّها: هل تحول شوقه إلى الأبناء عطشاً جعله يتركها وحيدة ويسافر»[67]، إن اللقطات رغم تباعدها الظاهري فإنها متصلة وتنبني على بعضها بشكل تراتبي، فقد وجدت (آسيا) في ولدها الجديد (سالم) عوضاً عن بناتها المتوفيات وزوجها الذي تركها معلقة، بحثاً عن حياة جديدة لا يعاني فيها آلام الفقد ومرارة العيش.

ويأتي المونتاج باستخدام الازدواج كذلك ليكشف اللثام عن تصرف الشخصية الذي يبدو غريباً للقارئ، فتعرض الرواية لمشهد أهل القرية وهم في حاجة إلى أداة تحطيم الصخور (البتك) لكن الرجل الوحيد الذي يملكها قد ذهب غاضباً وناقماً على الجميع، لأن (سالماً) اكتشف مكان الماء ولم يكتشفه هو، حيث «البتك في بيت الشايب سليمان بن خميس، وقد ذهب غاضباً وناقماً على الجميع، فمن ذا الذي يستطيع التحدث إليه؟ وكيف سيوافق على إعطائهم مطرقته الكبيرة؟»[68]، ثم ينتقل المشهد من لقطة اجتماع الناس حول ضرورة إحضار البتك ولقطة غضب سليمان، إلى المهنة التي يعمل بها سليمان: «لقد خدم الشايب سليمان في شبابه في كثير من أفلاج القرى بمطرقته الضخمة التي كان يحملها على كتفه، تلك المطرقة التي لا يستطيع ثلاثة رجال أقوياء رفعها، كان يرفعها بيد واحدة ويلقي بها على كتفه ثم يمضي. استعان به الناس في حفر أفلاجهم، كانت مهمته تكسير الحصى الذي يعيق الحفر، يستعينون به لفلق الصخور الصلدة ويعطونه أجراً عن كل يوم عمل، منذ خروجه من بيته حتى عودته إليه»[69].

إن الجامع بين هذه اللقطات هو شعور (سليمان) بوجود منافس

جديد، يمتلك موهبة خاصة لا يمتلكها مع سن صغيرة، ما يمثل خطورة على مستقبله المهني، لتصوره أن وجود منافس سيقلل من أهميته وسيجعل الناس يستغنون عنه، وقد كان تصوره خاطئاً، فقد كانت الناس بحاجة إلى أداته والأهم إلى خبرته، فقد رجع إليهم وأرشدهم ووجههم، وبالتالي فالرواية تقول إن الخبرة مهمة لا يمكن الاستغناء عنها وعن دورها الاستشاري، كما أن الشباب يمتلكون مواهب ومهارات خاصة قد لا توجد عند الكبار، وقد أدى التكامل بين العنصريين إلى النجاح وتفجر المياه[70].

ثالثاً ـ المونتاج باستخدام القطع Cut:

المونتاج بالقطع «الانتقال بين لقطتين، حيث يتم الانتقال من لقطة إلى أخرى في أسرع وقت ممكن، فهي عبارة عن تغيير فوري من صورة إلى أخرى[71]»، وتعرض الرواية لمشاهد أهل القرية وهم يعمرون قريتهم من خلال الزراعة، ثم يتم قطع تلك المشاهد بالانتقال إلى مشاهد الطفل (سالم) وقد كبر بعض الشيء:

«جلبوا من القرى المجاورة فسائل النخل وأشجار الليمون والسفرجل والأمبا، وغرسوا مكان كل نخلة أخذها السيل فسيلة من النوع نفسه، وكذلك فعلوا مع الأشجار الأخرى، عادت القرية واحة غناء متجددة.

شب عود الطفل سالم بن عبد الله في رعاية كاذية بنت غانم وحنان آسيا بنت محمد التي أرضعته إلى أن أكمل السنتين، وحتى بعد أن

أفطمته لم تتوقف عن زيارته وكانت بين حين وآخر تأخذه إلى بيتا فتغدق عليه من حبها وحنانها وتطعمه من طعامٍ تعده له بنفسها»[72].

فتلك المشاهد تنتقل من العام (القرية وسكانها) إلى الخاص (سالم وكاذية وآسيا) ففي الوقت الذي يتم فيه تعمير القرية والعناية بها حتى أثمرت بعد جدب، كان هناك من يعتني بسالم أيضاً حتى يشب ويصلب عوده، فهو معادل للقرية، هو مستقبلها وأملها.

وقد يستخدم القطع ليوحي بتراتبية غير ظاهرية بين ما يعتري القلب من شوق وارتداد ذلك على الطبيعة الخارجية:

«أخذت أمها بيدها وسلكتا الدرب الصاعد خارج القرية حتى لفهما الغياب، لم يكن يعرف عنها شيئاً، فظل يسأل أمه، وظلت ابتسامتها تزوره في منامه، ثم سكنت في داخله مثل سكون الينابيع في قلب الحجر.

انبثق الماء في فلج قرية المسفاة وسرى في قنواتها فعادت تنبض بالحياة، وانتشر صيت تلك القرية، فتوافد عليها البدو الرحل، ولم يطلبوا شيئاً سوى أخذ قليل من الماء لشربهم ولسقي ما تبقى من إبلهم»[73].

فقطع مشهد دخول الحب إلى قلب (سالم) والانتقال إلى مشهد الخصب والنماء الذي عم القرية، هو تفسير خارجي لحالة الحب، وكأن ترعرع هذا القلب بأن أصبح متيماً بالشوق، هو ترعرع الخير في القرية، فالحب ليس نماء القلب فقط، بل تحول ليكون نماء الوجود.

ويأتي المونتاج بالقطع عن طريق الاسترجاع، بين المشهدين التاليين، فالمشهد الأول يتهم الناس (عبد الله بن جميل) والد (سالم) بما يشبه الجنون يرجعون ذلك إلى خطابهم الميثولوجي، المتعلق بالسحر، فجعلوه فاقداً للإرادة منصاعاً لإحدى الساحرات من جهة، ومجرماً يتسبب في قتل الناس من جهة ثانية:

«رأما عبد الله بن جميل فلقد سماه الناس بالمغيب، واخترعوا حكاية مفادها أن الساحرة أكلت زوجته، واستحوذت على بيته وولده، وأنه يعمل عندها كحيوان مطيع تأمره بين الفنية والأخرى بأخذ ضحاياها إلى مغاور الجبال، وهناك تنفرد بهم فتأكلهم ضحية إثر ضحية. ولما وصل كل ذلك الكلام إلى مسامع بن جميل، لم يكترث به، بل ظل مخلصاً لعمله في البساتين التي كان يباشرها من الصباح الباكر إلى الظهيرة»» (74) .

فأهل القرية لا يشفقون على البلاءات التي وقعت لـ(عبد الله بن جميل) ولا يسعون لمساعدته، بل يفترون عليه ويتهمونه زوراً في عقله وأفعاله وهو يلاقي كل ذلك بالتغافل والانهماك في عمله وكأنهم لا يقصدونه، هل لأنه ضعيف وليس لديه أهل يدافعون عنه سوى طفل صغير وسيدة مسنة؟ أم لأنه أدرك طبيعة بعض البشر ممن يقتاتون على آلام الآخرين؟ أم أنه لا يريد أكثر من العيش في سلام، وهل كان موقفه من الصمت إزاء حديث أهل القرية موقفاً سلبياً أم إيجابياً؟

إن إخلاص (عبد الله بن جميل في عمله) ووجود من يتعاون معه في ذلك العمل من خلال توفير العمل له يجيب عن الأسئلة السابقة،

وأهمها أن أهل البلدة يدركون في دواخلهم أن كلامهم عنه عارٍ من الصحة.

وتقطع الرواية تلك المشاهد المتعلقة بـ(عبدالله بن جميل) وترتد إلى الماضي، عندما ترك والد (كاذية) البيت هائماً على وجهه: «فعندما كانت كاذية بنت غانم في الخامسة من عمرها هجر أبوها البيت وخرج هائماً في الوديان والقرى يحمل طبلاً معلقاً على كتفه ويضرب بعصا غليظة، ضربات هادئة وبنسق بطيء حتى إن الزمن الفاصل بين الضربة والأخرى كان يكفي لتروى حكاية ما»[75].

فثمة مقارنة خفية بين المشهدين، حيث «يمدنا القطع بعناصر التتابع التي تمنع حدوث أي ارتباك عند عرض المادة»[76]، (فعبدالله بن جميل) متهم بسلب العقل من قبل ساحرة شريرة، أما (غانم) والد (كاذية) فقط سلب عقله، وهذا القطع الذي أحدثه الاسترجاع، يشير إلى تذكر (كاذية) لوالدها عندما يذكر الناس (عبد الله بن جميل) بالسوء:

السياق المشهدي الثاني	السياق المشهدي الأول
فقد غانم للعقل	اتهام الناس لعبد الله بن جميل بأنه مسلوب العقل والإرادة
يضرب على طبل بعصا غليظة	يتغلب على اتهام الناس بالانهماك في العمل وتقديم شيء مفيد لنفسه والناس

إن ضربات (غانم) على الطبل ليست عملاً عبثياً، فقد يشير ذلك النسق البطيء بين كل ضربة وأخرى إلى الحد الذي تحكى فيها حكاية بين الضربتين إلى كل تحول يقع للقرية وكل تبدل وتغير في أحوالها، وبين كل تحول وآخر تولد حكاية جديدة.

رابعاً ـ المونتاج باستخدام المفارقة:

وهو أن يتم تقديم «لقطة أو لقطات أخرى متناقضة، دون أن يراعي ترتيبها ترتيباً منطقياً فكرياً متتابعاً كما هو الشأن في تركيب الفيلم، فلكي يحدث التأثير المطلوب في المتلقي يجب أن تقدم اللقطات على هذا النحو، بحيث يؤدي التجاور أو التلاحم بين النقيضين إلى إبراز التناقض القائم في الحياة نفسها»[77]، ومن أشكال حضور هذا النوع المونتاجي، بعض اللقطات المتعلقة بحياة (آسيا) ولا يوجد رابط بينها، سوى حياة مفعمة بالأسى، يقول الراوي:

«مر شريط ماضيها أمامها والكائنات الصغيرة ترقص على الماء، فكأن الكائنات كانت ترسم ذكرياتها وتكتبها لها. رأت أطفالها الموتى، حياتها الأولى، طفولتها، أحلامها، الوحدة التي تعيشها في ثرية ضاجة بالبشر، بعد أن رحل عنها إبراهيم وخلفها وحيدة تصارع وحوش انتظاره التي تغلب. تذكرت الطفل الذي تركته وراءها ورحلت»[78].

ومن أشكال هذا النوع من المونتاج باستخدام المفارقة (الحلم) فيمهد الراوي أولاً للمشهد من خلال الهدوء الذي يعم القرية، ثم الانتقال إلى الحلم الذي يترجم فيه (اللاوعي)[79] أمنيات الشخصية إلى أحلام يصعب تحققها في الواقع:

«وإذا سكن الليل وهدأت حركة الناس، راود النعاس عيني القافر وتراءت له مزرعته خضراء يتماوج فيها القت مع النسيم. رأى الماء ينساب من عيونه تحت الصخرة ويهبط إلى الحوض، رآه يتدفق في الساقية يحركه الشوق إلى المزرعة، هناك حيث قامت النخيل

تحرس المكان وأشجار الليمون تحفه من الجنبات. سحبه النوم إلى عوالم وأحلام أخرى، فرأى نفسه واقفاً على حافة بئر، يحملق في قعرها كأنه ينتظر خروج شيء ما، أو كأنه شاهد حركة في البئر فأراد التحقق»[80].

ونلاحظ وجود المونتاج باستخدام المفارقة في الحلم نفسه، فما علاقة المزرعة الخضراء بالوقوف على حافة البئر؟ لكن الإجابة قد تكمن بين تطلع الشخصية إلى المستقبل حيث مزرعة يانعة في مخيلة الشخصية، وبين ماضٍ يشدها حينما وقعت والدة الشخصية في البئر وماتت، فهل سيكون الماضي عائقاً للعبور إلى المستقبل؟ أم أنها مجرد مخاوف تحاوط آمال شخصية (القافر).

خامساً ــ المونتاج باستخدام تقنية الظهور والاختفاء[81]:

يتمثل الحضور الأمثل للمونتاج باستخدام تقنية الظهور والاختفاء في رواية (تغريبة القافر) من خلال شخصية (سلام ود عامور) الملقب (بالوعري) الذي يظهر ويختفي مذ كان طفلاً، وحضوره على الأكثر مرتبط بحل مشكلات القرية، فهو شخص يعيش وحيداً أو شبه منبوذ من الناس، لكنهم يلجؤون إليه في حال أزماتهم، فهو الذي قام بإخراج (مريم) والدة (سالم) من البئر، وهو الذي منحهم ماء مزرعته الصغيرة حينما أجدبت القرية، ويساعدهم في الملمات الكبرى ويقترح عليهم الحلول باقتضاب، لكنه في الغالب «يقضي ليالي في الجبال وحيداً لا يصاحبه أحد، وفي معظم الأوقات لا يختلط بالناس»[82]، إن (سلام ود عامور) يمثل النموذج الأمثل للمواطن الصالح، المُخْلص

لبلاده والمُخَلِّص في آن، يظهر عند الأزمات ويترفع عن الغنائم،
ينطبق عليه قول عنترة بن شداد:

«يخبرك من شهد الوقيعة أنني
أغشى الوغى وأعف عند المغنم»[83]

وقول أمل دنقل:

«أُدعى إلى الموت.. ولم أُدْع إلى المجالسة!!»[84] .

وقد كان لحضور تقنيات المونتاج السينمائي في رواية (تغريبة
القافر) أثره على التقنيات السردية وبخاصة الاسترجاع الزمني
عبر الانتقال من مشاهد الحاضر إلى الماضي وكذلك المكان عبر
الانتقالات المونتاجية بين الأماكن المختلفة، وقد كان للمونتاج أثره
على الرواة أيضاً، فنجد أن (كاذية بنت غانم) تقوم بعملية المونتاج
حينما نقلت (آسيا) إلى مشهد آخر تحاول إقناعها بما يتوهمه الأطفال
من خلاله.

2 – السيناريو:

يعرف السيناريو بأنه «عرض وصفي لكل المناظر التي
سوف يتكون منها الفيلم وحينما يعالج هذا النص ويكتب له الحوار
ويعد للتصوير ويصبح السيناريو النهائي ويسمى عادة التقطيع
الفني»[85]، وقد لجأ الكاتب (خليل الجيزاوي) في الفصل المعنون
بالجدة من روايته «سيرة بني صالح»[86] إلى استثمار آليات كتابة
السيناريو السينمائي، من خلال أربعة مشاهد يقدم من خلالهم الراوي

صورة عن (الجدة) وكفاحها، فيعرض المشهد الأول للجدة وهي تتجهز للخروج:

»المشهد/ لقطة قريبة/ زوم باك

يظهر قرص الشمس قبل أن يغطس ويسبح في مياه الترعة العميقة تشد جدتي رأسها بالشال الطويل الأبيض تمسك بيدها حذاء جدي التفصيل«[87].

يتتبع المشهد لقرص الشمس وهو يغوص في الماء إيذاناً بانقضاء النهار ووشك اقتراب الليل، ثم يقوم بتسليط الكاميرا على (الجدة) وهي تهم بارتداء ملابس زوجها استعداداً للخروج فغياب الشمس هو الوقت المحدد كي تخرج من البيت، ثم ينتقل السيناريو إلى مشهد آخر لـ(الجدة) وهي تقوم بعملها خارج البيت:

»المشهد ليل/ خارجي/ لقطة كبيرة لجدتي

تخرج تضرب الأرض بقدميها تزيح ما يعترضها من حجارة وأشواك بالنبوت المشمشي يجري أمامها عنتر بجرمه الهائل وذيله الطويل وكأنه يفتح لها الطريق ويوسع السكة تبدأ رحلة المرور المسائية تتفقد الزراعات ومرابط البهائم تهز رأسها تطمئن الجميع كل شيء في أمان حتى الصباح«[88].

فالكاميرا تظهر شجاعة تلك السيدة وهي تسير ليلاً بغرض حراسة الأرضي الزراعية بكل ما تحتويه من مزروعات وحيوانات، وتسير وهي مطمئنة لا تخاف من شيء، ثم يعرض السيناريو لمشهد

ليل خرجي آخر، في مكـان آخر والكـادر خالٍ تماماً، ثم تدخل (الجـدة) الكادر:

«المشهد/ ليل/ خارجي/ كادر خالٍ

تدخله جدتي وهي تسير على ترعة «أبو العزم» تتفقد حوض ريح البحر، ديوه العريضة، حوض القبل، غيط مسهلة، الوصلات، تعود من على مصرف عبد العال، رحلتها تأخذ ساعة لا تنقص ولا تزيد»[89].

فـ(الجدة) شخصية منضبطة، تعطي لكل شيء حساباته الخاصة، كي تؤدي مهمتها على النحو الأفضل، وبعد ذلك ينتقل السيناريو إلى مشهد آخر، حيث بدايات النهار لكن الجدة ما زالت في الخارج:

«المشهد/ نهار/ خارجي/ كادر خالٍ

تدخله جدتي شامخة بجرمها الهائل، تضرب الأرض بنبوت جدي المشمشي، يجري أمامها عنتر، يفتح لها الطريق يوسع السكة تومئ لهذا، تشير بيدها بينما تمتلئ الوسعاية بالرجال الذين يحملون أكوام القمح يضعونها أمام الدار الكبيرة وتسري الهمهمات يؤكدون فيما بينهم أن عبد الملك فلاح غشيم»[90] لقد مكثت (الجدة) طوال الليل في الخارج لتؤدي مهمتها في الحراسة، فخرجت والشمس تغيب ورجعت بعد أن أشرقت الشمس، فهي تقضي الليل بطوله في العمل، وجزأين من نهار، إن (جدة) الراوي تمتلك قلباً شجاعاً واستطاعت أن تقوم بواجبها في حماية مصالح أهل القرية الزراعية على أكمل وجه ولم تتكاسل، واعتماد الرواية على تقنيات كتابة السيناريو في تشكيل

ذلك الفصل، يوحي بأن تلك السيدة المكافحة تستحق بأن تخلد في عمل سينمائي، لقيامها بدور بطولي بتفانٍ وإخلاص.

3 – الإخراج والتمثيل:

تتناول رواية (بروكلين هايتس)[91] للمؤلفة (ميرال الطحاوي) من خلال موضوعاتها عن المغتربين من العالم أجمع في الولايات المتحدة الأمريكية، حكاية المخرج (زياد الذي) يحاول أن يقوم بتجربة إخراجية تجعل له وزناً في ذلك العالم الجديد، فيستعين بالشخصية الرئيسة في العمل (هند) كي تساعده من خلال القيام بأحد الأدوار، يقول الراوي:

«ستمثل المشهد الأول والأخير في حياتها القصيرة كممثلة سينمائية، وهو واحد من أحلامها القديمة، بعد تواتر فكرة الشبه بينها وبين عدد من الممثلات. وهي الفكرة التي آمنت بها في أعماقها، كما أنها كانت تمتلك بعض المواهب الحقيقية في الدراما والبكاء»[92].

فـ(هند) قد آمنت بموهبتها، وأقنعت نفسها أنها تمتلك مهارات الممثل وظنت نفسها بطلة لمجرد أن عرض عليه صديق أن تساعده في الفيلم الذي يخرجها بأن تمثل فيه، لكن أحلامها ترتطم بالدور الصغير الذي ستؤديه، فقد «حلمت هند أن تكون البطلة ولم تكن تعرف أن دورها في الفيلم لن يتعدى مشهداً واحداً. وكما قال لها زياد الذي يحاول التحبب إليها باللكنة المصرية، وهو يمسك بالكاميرا ((إنت يا ستي بقى أهم لقطة في الفيلم))»[93].

إن (زياد) الشاب الفلسطيني يمتلك مهارات المخرج في الإقناع فيتقرب لممثلة بلهجتها محاولاً أن يجعلها راضية بهذا الدور الصغير بأن يضفي عليه مهابة وأهمية، وعندما توافق نكتشف أنها لا تصلح للتمثيل، فـ(هند) «تعيد المشهد أكثر من مرة، لأنها لا تعرف كيف تركض خلف ابنتها المفترضة، وتتعثر في ثيابها، ولا تظهر اللهفة الكافية. يقول لها زياد لتوضيح المشهد: ((أنت أم، وستفقدين ابنتك. ركزي مشاعرك على الأمومة والفقد. أرجوك هذه اللحظة أهم مشهد في الفيلم))» [94]، و(زياد) يمارس التوجيه الإخراجي لـ(هند) بأن يستفز مشاعرها؛ كي تؤدي دورها البسيط بإتقان، لكنها لا تستطيع، لأن الدور كان أصغر بكثير من أحلامها، وأكبر من قدراتها.

4 - استدعاء الفيلم السينمائي:

تستدعي الرواية العربية الجديدة بعض اللقطات من أفلام السينما لتقيم علاقة تماثل بينها وبين الشخصيات في الرواية.

أولاً – الفيلم العربي:

يحضر الفيلم العربي في رواية (بروكلين هايتس) من خلال المشهد الآتي:

«في طفولتها كانت تلتصق بالمرآة وتمثل، ترفع حاجبها كفاتن حمامة في ((الوردة البيضاء)) وتقول: ((أجيب لك البالطو، ولا كمان شوية يا أبيه؟)) كان عبد الوهاب مشغولاً بـ((رقية إبراهيم)) كما كان

زياد مخرج فيلمها الأول والأخير مشغولاً بالممثلة الصغيرة ((ديانا كرداشي))» [95].

إن الزمن السردي يرتد إلى الوراء، حيث طفولة (هند) وهي تقلد مشهداً من مشاهد فيلم «الوردة البيضاء» الذي تم إنتاجه عام 1933م وهو من إعداد وإخراج: محمد كريم وفكرة: محمد متولي، وقصة وحوار: سليمان نجيب وتوفيق المردنلي، وبطولة محمد عبد الوهاب [96]، ويصبح هذا المشهد السينمائي المستدعى في الاسترجاع الزمني كله مجرد مشبه به في تشبيه مقلوب لحالة انشغال (زياد) ببطلة فيلمه عن (هند)؛ لتشعر (هند) بالفشل والإحباط ولا جدوى، وهي التي كانت تمتلك مهارات التمثيل في الماضي عن طريق تمثيل الأفلام.

ثانياً ـ الفيلم الأجنبي:

في رواية (بريد الليل) لهدى بركات تستدعي كاتبة إحدى الرسائل فيلم (عازف البيانو) لتثبت لحبيبها قدرة الفن في إرساء قواعد السلم ووقف الحرب، تقول الشخصية كاتبة الرسالة:

«لا بد من أنك شاهدت فيلم ((عازف البيانو))، بالاد رقم واحد أبوس 23، والضابط النازيّ سيترك العازف حياً لأن للجمال قدرة على اختراق قلب النازيّ» [97].

فكاتبة الرسالة تستدعي الفيلم الإنجليزي «عازف البيانو» The Pianist و«الذي أنتج في الولايات المتحدة الأمريكية عام 2002م،

وهو من إخراج رومان بولانسكي وتأليف رونالد هاروود وبطولة أدريان برودي وإميليا فوكس والفيلم مقتبس عن قصة حياة عازف البيانو البولندي فالديك سبيلمان في فترة الحرب العالمية الثانية حينما يجتاح الجيش الألماني بولندا ويحتلها»[98] وتركز كاتبة الرسالة على المشاهد الأخيرة من الفيلم عندما ترك الضابط النازي الكبير عازف البيانو حياً ولم يقتله أو يعتقله، بل كان يجلب له الطعام، لأن قدرة العازف الإبداعية استطاعت أن تخترق قلبه وتلينه وتبرز فيه الجانب الإنساني. كما تبرز الجوانب الإنسانية في كاتبة الرسالة التي تريد أن تلتقي بحبيبها القديم من جهة، وأن تسعى إلى العثور على كاتب الرسالة التي وجدتها في غرفتها من جهة ثانية، فكما تأثر الضابط النازي بالعزف، تأثرت كاتبة الرسالة بصاحب الرسالة المجهولة في غرفتها.

إن استدعاء الفيلم السينمائي في الرواية لا يأتي لإثبات اطلاع المؤلفين على المكتبة السينمائية الهائلة، أو ليقوموا بحشو رواياتهم بمشاهد سينمائية تقطع رتابة السرد، بل تأتي في سياق تعزيز دلالات الرواية، وعقد علاقات تشابهية بين شخصيات العمل الروائي وأبطال الفيلم السينمائي؛ ليصبح الفيلم نصاً أدبياً مشكلاً من خلال اللغة وخاضعاً للتحليل النقدي.

المبحث الثالث:

الفن التشكيلي في الرواية الجديدة
(الرسم والجداريات)

يعرف الفن التشكيلي Plastic art بأنه «كل شيء يؤخذ من طبيعة الواقع ويصاغ بصياغة جديدة، أي يشكل تشكيلاً جيداً»[99] إنه الفن الذي «يستخدم الأخشاب والأقمشة واللوحات والألوان والأحجار والمعادن المختلفة، وكل ما يخطر وما لا يخطر على بالنا من مواد متباينة، وتشكل من كل هذه المواد الغفل أعمالاً فنية ذات قيمة معينة، ومعنًى خاصاً»[100]، ومن أشكال الفن التشكيلي الرسم على اللوحات والرسم الجداري والرسم Drawing «تعبير تشكيلي يستلزم عمل علاقة ما على سطح ما وهو التعبير عن الأشياء بواسطة الخط أساساً أو البقع أو بأي أداة، وهو شكل من أشكال الفنون المرئية: الفنون التشكيلية»[101]، ومن خلال الرسم «يستطيع الفنان أن يجسم أي عمل فني متكامل إذا أراد»[102].

أما الجداريات «فيقصد بها الحوائط وهي تعني أي عمل فني نفذ على الحائط أو على الأسقف والأرضيات والنوافذ لتأخذ الطابع الجداري مع إلمام ومعرفة تلك الخامة المنفذ بها»[103] والجدارية ليست فناً جديداً، حيث «جاءت الجدارية منذ القدم معبرة عن واقع الإنسان ووجدانه، وتطورت مع تطور حياته ومتطلباته على مر العصور، وكان يتم معالجة الأسطح الجدارية المختلفة من خلال الموضوعات

الدينية أو التاريخية والأسطورية أو الاجتماعية وغيرها»[104].
وقد تم «استخدام الفن التشكيلي بصور عميقة ضمن بناء العمل الروائي»[105] ما يجعل الرواية عملية «سردية قوامها الانفتاح على الفنون البصرية، فصارت الرواية ميداناً رحباً للتفاعل والحوارية، فكان هذا الفن خطاباً موازياً للملفوظ، يسرد الحكاية ويسهم في تشكيل لبناتها، ويضيف قيمة جمالية وتركيبية ودلالية ولغوية»[106] ومن ثمّ فإن حضور الفن التشكيلي في الرواية يثري العمل الروائي ويضيف إليه ويجعله منفتحاً على آفاق دلالية رحبة.

1 – الرسم من خلال اللوحة:

يتضافر الرسم مع السرد لإبراز الدلالة التي تود الرواية إيصالها، وفي رواية (المشهرات)[107] نجد العديد من الرسومات التي تعبر عن واقع شخصيات الرواية، وقد قام برسم لوحات الرواية الفنان/ (أحمد الأسيوطي) ما يجعل الفنان شريكاً للكاتبة في صناعة الرواية، وتتناول الرواية مجموعة من الطقوس الشعبية يهدف من خلالها رد شر تعرض له الإنسان أو تحقيق شيء ما، كشفاء مريض أو حمل زوجة تعاني من العقم من خلال الطقس بدلاً عن اللجوء إلى الأطباء، وجميع من يعتقد في تلك الطقوس شخصيات نسائية، ما يجعل المرأة مكبلة بتراث من العادات يغلب عليه الطابع الخرافي وقد عبرت عن تلك الدلالة الكلية للنص بالرسم الآتي[108]:

(شكل 4)

فتلك المرأة التي في الرسم لا تفكر في الخروج من محبسها ولا تسعى إلى تحرير نفسها، بل تزيد من التقوقع حول ذاتها، فهي تنكفئ على نفسها وتضيق المساحة أكثر، كأنها تطلب المزيد من التكبيل بالعادات والتقاليد.

ونجد في الرواية العروس المكبلة التي لا تختار لنفسها وإنما يُختار لها، ولا تعرف ماذا تفعل، فيعبر عن ذلك بالرسم والكلمات:

«ووقفت أم العروس بجانب الباب تنظر إلى ابنتها، والبنات حولها يزغردن، وهي جالسة وبجانبها خالتها، مالت عليها وسألتها:

ـ يا بنت أختي، أنت عملتي حلاوة؟

نظرت العروس إلى الأرض، وجهها أحمر خجلاً، وقالت:

– لا يا خالتي»⁽¹⁰⁹⁾ .

فتلك العروس لا تملك إرادة، يتدخل غيرها فيما يخصها وحدها بحجة إرادة مصلحتها، ويعبر عن ذلك هذا الرسم⁽¹¹⁰⁾:

(شكل 5)

فيعرض الرسم لعروس الجمال ذات جمال واضح، لكنها موضوعة داخل إناء من الفخار المزين يمنعها من الحركة ومن الخلف أعلى اليسار عين تراقبها ومن الناحية الأخرى طرف لعصا كأنها تحركها وتوجهها. وأحياناً يسبق الرسم السرد للتعبير عن مجمل الأحداث التي حدثت في فترة ما مثل ذلك الرسم⁽¹¹¹⁾ .

(شكل 6)

فيظهر من الرسم سيدة كبيرة تحمل طفلة صغيرة وتعتني بها وتشفق عليها وتبدي ملامح السيدة الحزن كعلامة شفقة على تلك الطفلة، وهذا الرسم صدى لهذا المقطع السردي الذي جاء باستخدام تقنية الخلاصة الزمنية التي تقوم «على سرد أحداث ووقائع يفترض أنها جرت في سنوات أو أشهر أو ساعات، واختزالها في صفحات أو أسطر أو كلمات قليلة دون التعرض للتفاصيل»[112]، يقول الراوي:

«كبرت عائشة وترعرعت في كنف والدها وكانت جدتها هي الملاذ والملجأ بعد أن حرمت من أمها»[113].

فالمقطع السردي يفسر الرسم، حيث إن (الجدة) هي التي قامت على رعاية الطفلة صغيرة، ويفسر سبب حزن الجدة على الطفلة، فقد حرمت الطفلة من حنان والدتها.

201

2 – الرسم بالكلمات:

في هذا النوع من الرسم تكون الكلمات هي البديل عن عرض الرسومات، حيث تصف عملية الرسم أو تعرض لمشهد اللوحات والرسوم الجدارية، وقد استثمرت رواية (بيت ياجوري) تلك الخصية من خلال شخصية الأستاذ «نوار الفنان الرسام معلم الرسم والإحساس المرهف لأجيال كثيرة»[114]، (فنوار) إنسان يعيش لأجل إسعاد الآخرين وخاصة زوجته بما يمتلكه من مواهب، فيدهن حائط شقته بلون سماوي كي يشعر زوجته بسعة البيت وأنها تعيش في بيت أكبر من الذي تعيش فيه بالفعل:

«لون الجدران أزرق خفيف كأنما قطعة من السماء يمنح الحجرة براحاً واتساعاً بلا حدود»[115].

ويصبغ (نوار) حجرة زوجته (رضا) بصبغة تحتفي بالطبيعة، فيملأ الحائط (الجدارية) بفرشات مبهجة كي تمنح الداخل شعوراً بالسعادة، فتصبح «حجرة ساحرة تأخذ العينين ولا تردهما، فرشات ملونة بأجنح رقيقة زاهية مرسومة على الحائط تبتسم في وجه من يدخل الحجرة»[116]، فقد أضفى (نوار) على فرشاته لمسة جمالية تجعل من يراها يظنها حقيقية، لذلك استحق أن تشهد له زوجته وتذكر جميله وتفتخر به في حوارها مع (هانم) جارتها، فتقول:

«نوار الله يبارك له، كل حاجة حلوة في الشقة وفي حياتنا بيعملها بنفسه، يدهن الحيطان ويرسم عليها، يغير الستاير والمشايات، كل سنة لازم يغير الألوان يجدد لي حياتي وما زهقش من الرقدة»[117].

إن (نوار) مثال للزوج المخلص الذي يسعى دائماً لسعادة زوجته ولا يكل من بذل المجهود في سبيل راحة زوجته، أما زوجته (رضا) فهي نموذج للزوجة الشاكرة التي تقدر أفعال زوجها الراضية دائماً.

ويعرض السرد لمشهد تأمل (رضا) للوحات زوجها (نوار): «اقتربت من اللوحات المعلقة على الحائط، تنفست بعمق فلم يؤلمها صدرها ككل مرة، لكل لوحة ذكرى تجمعهما، رسم نوار اللوحات كلها من أجلها، هي دائرة تفكيره، لم يفكر يوماً أن يشارك بإحدى اللوحات الخاصة بها في معرض أو مسابقة، يعتبرها سراً خاصاً بهما. اقتربت من لوحة (بنت)، تلك اللوحة الأثيرة لديهما. ظل نوار يرسم فيها مدة طويلة، تراها كل مرة وكأنها المرة الأولى، بنت صغيرة تشبهها عندما كانت في العاشرة تقريباً. لا تعرف كيف جاء نوار بهذه الملامح وتلك النظرة الخجلى وهو لم يكن عندما كانت في العاشرة»⁽¹¹⁸⁾.

فتمثل اللوحات مصدراً لعلاج الزوجة وراحتها من آلامها، مثلما تمثل الزوجة مصدر الإلهام لزوجها الرسام، الذي يرسم لها بإخلاص ويعتبر كل اللوحات ناتجة عنها وموجهة إليها، لذلك لم يفكر في التربح من وراء فنه، أو السعي للشهرة من ورائه، لقناعته أن هذه اللوحات ليست ملكه وحده، بل زوجته شريكة معه فيها، إنها لوحات لا تقدر بمال، قيمتها في المحبة المتبادلة بين الزوجين، ثم يعرض السرد لمشهد الزوجة وهي تتأمل إحدى لوحات زوجها والتي رسمت بحرفية كبيرة تشعرها أنها تشاهدها للمرة الأولى، لأن (نواراً) رأى زوجته في تلك اللوحة بعين المحب، فاستطاع أن يصل إلى ملامح

زوجته وهي في سن العاشرة رغم كونه لم يتعرف عليها بعد عندما كانت في تلك المرحلة، فكيف استطاع أن يعود بملامح زوجته إلى ذلك الزمن؟ ربما لأنه يراها بعين الطفولة، ثم ينتقل السرد إلى اللوحة وينقل الرسم بشكل دقيق من خلال ريشة الكلمات:

«رضا البنت الصغيرة تحمل وردة بألوان مبهجة تتفرع منها باتجاه الأفق الواسع وردات صغيرة، كل وردة تحمل ملامح نفس البنت، رضا تبتسم ضحكتها جميلة ترن في كل أذن، كل من يراها فينتشي، رضا الصغيرة تجري باتجاه السماء يحيطها نور شفيف، رضا تفتح ذراعيها للعالم فيشعر من يراها أنها تدعوه لحضنها، رضا تفتح كفيها فيخرج منها أسراب حمام أبيض تملأ السماء، رضا تحمل رضيعاً»[119] فـ(نوار) قد منح لوحته الحياة، كأن من يراها يشاهد فيلماً متتابعاً عن (رضا) وهي تمنح الحب للجميع، ويجعل صوتها مسموعاً ومنظرها مبهجاً وقادرة على المنح وتحاط بهالة من النور يمنحها نوعاً من القداسة وتصبح رمزاً للسلام والمحبة من خلال ذراعها المفتوح للعالم والحمام الخارج من كفها إلى الكون الرحيب.

فاللوحة قد ترجمت الحب المتوغل في قلب (نوار) على صفحتها، ولم يكتفِ (نوار) برسم لوحات تعبر عن مشاعره تجاه زوجته، بل يسعى دائماً لاحترام تلك اللوحات من خلال تنظيفها:

«مرت بيدها على اللوحات جميعاً فلم يعلق بها ذرة تراب واحدة، ترى نوار دائماً وهو يمسح اللوحات ويربت عليها كأنهن أبناؤه»[120].

ورغم كل ذلك يشعر (نوار) أن ثمة لوحة لم تكتمل عن زوجته،

ويتمكن في النهاية من تحقيق أمنيته وأمنيتها، فقد «أسرع باللوحة التي ظل لسنوات ينتظر اكتمالها، يشعر دائماً أن شيئاً ما ينقصها، تركها مغمضة العينين وبدأ بفرشاته يكمل هالة النور القادمة من السماء على وجهها»[121].

إن الرواية تقدم «لنا شخصية فنان تشكيلي من لحم ودم، أقصد، شخصية مقنعة تماماً، سواء من خلال طقوسها وعاداتها وطرائق تعاملها مع موضوعاتها الفنية»[122] وبذلك استطاعت الرواية أن تقدم الرسم من خلال الكلمات، وتمنح القارئ القدرة على تصوره.

3 – اللوحة البورتريه:

تعرض الرواية أحياناً لمشاهد يقوم فيها الفنان برسم بورتريه لشخص ما، و«كلمة (بورتريه) PORTRAIT فرنسية وتعني الصورة الشخصية.. إذن فإن فن (البورتريه) يعني بالضرورة فن الصورة الشخصية»[123] ويمكن أن نقسم هذا البورتريه إلى البورتريه الذاتي والبورتريه الغيري[124].

أولاً – البورتريه الذاتي:

وهو قيام الفنان برسم بورتريه له يعبر عن دواخله وخوارجه في آن، كما في رواية (بروكلين هايتس)، حيث قامت (ليليت) برسم عدة بورتريهات لها:

«ظل الدفتر بلا كتابة لأنها كانت قد اكتفت برسم وجهها في عدة

بورتريهات بالفحم الأسود، بوجنات غائرة، وأنف طويل وشعر أسود مجعد ويدين تحتضنان صدرها البارد بأرق امرأة وحيدة على أعتاب فصل البرد»[125].

فالشخصية تريد أن تخلد نفسها وتروي مآسيها ومعاناتها واغترابها من خلال تلك البورتريهات الذاتية التي تعبر عن بؤس الشخصية المرسومة، هكذا ترى (ليليت) نفسها بعد ضياع العمر في بلاد بعيدة وواقع لا يظهر الشفقة لأمثالها.

ثانياً – البورتريه الغيري:

وهو أن يقوم الفنان برسم صورة لشخص آخر كما في «رواية دارية»، حيث تعكس اللوحة الفنية التي صنعها (نور) دواخل شخصية (دارية) بطلة الرواية ورؤيته لها، ويمهد السرد لعرض هذه اللوحة البورتريه من خلال ذهاب (دارية) إلى مرسم (نور) حيث «دلفت من الباب الخشبي المتهالك إلى غرفة صغيرة، مكدسة بلوحات نور، نصف منتهية، أنابيب ألوان وباليتات على أرض مبلطة رمادية، قطع قماش تحمل بقايا الزيوت والألوان المائية»[126].

فالمقطع السابق يشي أن شخصية (نور) شخصية تنهمك في عملها، فهذا الطابع الفوضوي للمرسم يعبر عن فنان جامح لا يشغله شيء قدر إتمامه للوحاته، ثم ينتقل السرد إلى (نور) وهو يكشف لـ(دارية) عن اللوحة الكبيرة التي قام بتشكيلها وقد أسماها باسم ملهمة (دارية) (نفتيس):

«سلط نور ضوءاً على لوحة الحامل، دارية في فستانها البرتقالي، على حافة بحيرة نيلية، تحوطها الأعشاب البرية وشجيرات الجوافة، تستلقي على الأرض الخضراء باسترخاء، يسقط ضوء شمس برتقالية على نصف الوجه الأيسر للبؤة ذات شعر ذهبي ونظرة ذاهبة إلى البعيد، ابتسامة الشفتين لا تخفي حزناً ساكناً في عينيها العسليتين الصامتتين، رغم البوح، يغلب على اللوحة هدوء أخضر المكان وبرتقالية الغروب، قال وعلى وجهه فرحة طفولية: «نفتيس» حامل في قصيدة جديدة»[127].

فاللوحة تمنح (دارية) خاصية أسطورية بتوحدها مع الطبيعة وجعلها كأنها لبؤة قادرة على الصيد والحراسة والدفاع عن غابتها الخاصة، كما تضفي عليها اللوحة كثيراً من المهابة المحاطة بالجمال، فتتوحد (دارية) مع (نفتيس) واللوحة بذلك التشكيل الجمالي توحي أنها ستتفجر بالشعر مرسوماً، كما تفجرت بالرسم مكتوباً للقارئ.

إن تلك اللوحة تستدعي في مخيلة القارئ أحداثاً سابقة مرت في الرواية، تتعلق بسعي (نور) إلى رسم (دارية) عندما كانا بألمانيا:

« – اقعدي على الأرض يا درة، ضهرك للمية، خدي الوضع اللي يريحك وانسي إني بارسمك.

على حافة بحيرة ((باجرسي)) بالقرب من ((جرمارسايم)) صغيرة، مستديرة، فوق العشب الأخضر، فرد نور حامل الرسم، ثبت اللوحة التوال فوق الحامل، بدأ يفرغ الألوان من أنابيبها على الباليتة»[128].

ثم يستمر الحدث ويستعرض حواراً بين (نور) و(دارية) يتعلق

بلون الفستان الذي ستظهر به (دارية) مرة أخرى في اللوحة النهائية:

«بدأت فرشاة نور تنساب فوق سطح اللوحة.

– أنت قاصدة تلبسي برتقالي النهاردة؟

– أنا ما بقصدش حاجة، بامشي ورا إحساسي

– أصله ماشي تمام مع لونك الخمري ومع ألـوان المكان الباردة»[129].

لقد بدأ (نور) رسم (دارية) في ألمانيا وعرضها على (دارية) في مصر، وهذا الاختلاف بين مكاني الرسم والعرض يشير إليه الاختلاف بين ما هو موجود في الرسم وما كانت عليها (دارية) وقت رسمها، فاللوحة وواقع (دارية) وقت إعادة تشكيلها على اللوحة هو وجود الفستان الأزرق وملامح (دارية) أما ما تختلف فيه اللوحة عن وقت رسمها أن (دارية) كانت جالسة على حافة بحيرة (باجرسي)، ذات الطابع الألماني الأوروبي أما (دارية) في اللوحة فكانت جالسة على حافة بحيرة نيلية، فأراد (نور) أن يمنح المكان المحيط (بدارية) في اللوحة طابعاً له صبغة مصرية إفريقية أقرب لروح (دارية) الجامحة، لذلك عرضت اللوحة على (دارية) في مصر لا ألمانيا.

4 – استدعاء الفن التشكيلي:

تستدعي رواية (دارية) الفن التشكيلي من خلال الحديث عن بعض الفنانين التشكيليين ولوحاتهم، أو حديث إحدى الشخصيات عن لوحة

ما بشيء من التفصيل ومحاولة استدعاء طريقة تشكيلها بالكلمات، وقد قام بالشيئين معاً الفنان (نور) فيعرض على بعض الطلاب الغربيين قدرة الفنانين التشكيليين المشارقة المصريين على الإبداع، حيث «فات اليوم وهو يعرض عليهم على البروجيكتور لوحات راغب عياد ومحمود سعيد وعبد الهادي الجزار وتحية حليم وسيف وانلي، فاتحاً باب الاجتهاد والتحليل والتساؤل أمام الطلبات والطلبة»[130].

وقد ترك (نور) للطلاب حرية النقد والأخذ والرد إيماناً منه بقدرة الفنان المشرقي على إبهار الغربي المتذوق للفن. وفي مشهد آخر يتحدث (نور) لـ(دارية) عن إحدى اللوحات العالمية ويغوص في تفاصيلها:

«شفتي لوحة ((مستحمات سيزان الكبيرة))؟

– لأ

– شيء عبقري 99 X 82 بوصة زيت على توال، يعني حوالي 8 أقدام، اشتغل فيها سبع سنين ولحد ما مات ما كملتش، لكن لازم تشوفي إزاي قدر في تكوين المثلث اللي خلقه من الشجر على شط بحيرة يدمج مجموعة من المستحمين –من غير ملامح وش أو جنس واضحة – مع عناصر الطبيعة، إزاي استخدم الأصفر الجيشي والأزرق بشكل ناعم زي تكنيك ألوان المية»[131].

فنور فنان ويدرك خصائص الفن، ينبهر بصنيع الفنانين الآخرين ويقدر مجهوداتهم حتى وإن لم تكتمل، ويطمح لأن يقدم شيئاً عظيماً مثلما قدموا.

وفي روايـة (حـارس الفيسبوك)[132] للكاتب (شريف صالح)
يحضر الفن التشكيلي من خلال شخصيتي د. (أحمد علوي) و(هدى)،
فيبعث (علوي) رسالة إلكترونية إلى هدى ويتطرق في حديثه إلى
إحدى لوحات (بيكاسو)[133]:

«وكما قلت لك من قبل.. لوحة ((الجرنيكا)) التي رسمها بيكاسو
كي يصور ما عانته قرية جرنيكا الإسبانية من قصف وقنابل في
الحرب الأهلية. أظن أنه رسم هذه الجدارية الكبيرة عندما نظر في
عيني امرأة مثلك استسلمت لبؤسها»[134].

(فهدى) صارت تشبه تلك القرية، محطمة من قبل أهلها، زوج
خائن وأخوة لا يلتفتون لشقيقتهم ووالد متوفي، بؤس محيط بها، حتى
صارت تشبه ملهمة لفنانين يرسمون أعمالاً مأساوية، لقد استدعى
(علوي) اللوحة ليقارن بينها وبين ذات هدى المحطة بفعل الأهل،
حتى هذه الرسالة التي أرسلها إلى (هدى) لم تقرأها وإنما وقعت بين
يدي زوجها، فكان هو من يقرأ لا هي[135].

ويستدعى من خلال شخصية هدى إحدى لوحات (رينوار) لتعبر
عن هزيمة الشخصية في الحب وذلك عن طريق راوٍ عليم بكل ما
يتعلق بشخصياته، يقول الراوي:

«أقرب اللوحات إلى قلبها، تلك اللوحة التي كانت تواجه باب
الشقة مباشرة حيث تجلس امرأة في أرجوحة معلقة بين شجرتين
وتعطي ظهرها لمن يراها. مع التفاتة وجهها قليلاً إلى اليسار، يظهر
نصف الوجه الآخر منعكساً على مرآة في يدها.

لا تنكر أنها كانت متأثرة بطريقة رينوار في رسم وجوه النساء. بالنظرة الجانبية والشرود والحزن الشفيف وانكفاء الجفنين فيما يشبه النوم كأنه حوار داخلي مع النفس. تعتقد منذ أن كانت طالبة في كلية الفنون الجميلة أن كل امرأة رينوارية تروي، وهي مطبقة الشفتين، هزيمتها في الحب»[136]، فيحضر في النص علاقة الشخصية باللوحة، ثم وصف دقيق يغوص في تفاصيل الرسم، ثم تأويل طريقة (رينوار) في الرسم بربطها بكل النساء المنكسرات، ونجد المشابهة بين اللوحة وتأويلها وبين شخصية (هدى) من خلال ثلاث إشارات:

الإشارة الأولى: (المرأة المتأرجحة بين شجرتين) تمثل (هدى) من خلال تأرجحها وترددها بين زوجها الخائن الذي لا يحسن معاملتها، وبين (أحمد علوي) الذي يعاملها بلطف وحب.

الإشارة الثانية: (انعكاس نصف الوجه في المرآة) (هدى) تحاول البحث عن نفسها من خلال النظر في مرأة فلا ترى إلا ملامح باهتة.

الإشارة الثالثة: (كل امرأة رينوارية تروي، وهي مطبقة الشفتين، هزيمتها في الحب) (هدى) لا تستطيع أن تتخذ قراراً، فلا هي قادرة على مواجهة زوجها بخيانته، وطلاقها منه، ولا هي قادرة على الابتعاد عن أحمد علوي بشكل نهائي، فهي تعاني ولا تستطيع أن تصرح.

5 – تلقي الفن التشكيلي:

لا تتوقف الرواية العربية الجديدة عند عرض بعض اللوحات والرسومات والجداريات سواءً عن طريق صور لها، أو تشكيلها من

خلال اللغة، بل تتذوق وتحلل وتفسر وتنقد الفن التشكيلي، وتستظهر دلالته، وتقوم بتأويله، وسنعرض لنموذج واحد فقط من رواية (دارية) حيث ذهبت (دارية) لزيارة إحدى صالات معارض الفن التشكيلي ويمهد لتلك الزيارة راوٍ خارجي، ثم تنتقل الرواية إلى (دارية) وهي تسجل رؤيتها حول اللوحات التي شهدتها في صالة العرض:

«وصلوا إلى الدور الثالث، قابلتهم صالة مستطيلة تحوي لوحات الفنانين، تتناثر في أركانها تماثيل، وقفت دارية، أمام امرأة عارية من الرخام الأبيض بتشبيحات رمادية خفيفة، تضع يدها اليسرى في وسطها والأخرى مرفوعة وراء الرأس، ((جسد أفروديت ووجه إيزيس)) وقفت أمام الجزء الأول، بدأت تلتقط صوراً وتدون ملاحظاتها:

– ((جيغاد شميت)) تكعيبية الخطوط، تداخل درجات الأخضر والبني في تناسق، لكن ماذا بعد! هل الإيقاع اللون الجميل يكفي؟ مازالت غير مؤمنة بلا موضوعية الفن.

– ((أورليش شبيجل)) ريشة أنثى تعيد بناء جسور مع الطبيعة، بيوت فلاحين صغيرة وأناس في الحقول، بعيدون، ريشة انطباعية ذات ضربات سريعة حادة، متكسرة أحياناً، ألوان صرية، غير ملحوظة، تقبض على تأثير الضوء على الحقول، الأجساد الصغيرة تظهر كأنها جزء من تمايل أشجار السرو في أطراف لوحة أكريليك على توال 50X 70، أجمل ما يميز لوحاتها هو ألوان البهجة وهذه الخطوط المنسابة التي تضع البيوت والجبال في أماكنها، لكنها لا

تطبق عليها فتفصل بينها، تبدو الأشياء والعنصر الإنساني امتداداً طبيعياً لبعضها البعض»[137] .

إن (دارية) تتخذ منهجاً تسير عليه في تدوين ملحوظاتها حول اللوحات، تبدأ بكتابة اسم الفنان التشكيلي، ثم وصف للوحة وألوانها والأشكال التي اشتملت عليها، وأحياناً مقياس اللوحة، ثم ما يميزها وما يعيبها، وتؤمن (دارية) بأن الفن ينبغي أن يكون له دلالة يتوصل إليها، فالجمال الفني والإتقان وحده لا يمنح العمل الجودة من وجهة نظرها، وتنتقل (دارية) إلى لوحات فنان ثالث، وهذا الفنان سيظهر على المسرح الأحداث بعد ذلك ويكون بينه وبين (دارية) صداقة كبيرة تصل إلى درجة الحب:

« – ((أحمد نور الدين)) أغلبها لوحات حيوانات، كلاب ثعالب، أو مزيج من فهد وجناحي طائر، يغلب اللون الأزرق بدرجاته على الكثير من اللوحات فيخلق أجواء حلم حيناً وكابوس حيناً آخر. ((الحارة)) زيت على خشب 50 X 50، حارة مصرية، بيوت قديمة، ذات شروخ طولية، بلاطات مكسورة، ضوء خافت – يأتي من تلفزيون – ينعكس على أوجه آدمية لها ذيول وأجساد بشرية برؤوس حيوانات، لوحة أخرى لثعابين خضراء قاتمة على خلفية من الأزرق، يبدو كأن الضوء منبعث من جلودها اللامعة، ألسنتها الرفيعة الطويلة متشابكة، (أكره هذه اللوحة)، ((مهرة)) زيت على توال 50 X 70، اللوحة يغلب عليها عتمة أزرق كابوسي، في الخلفية دوامة من الأزرق القاتم، بها أكف آدمية مفتوحة الأصابع في تشكيل دائري، يشغل وجه المهرة مقدمة اللوحة، شعرها المشدود إلى الخلف

في خطوط مستقيمة يعكس قوة ركضها إلى الأمام، في اتجاه مصدر ضوء ينير ملامح الوجه، مغناطيسي النظرة، في العينين لمعة شراسة وتحدٍ، وبقايا خوف قديم، تبدو خطوط الجسد المنسابة الناعمة كأنها تتحدى لزوجة الأسود العالقة بالأقدام، (يبدو من بروز الأسود على سطح اللوحة أن الفنان قد استخدم تكنيك الحصى على الرمل)»[138].

فلوحات (أحمد نور الدين) الأولى يبدو عليها التناقض والغرائبية وتعكس رؤية عبثية للفنان، وقد كرهت (دارية) إحدى هذه اللوحات رغم أنها ستحب الفنان نفسه بعد ذلك، أما لوحة (مهرة) فتعرض لمهرة تحاول الانتصار والتقدم رغم الجو القاتم المحيط بها والأيد التي تود إعاقتها والمخاوف القديمة التي ما زالت تلوح لها، لكن المهرة قادرة على التحدي وتحقيق ما تريد، فوجدت (دارية) في تلك اللوحة ذاتها، (فدارية) كالمهرة تريد الانطلاق والخلاص من أغلال الذكورية، ويلاحظ أن (دارية) تعرف التكنيكات المستخدمة في عملية الرسم.

إن تلقي الفن التشكيلي في الرواية يعد مرحلة أصعب من رسمه بالكلمات أو الاستعانة بفنان آخر يرسم بعض اللوحات داخل المتن الروائي، فتلقي اللوحات يلزم الكاتب بمعرفة مدارس الفن التشكيلي وكيفية رسم اللوحات وطرق التحليل والسعي إلى أن «تضاف القيم الذهنية والرمزية وغيرها من القيم»[139] إلى اللوحات، والمهمة ستكون أصعب حينما يكتب المؤلف مشهداً لتلقي عمل فني هو في الأساس متخيل وليس له مردود في الواقع الفعلي، بمعنى أن اللوحة ترسم بقلم الكاتب ويتم تلقيها بقلم الكاتب أيضاً وإن كان ذلك على لسان الراوي والشخصيات.

المبحث الرابع:

تضمين القصة القصيرة والقصة القصيرة جداً في بناء الرواية العربية الجديدة

تنفتح الرواية العربية الجديدة على فني القصة القصيرة والقصة القصيرة جداً من خلال تضمينهما في البناء الروائي رغم اعتمادهما على التكثيف والشخصيات الحاسمة «فالقصة القصيرة المحكمة هي سلسلة من المشاهد الموصوفة التي تنشأ خلالها حالة مسببة تتطلب شخصية حاسمة ذات صفة مسيطرة تحاول أن تحل نوعاً من المشكلة من خلال بعض الأحداث التي ترى أنها الأفضل لتحقيق الغرض. وتتعرض الأحداث لبعض العوائق والتصعيدات حتى تصل إلى نتيجة قرار تلك الشخصية النهائي»[140].

إن «القصة القصيرة عبارة عن سرد نثري موجز يعتمد على خيال قصاص برغم ما قد يعتمد عليه الخيال من أرض الواقع، فالحدث ــ الذي يقوم به الإنسان والحيوان الذي يتم إلباسه صفات إنسانية أو الجمادات ــ يتألف من سلسلة من الوقائع المتشابكة في حبكة حيث نجد التوتر والاسترخاء في إيقاعها التدريجي من أجل الإبقاء على يقظة القارئ ثم تكون النهاية مرضية من الناحية الجمالية»[141]، ولن أخوض في المقارنة بين خصائص القصة القصيرة والرواية، يكفي أن أشير إلى أن «الرواية هي حبكة مفتوحة أما القصة القصيرة فهي بناء مغلق»[142]، وعلى كل «فليست الرواية عبارة عن مجموعة من

القصص القصيرة كما أن هذا النوع الأخير ليس جزءاً من الرواية التي تنقسم إلى عدة فصول. ومن خلال كل فصل يستكمل القارئ ما يقع للأبطال»[143] .

1 – القصة القصيرة:

يلجأ الكاتب الروائي إلى توظيف البناء السردي القصصي القصير داخل المتن الروائي، فقد «أخذت الأنماط الروائية تنحو إلى التجريب، وغدا النص الروائي عامة فسيفساء من النصوص، إذ تعد نصاً مفتوحاً ومتضمناً لجنس القصة القصيرة، لهذا وجدت الرواية حاجتها فيها لتشييد معمارها الفني فاحتوتها في متنها»[144] لكن في الإطار العام لفن الرواية، حتى لا يتم تحويل الرواية إلى مجموعة قصصية، وذلك من خلال بعض التقاطعات بين القصص القصيرة المنفصلة في الرواية، حيث يوجد التقاء بينها وبين القصص الأخرى دائماً، كما فعل (خليل الجيزاوي) في رواية (سيرة بني صالح) حيث تتناول فصول الرواية شخصية من شخصيات أقارب الراوي أو أحداث وقعت له في هيئة أقرب لبناء القصة القصيرة، ويكسر حدتها وجود شخصية الراوي كمشارك في كثير من الأحداث مع بعض الحضور لشخصيات الفصول الأخرى في كل فصل في إطاره الحدثي، ويتناول الفصل الأول حكاية (الجدة)[145] والثاني (الجد)[146] والثالث (الأم)[147] والرابع (الأب)[148] والخامس (الأخت)[149] إلى نهاية الرواية، حيث يلتقط شخصية أو حدثاً ويبني حوله متخيله السردي في إطار قصة قصيرة لها بداية ووسط ونهاية.

ونجد تلك الظاهرة حاضرة في رواية (بروكلين هايتس) لـ(ميرال الطحاوي) لكن بشكل مختلف، وذلك عند ظهور أي شخصية جديدة على مسرح الأحداث، فيعود الراوي إلى تاريخ تلك الشخصية ويرويها بشيء من الاستفاضة، ثم لا ترجع الشخصية نفسها إلى بقية الأحداث مرة أخرى إلا بشكل خافت، وقد لا نراها مرة أخرى، مثل شخصيتي (نجيب الخليلي) وصديقه (ناراك الأرميني) فتتناول الرواية وضعهم الحالي في الولايات المتحدة وعن الأعمال التي عملوا فيها ومأساة الشعب الفلسطيني عندما قامت الحرب عندما كان (نجيب) طفلاً ورحيله إلى مصر وهجرته إلى أمريكا ومعه صديقه (ناراك)، وتظل الرواية تعرض لقصتهما في عدد كبير من الصفحات، وعند انقطاع السرد عنهما، لا يظهرا مرة أخرى إلا على نحو طفيف لا يؤثر في الأحداث[150].

ويحضر بناء القصة القصيرة في رواية (مزامير أفرُوديت) لـ(محمد عطوة) من خلال قصتي (مرضية)[151] و(حسانة)[152]، القصة الأولى تروى من خلال والد ووالدة الراوي وتعليقات الراوي وإخوته عن الفتاة (مرضية) التي ماتت عزباء وكانت شخصية جميلة ودائمة البر بأبيها لتصبح «مرضية حكاية أكبر من مجرد فتاة ريفية فضلت العنوسة، على قيد في معصمها اسمه رجل»[153]، والقصة الأخرى تتناول حكاية سيدة (بدوية) تتمتع بمهارات كبيرة أبرزها صناعة الأدوية الشعبية وتقديمها للناس دون مقابل واستطاعت أن تواجه عادات عائلتها القبلية وتقنعهم بالزواج من الشخص الذي يحبها، وظلت مخلصة للناس والمكان. وإذا تم نزع الحكايتين من

الرواية وتم وضعهما في مجموعة قصصية واحدة لن يشعر القارئ بأنهما منزوعتان من عمل روائي، أو أن بين القصتين علاقة غير أنهما تعرضان لنموذج السيدة القوية المخلصة صاحبة الإرادة.

ونجد الظاهرة نفسها في رواية (صاحب العالم)[154] للكاتب (أحمد صبري أبو الفتوح) وذلك عن طريق قصة يرويها (رزق مرزبة) لصديقه (عبد الحميد دهمش) تتناول شخصاً يدعى (حبفة) وعلاقته بشخصية أخرى تسمى (نـوال) وتأخذ تلك القصة مساحة ثلاث صفحات من الرواية تبدأ بالتعريف بالشخصيات والتمهيد للأحداث، ثم تصاعدها فتأزمها وحلها[155]، والجامع بين القصة القصيرة المضمنة في الرواية وباقي الرواية «أن حبفة، المجرد حبفة هذا، آمن بقدرته على أن ينجو»[156] كما قال (رزق مرزبة) راوي القصة، كذلك فإن باستطاعة (عبد الحميد دهمش) النجاة ممن يطاردونه إذا آمن بقدرته.

وفي رواية (بريد الليل)[157] لـ(هدى بركات) يقوم الحكي في الجزء الأول من الرواية على مجموعة من الرسائل المبتورة غير المتصلة وتمثل كل رسالة قصة قصيرة منفصلة بشخصيات وعوالم مختلفة وتعرض جميع الرسائل من خلال «وجهة نظر الرواة واستخدامهم (ضمير المتكلم) الإيهامي لإقناع المتلقي بواقعية الأحداث التي مروا بها والصادرة عن ذاكرتهم»[158] وعند انتهاء الرسالة تأتي رسالة أخرى بشخصية جديدة، لكنها تشير إلى حصولها على الرسالة السابقة والتي لم تصل للشخص الذي وجهت إليه، بل تصير الرسالة السابقة سبباً لكتابة الرسالة اللاحقة عليها «فتؤدي ((السببية)) إلى زيادة (الإيهام بالحقيقة)، أي بتدعيم وظيفتها الجمالية، بإضفاء صفة

الواقعية على تعليل الأحداث في الرواية»[159] وفي القسم الثاني تأتي الشخصيات التي لم تصل إليها الرسالة، أو كانت مشتركة في أحداث بعض الرسائل لتعرض رأيها في الأحداث من منظورها، ثم تختم الرواية بحكاية (موت البوسطجي) والتي تعد قصة قصيرة قائمة بذاتها منفصلة عن مجمل أحداث الرواية – التي جاءت منفصلة ومتشعبة أيضاً – وتبدأ أحداث القصة بحديث البوسطجي عن عمله في شبابه:

«كانوا يخرجون من البيوت ويقفون عند العتبات حين يسمعون رنين الدراجة ترين ترين ترين... ويرفعون أيديهم بالسؤال من بعيد، أهالي المغتربين، والعشاق من العرسان الجدد، أعني العرائس اللواتي بقين في البيوت بعد سفر العرسان»[160].

إن الراوي يرسم مشهده المهيب الذي يترقب انتظاره وتتطلع إليه الأنظار بمجرد سماع رنين جرس الدرجة، فيتطلع سكان كل منطقة يمر من خلالها إلى وجود أمل يطمئنهم على حبيب غائب في زمن لم تكن فيه وسائل الاتصال الحديثة موجودة، ويستمر الراوي في عرض مشاهد الماضي من قراءة الرسائل لمن لا يحسنون القراءة حتى ظهرت وسائل التواصل مع الإنترنت، وأخذت في التصاعد شيئاً فشيئاً ودخلت البلاد في أزمات وحروب ونقل (البوسطجي) إلى مكتب البريد، يقول (البوسطجي): «صرت موظفاً في مكتب البريد، لا يجول ولا يوزع شيئاً»[161]، ثم يعرض (البوسطجي) مأساته ووحدته ومن ثم يكتب رسالته الخاصة ربما تقرأ يوماً:

«الآن أكتب رسالتي إلى من قد يأتي إلى هنا، وأضعها على بينة واضحة للعيان قرب فهري الرسائل...

فقد أموت قبل أن يصل أحد إلى هذا المركز.

من يدري؟»⁽¹⁶²⁾ .

وتنتهي القصة ومعها الرواية كلها دون أن نعرف هل عثر أحد على رسالة (البوسطجي) التي كتب فيها ملخصاً لحياته أم لا، ويفسر استقرار (البوسطجي) في مكتب البريد علة عدم وصول الرسائل لمن أرسلت إليهم ووقوعها بين يدي أشخاص ما كان ينبغي أن تقع تلك الرسائل في أيديهم.

2 - القصة القصيرة جداً:

تعتمد القصة القصيرة جداً شعرية المبالغة في التكثيف حتى «إن نص القصة القصيرة جداً المثالي ينبغي أن يكون في حدود خمسين كلمة. ومن ثَمّ فإن أي حجم هو مبرر ومشروع وغير قابل للمصادرة ما دام يقل عن ثلاثمئة كلمة في تصورنا غير المثالي للسقف الأعلى الذي يصل إليه حجم القصص القصيرة جداً. ومع تحديد الحجم لا نزعم أيضاً بأن القصة القصيرة جداً قد أصبحت معرفة تعريفاً جامعاً مانعاً، وإن كان الحجم ضرورياً في تعريفها أو تحديد مفهومها من الناحية الشكلية؛ لأن هذا الفن يحتاج إلى قيم جمالية وإنشائية أخرى، تفضي به إلى أن يكون قصة قصيرة جداً ذات مستويات محددة في عناصرها السردية أو في اللغة المكثفة المشحونة بالرؤى والدلالات المتشكلة في متنها، إضافة إلى سلامة اللغة والتراكيب؛ لأن هذه القصة لا تحتمل الترهل والركاكة والإنشائية المسطحة»⁽¹⁶³⁾، ومن ثَمّ

فقد لجأت القصة القصيرة جداً إلى توظيف «تقنية التشظي، وتشغيل الاسترجاع والإكثار من نقط الحذف، وتسريع الزمن، وانتقاء الأوصاف، والميل الاختزال والتكثيف والاقتصاد، وتخييب أفق الانتظار، وخلخلة السرد، وتنويع الرؤى السردية، وتشذير السرد، والاستفادة من الفانطاستيك والشاعرية، والأسطورة، والرمز»[164]، لتصبح القصة القصيرة جداً نصاً ثرياً متفجراً بالتقنيات والدلالات.

وقد استعانت الرواية العربية الجديدة ببناء القصة القصيرة جداً وتوظيفها في متنها، ويمكن التدليل على ذلك من خلال رواية (زمن التراجعات) التي تنقسم إلى أربعة أقسام يحتوي كل قسم على عدد كبير من المقاطع ـ باستثناء القسم الثالث لأنه يحتوي على فصلين، كل فصل يشتمل على العديد من المقاطع ـ بعضها يكمل الأحداث والحكايات التي تدور حول الشخصيات وبعض المقاطع وصفية خالصة، أو حوار بين شخصيتين، أو رسالة من شخصية إلى أخرى، أو خاطرة، أو قصة قصيرة جداً، وسنقف عند قصتين قصيرتين جداً في الرواية وذلك لتباينهما؛ فالأولى تعتمد على السرد الذاتي، أما الأخرى يكون السرد الغيري هو الإطار الحاكم لها، القصة القصيرة جداً الأولى هي المقطع الثامن من الفصل الأول من القسم الثالث، وتقع في ثماني وتسعين كلمة، وتحكي عن تمثال من عصر الحضارة وجد ذاته في عصر لا ينتمي إليه، ويقوم التمثال بدور الراوي الذاتي الذي يتناول حكايته الخاصة:

«لأن الغد سوف يكون للحق، فقد سمعت الصوت، وأدركت من أنا، نظرت إلى الصخرة المتكومة على هيئة كهل أشهب وعرفت

نفسي، تمثالاً عند بوابة المعبد القديم وجاء مخلوق من البشر الفانين، متورم الساقين، جاء متثاقلاً وجلس يستريح فوق كاهلي، شممت رائحة العفن، ورأيت أن العفن يتصاعد من القدمين إلى الأعلى، وكان هذا المخلوق يصرخ ولا من مجيب. بعد زمان، سمعت الصوت يقول لي ((ها قد انقضت ألف عام وجاء زمان أوبتك إلى أرض الفناء)).

ورأيت نفسي أسير بين الناس، رجلاً ضالاً من أهل الكهف، ورأيت غلاماً ينظر نحوي متملياً، ما لبث أن هتف: ((هذا الرجل من العصر الحجري))[165].

فهذه القصة تنفصل عن مجمل أحداث الرواية، ونجد أنها تحمل في داخلها عناصر القصة القصيرة جداً من حيث التكثيف وسرعة الإيقاع الزمني، كما أنها مكتملة الشروط السردية التي تؤسس لنص متكامل، فنجد الآتي:

1 – الراوي الذاتي المتمثل في التمثال الذي تحول إلى رجل.

2 – الاستباق (لأن الغد سوف يكون للحق)

3 – الحذف الزمني (بعد زمان، ها قد انقضت ألف عام)

4 – الشخصيات (الراوي، المخلوق البشري الفاني، صاحب الصوت، الغلام)

5 – المكان (بوابة المعبد القديم)

6 – الحدث المتصاعد الذي يبدأ من إدراك التمثال لطبيعته، ثم

الرجل المتعب الذي جلس فوق كاهله، ثم تطور الحدث من خلال وجود الصوت وتحول التمثال إلى رجل ينكره الناس من خلال صوت الطفل.

إن العفن المتصاعد من المخلوق البشري ليس لكونه قد تعفن، بل لأنه يصرخ من الألم الناتج عن تورم الساقين ويمتد إلى باقي الجسد، بل لأنه لا يجد المنقذ الذي يخلصه من آلامه، كأن العفن تسرب إلى مروءة البشر، إن هذا التمثال القادم من عصر الحضارة، عندما تحول إلى بشري في عصر المادة، نظر إليه كإنسان بدائي لم يستطع أن يجاري حركة الحياة، لقد جاء في زمن ليس له، ولن يستطيع أن يستجلب حضارة الماضي التليد، فخاتمة القصة تنفي الفعل الاستباقي الذي ورد بمطلعها، فالغد لم يكن للحق والخير والجمال، فلم يجد الراوي ما توقعه عندما دبت فيه الحياة.

إن تلك القصة القصيرة جداً تعبر عن شخصيات نبيلة داخل المتن الروائي، تكافح لأجل حياة أفضل، أو تتمسك بقيم نبيلة لم يعد لها تقدير، فتلك الشخصيات أصبحت في زمن آخر لا يناسبها، كما أن تلك القصة تتفق وعنوان الرواية، فقد حدثت في تلك القصة تراجعات ترتد إلى زمن ما قبل التاريخ.

أما القصة القصيرة جداً التالية فقد جاءت من خلال المقطع الذي حمل الرقم واحد وثلاثين من القسم الرابع، وتتوسط تلك القصة الحديث عن حادث إرهابي إجرامي وقع لإحدى الأسر راح ضحيته أربعة عشر من أبناء وأحفاد رجل عجوز وهم «عائدون من حقولهم

مع ماشيتهم»[166] وتتناول مقاطع الرواية في ذلك القسم الحادث وأسبابه وتداعياته إلى أن يقطع تلك الأحداث القصة القصيرة جداً، والتي تتخذ من السارد الموضوعي الخارجي غيري القصة راوياً لها:

«رآه، أول من رآه، صبي يرعى الماعز خارج القرية، بجسم هائل محترق كأنه خارج بتوه من محرقة. يجاهد أن يخفي ذيله بين قدميه.

حين رآه استجاب لنداء خفي بالهرب، لكنه استدار، وامتلأ بالغضب، انحنى والتقط بعض الحصي ورماه بها، فسقطت الحصي في الفراغ، اندفع نحوه كالقذيفة مطلقاً صيحة الحرب، لكن جسمه اخترق الهواء ودار حول نفسه كالزوبعة. رآه لدهشته، ينكمش ويتضاءل ويستحيل إلى تيس جبلي يطلق سيقانه للريح، ويختفي في دوامة الغبار»[167].

فالقصة متكاملة من حيث اجتماع عناصر القصة القصيرة جداً والحدث التام من بدايته عندما رأى الصبي ذلك الشيء الذي لا يُعرف ما هو، ثم هم الصبي بالهروب لكنه اختار المواجهة مع ذلك الشيء الذي تحول إلى تيس جبلي واختفى، فالقصة غير مفهومة وكأنها دخيلة على الأحداث التي تدور حول فجيعة تلك الأسرة التي وقع لها الحادث الإرهابي، وبمحاولة فك الإشارات البسيطة يمكن التوصل إلى أن الصبي الذي يرعى الماعز يشير إلى السلم والتطلع إلى الحياة والرفق بالآخرين، وهذا الكائن المخيف الذي خرج من المحرقة يرمز إلى الإرهاب وتهديد حياة الآخرين المسالمين، ومن ثم يكون السبيل هو المواجهة بديلاً عن الهروب.

لقد أدى حضور القصة القصيرة جداً والقصة القصيرة في الرواية العربية إلى تشظي السرد وتفككه وانشطاره وتبعثره، من خلال التقاطعات الحكائية والقصص المنفردة داخل الرواية الأم، ورغم ذلك توجد روابط بين تلك القصص ومجمل أحداث الرواية، تتحقق من خلال الفعل التأويلي للقارئ.

المبحث الخامس:

استدعاء الحالة المسرحية
وإرشادات الحوار الدرامي
في الرواية العربية الجديدة

يمكننا أن نتتبع التداخل بين فني المسرح والرواية من خلال التداخل الفني عن طريق استدعاء الحالة المسرحية وتوظيفها في المتن الروائي، والتداخل النوعي عن طريق توظيف إرشادات الحوار المسرحي.

1 – الحالة المسرحية:

أقصد بالحالة المسرحية توظيف الروائي للطبيعة المسرحية داخل المتن الروائي، مثل وجود خشبة المسرح وما تشمله من ديكورات إضافة إلى السينوغرافيا مع جود المخرج والممثلين ومحاولة أداء العرض المسرحي أو التدرب عليه، كأن القارئ يشاهد مسرحاً داخل الرواية[168]، وقد وظفت (مريم العجمي) في روايتها (صورة مريم) تلك الحالة المسرحية من خلال شخصية (اختصاصية المسرح) وطالبات المدرسة، حيث تقوم (الاختصاصية) بعدة أدور منها التدريب والإخراج والتمثيل بمهارة:

«كنا متحمسات وهي تقرأ المسرحية بالكامل، قبل أن توزع الأدوار علينا، تلون صوتها حسب كل شخصية فتكونها؛ تنتقل من القسوة إلى الرحمة، من الظالم إلى المظلوم، تضحك، تبكي، تسخر،

تتعذب، تتآمر، تتساءل، تنتقل من الملاك إلى الشيطان في لمح البصر، كم من شخص يسكن هذا الصوت؟

تحوطنا الدهشة أنا والزميلات، نصفق لها في النهاية، لا أحد يعرف كيف يجاريها في التمثيل بعد أن توزع علينا الأدوار، تصعد معنا إلى المسرح الخشبي المكون من اثني عشر مكعباً متراصين، تكرر قراءة كل دور في المسرحية مع من سيقوم به. بمجرد أن تؤدي دوري أحفظه، تفخر بي، تمنحني الثقة لأدرب معها البنات في حصص الاحتياطي، وبعد أن نحفظ الحوار وأداء الصوت كما يجب، تبدأ في ضبط الحركة على خشبة المسرح، تسميها مرحلة نفخ الروح في المسرحية، ثم تقسم لنا الخشبة إلى تسع مناطق بين القوة والضعف، وتعمل على أن يكون المسرح كله منطقة قوة تأمرنا بالنزول، تنفرد بالمنصة، تشير لي أن أسدل الستائر، يصير المكان شبه مظلم» [169].

فاختصاصية المسرح تؤدي دورها على أتم وجه وتنسجم مع عملها، الذي يحدث مفعول السحر على الفتيات بما تمتلكه من قدرة على اختراق ذوات المتلقين والتأثير عليها، وتستطيع إقناع من أمامها بامتلاك طبائع الخير والشر في آن واحد واستطاعة التنقل بينهما دون أن يشعر المشاهد بفارق هذا التنقل، كأنها عدة شخصيات متلبسة في شخصية واحدة، وتقوم كذلك بتدريب تلميذاتها على الأداء المسرحي، من خلال القيام أولاً بجميع الأدوار اللائي سيقمن بتأديتها، بل وتعرف كيف تمنح القيادة لإحدى تلميذاتها وتقنعها بذلك كي تساعدها في التدريب معها، كما أنها خبيرة بكل ما يتعلق بالمسرح بإدراكها لمناطق القوة على سطح الخشبة وتعرف كيف تنفخ الروح في المسرح وتبعثه حياً.

إن شخصية اختصاصية المسرح تشير إلى وجود المواهب الكبيرة التي تمتلك مهارات لا محدودة، فتلك الشخصية التي لا يعرفها الكثيرون إلا في نطاقها الجغرافي الضيق، رغم امتلاكها طاقة إبداعية هائلة، يوجد مثلها الكثير من المبدعين والفنانين الذين لا يعرف عنهم أو يحاول اكتشافهم أحد.

لقد استدعت (مريم العجمي) الحالة المسرحية داخل الرواية من خلال مستويات متعددة ما جعلها تؤسس لوجود المسرح داخل الرواية، ليس بوجود الحوار المسرحي، وإنما بتجسيد العرض ذاته.

2 – إرشادات الحوار المسرحي الدرامي:

تحتل «الإرشادات المسرحية أهمية بارزة في النص الدرامي فمن خلالها نستطيع التمييز بين النص الدرامي والنص الروائي، لأنها تعتبر خطاباً موجهاً للعرض بالدرجة الأولى وسمة تميزه عن النص الروائي»[170]، وفي الرواية العربية الجديدة يتماس الحوار الروائي مع الحوار المسرحي من خلال وجود بعض الإرشادات المتعلقة بوصف أفعال الشخصيات من خلال وجود راوٍ خارجي، يعرض لمتلفظ مقول قول الشخصية على لسانها، ويتولى هو عملية الإرشاد المسرحي، واصفاً أفعالها ومشاعرها، «فالراوي الخارجي يعتمد في الفصل بين أجزاء الحوار نفسه على ما يعتمد عليه مبدعو المسرح ويسمونه بالإرشادات المسرحية؛ وذلك عبر استخدام تقنية المقاطعة أو التقطيع الحواري بين ثنايا حوار»[171] الشخصيات، من ذلك ما جاء في رواية (تغريبة القافر) لـ(زهران القاسمي) من خلال حوار ثلاثي جمع (سالم وسلام ومحسن):

«فلما نظر سالم بن عبد الله نظرة استفهام، ابتسم له، ثم سأل الضيف:

– هذا لو اشتغل سالم الفلج وطلع الماي، لكن لو ما طلع شي؟

أجاب محسن بن سيف وهو يمسح شيئاً ظن أنه عالق في وجهه:

– له عن كل يوم أجرة قرشين ونص.

أعجب الوعري بدقة الرجل وسرعته في تحويل الأمر لصالحه، ثم سأل القافر ضيفه:

– لو نزلت وطاح الفلج، ايش يستوي؟

دهش محسن بن سيف من هذا الاحتمال الغريب

– ليش يطيح فيك الفلج؟ ليش تقدم الشر على الخير؟

كان القافر يجلس منكساً رأسه فرفعه ونظر في وجه ضيفه:

– كل شيء يستوي وفي غمضة عين.

عندئذٍ أجاب الرجل وقد حول نظره ناحية الوعري:

– كل فلوسك توصل لزوجتك، وأموالك تبقى لها»⁽¹⁷²⁾ .

إن كل شخصية تحاول أن تقنع الشخصية الأخرى بما يخدم مصالحها، حتى يتم الوصول لحل مرضٍ لجميع الأطراف يتحقق منه الهدف المنشود وكان للإرشادات المسرحية المتعلقة بوصف مشاعر وأفعال الشخصيات دورها في إتمام عملية الحوار، ويأتي

هذا النمط من الحوار المصحوب بالإرشادات المسرحية في رواية (بروكلين هايتس) من خلال تحدث (هند) مع البائعة (إيميليا) التي تحاول إقناعها بشراء بعض بضائعها:

«‎ ــ ابنك عمره كم سنة؟

ــ ثماني سنوات.

تسحب إميليا الكوبونات لتردها إلى حقيبتها:

ــ طيب. خذي هذه ستحتاجينها.

تهز رأسها نافية

ــ أنت ما زلت صغيرة، وتحتاجين هذه الأشياء.

تؤكد لها نافية.

ــ لم أعد أحتاجها منذ سنوات.

ــ أنت ما زلت صغيرة، إنها تعود بعد فترة.

لكنها غادرتني منذ سنوات.

تهز إميليا رأسها تفهماً»[173].

ويحضر في الرواية ذاتها هذا النوع من الحوار في المشهد التالي بين هند وعبدول:

«‎ ــ هل أنت من الوكالة أيضاً؟

تبتسم وهي تهز رأسها. فيكمل:

- عربية؟

تهز رأسها موافقة.

- عراقية؟

تهز رأسها نافية

- آه. فلسطينية، أليس ذلك؟

تهز رأسها نافية.

تجيبه بحذر من يريد أن ينهي حواراً قبل أن يبدأ:

- أنا مصرية»[174].

إن الإيماءات الصادرة عن (هند) والتي تم وصفها من خلال الإرشادات المسرحية بعد كل تلفظ حواري من (عبدول) قد أدت دورها في تصاعد الحوار بين الشخصيتين حتى وإن لم تنطق هند إلا بعد مرور وقت من الحوار، فصارت الإماءة بديلاً عن الكلمة ومحفزاً للآخر للاستمرار في طرح أسئلته.

ويلاحظ على الإرشادات المسرحية وبخاصة في رواية (تغريبة القافر) الطول النسبي، وليست موجزة كما في النص المسرحي، ولم توضع بين أقواس، لأن طبيعة النص الروائي تقتضي ذلك، لكن هذه الإرشادات، تؤدي دورها في هذه المقاطع الروائية كما تؤدي دورها في النص المسرحي وعلى خشبة المسرح، وبالتالي يمكن تحقيق هذه المشاهد الروائية مسرحياً.

المبحث السادس:

توظيف تقنية الكولاج
في الرواية العربية الجديدة

استطاعت الرواية الجديدة أن تستثمر تقنية الكولاج[175] في بناء عناصرها الفنية و«يشير المصطلح الفرنسي (الكولاج) إلى ذلك النوع من الفن التصويري الذي يشير إلى عمل فني يتكون من عناصر متعددة تم تجميعها لإنشاء عمل كلي جماعي، ظهر هذا الفن كنوع من الفن التجريدي في بدايات القرن العشرين وتم تسميته من قبل الفنان (هودج براك) الفرنسي و(بابلو بيكاسو) الإسباني ويتم فيه ترتيب قطع الورق والصور والنسيج وتثبيتها على سطح داعم من الورق أو القماش»[176] فالكولاج «من الأساليب الفنية التي اهتمت بالتعامل مع الوسائط الفنية المختلفة، وبالتجميع والتوليف بين العديد من الخامات والوسائط، لما له من أهمية في إثراء العمل الفني بالعديد من القيم الجمالية والتشكيلية لتضمنه مختلف عناصر التشكيل الفني من خط ولون وملمس ومساحة وشكل، وأرضية تميزه بالحيوية وتلقائية التعبير»[177]. يتضح إذن أن «الكولاج» هو لصق المواد المختلفة والمتباينة في طبيعتها لتشكيل عمل جمالي، وهذا يمكن تصوره في الفن التشكيلي، لكن كيف يتحقق مع فن قائم على اللغة مثل الرواية؟

وللإجابة عن هذا السؤال يمكن أن نستعين بتحليل الدكتور صلاح فضل للرواية (ذات) لـ (صنع الله إبراهيم) حيث يقول: «تقتصر

الكتب على لون خاص من السرد الذي يعتمد على نظام ترتيب الجمل المتوالية، والأفعال المتراصة مثل قطع النرد لإنتاج المعنى المقصود. وهو هنا يزاوج بترتيب صارم بين وحدات السرد القصصي ووحدات التوثيق الصحفي بتقنية تشكيلية وسينمائية محدثة، يمكن أن نسميها ((الكولاج)) الذي يعتمد على إعادة تصميم المزق الخشنة لتدخل في تكوين جمالي جديد؛ حيث يتم ما علق بمصدرها من بقايا الاستعمال الأول وتوظيفها في السياق الكلي الجديد»[178]. يتضح من تحليل الدكتور صلاح فضل أن الكولاج يمكن أن يوجد في الرواية من خلال السرد التجميعي من عناصر فنية سردية مختلفة تؤدي دوراً حكائياً ومن خلالها يصل العمل الروائي إلى حالة التكامل الفني والدلالي.

يمكن أن تستغل الرواية أي عنصر يحمل في طياته خبراً سردياً وتدمجه من خلال تقنية الكولاج في بنية النص، بل يمتد الكولاج لتضمين الأعمال السردية غير اللغوية في الرواية، فالسرد لا يتعلق بالأعمال اللغوية الأدبية فقط، يقول رولان بارت Roland Barthes: «كثيرة هي سرديات العالم إنها تنوع خارق لأنواع»[179]، ويضيف «إنها نوعية من الأجناس معجزة. وتتوزع هذه الأجناس على مواد مختلفة فيما بينها. وقد يتراءى لنا أن كل مادة هي صالحة للإنسان لكي يعهد إليها بقصصه. ويمكن للقصة أن تعتمد على اللغة المفصلية، شفوية أو مكتوبة. ويمكنها أن تعتمد على الصورة، ثابتة أو متحركة، وعلى الاختلاط المنظم لكل هذه المواد. وإنها لحاضرة في الأسطورة، والخرافة وحكايا الحيوان، والحكاية، والقصة القصيرة، والملحمة، والتاريخ، والتراجيديا، والمأساة، والكوميديا، والمسرح

الإيمائي، والصورة الملونة. وإنها لحاضرة أيضاً في كل واجهة عرض زجاجية، وفي دار الخيالة، وفي المسرحيات الهزلية، وفي المنوعات، وفي المحادثة. وإن القصة لحاضرة بكل هذه الأشكال غير المتناهية تقريباً، في كل الأزمنة، وفي كل الأمكنة، وفي كل المجتمعات. وإنها لتبدأ مع التاريخ الإنساني نفسه»[180]، ويستطيع الكولاج الروائي أن يدمج كل هذه السرديات المتباينة في تكوينها، فقد «ارتكز الكولاج في النصوص السردية على إقحام مقتطفات من نصوص أخرى متنوعة كالرسائل والمقالات الصحافية والنصوص العلمية والتاريخية واليوميات والإعلانات وعناوين الأخبار، إضافة إلى الصور والرسوم البيانية والخرائط والجدول والنوتات الموسيقية والوصفات الطبية»[181] في العمل الروائي دون أن يشعر القارئ بغرابة، بل يلحظ تميز العمل الروائي، وهذا يرجع إلى مهارة المؤلف وقدرته الفنية «فنظراً إلى صعوبة استخدام هذا الأسلوب السردي، لم يلجأ إليه إلا الروائيون العبقريون الذين لهم قدرة فائقة على تسجيل مميزات وتفاصيل الأشياء»[182] وتحويلها إلى عمل إبداعي متكامل.

1 – الكولاج في نص من «أثر عنايات الزيات»[183]

أولاً – محاولة التصنيف النوعي للنص:

قبل تناول أشكل وتقنيات الكولاج في النص على الباحث أن يُثبت أولاً أن النص من جنس الرواية؛ فالنص ينتمي لمرحلة ما بعد الحداثة باعتماده على معارضة نظرية النوع وانتفاء انتمائه لنوع أدبي بعينه؛ لأن النص لم يصنف من قبل المؤلفة أو الناشر، فالناشر يصرح بأن

النص ينتمي إلى سلسلة بلا ضفاف و«تعنى بنشر التجارب الأدبية الخارجة عن التصنيفات المتعارف عليها من قصة ورواية وشعر ومقال، ستكون السلسلة بيتاً للنصوص التي يحار الناشرون عادة في تصنيفها وبالتالي في الترويج لها»[184]، الناشر إذن ينفي صفة التصنيف النوعي للعمل، أما الكاتبة فتنفي عن نفسها القيام بكتابة رواية سيرة ذاتية عن (عنايات الزيات) «لأن تتبع أثر شخص يختلف عن كتابة قصة حياة هذا الشخص»[185]، فإذا كان الناشر ومعه المؤلفة لم يصنفا العمل كرواية، فعلى الباحث سوق أدلة تثبت روائية النص قبل أن يشرع في تناول أي من تقنيات العمل وسأسعى لإثبات ذلك من كلام المؤلفة والناشر وواقع النص.

تشير المؤلفة إلى أن «تتبع الأثر لا يعني ملء كل الفجوات، ولا يعني البحث عن كل الحقيقة من أجل توثيقها، إنه رحلة تجاه شخص لا يستطيع الكلام عن نفسه، حوار معه، ولا يمكن إلا أن يكون من طرف واحد»[186]، وهذا سيلجئ الكاتبة إلى صناعة أحداث متخيلة عن الشخصية التي تتبع أثرها وأن تقيم حواراً من طرفها فقط، وأن ثمة فجوات ستظل دون ملء وليست المؤلفة معنية بكل الحقيقة وتوثيقها، وهذا يفتح باب الخيال الحكائي ليشكل من حياة الشخصية المتبع أثرها وما أعملت فيه المؤلفة خيالها عملاً يقترب من العمل الروائي، لكن إلى الآن ليس لدينا رواية، ومن ثم سيلجأ الباحث إلى كلام الناشر الذي يقول على ظهر الغلاف الخلفي بأن المؤلفة كتبت من خلال «سرد يمزج الاستقصاء بالتقنيات الروائية»[187] فهنا يحضر السرد وهو العنصر الأصيل الذي تقوم عليه الرواية، وتحضر التقنيات الروائية،

ويستشف من ذلك أن الإطار الشكلي للرواية سيكون حاضراً، بقي أن يُثبت ذلك من خلال واقع النص ذاته، النص يسعى لتتبع حياة الكاتبة (عنايات الزيات) والبحث في أسباب انتحارها وعلاقتها بمن حولها، لكن النص ينطلق من هذه القصة المركزية إلى قصص أخرى تتعلق بحكايات سبقت مولد (عنايات الزيات) نفسها وحكايات أخرى بعد انتحارها، إضافة إلى صور من حياة المؤلفة خلال عملية البحث عن (أثر عنايات الزيات) وكذلك ارتدادات للماضي تتناول مواقف مختلفة من حياة المؤلفة، إذن نحن أمام ثلاثة مسارات سردية أساسية يطرحها النص، مسار (عنايات الزيات) ومسار المؤلفة (إيمان مرسال) نفسها ومسار عن حكايات تتناول شخصيات أخرى، وهي مسارات واقعية حقيقية ويتفرع عن هذه المسارات بعض الخطوط الفرعية التي حيكت من خيال المؤلفة كأن تفترض المؤلفة حواراً بين (عنايات) وبين بعض الشخصيات أو تخترع حكاية لم تحدث مثل مخاطبة المؤلفة للكاتبات الرائدات في الثقافة العربية بهذا الخطاب: «أخمن أن بعضكن جززن شعرهن مرة على الأقل: تعالوا نتخيل: جدتنا التيمورية التي نادت بالحجاب حتى موتها فعلت ذلك بالتأكيد بعد موت ابنتها الوحيدة. وردة اليازجي فعلته عندما سمعت شائعة أن والدها وأخويها يكتبون لها قصائدها. ملك حفني ناصف فعلت ذلك كل مرة دُهس فيها كبرياؤها»[188] بل يصل خيال المؤلفة (الراوية) إلى جعل الكاتبات يكتبن ما لم يكتب من خلال افتراض أنطولوجيا تتناول ظاهرة جز الشعور عند الكاتبات: «تبدأ الأنطولوجيا بمشهد التيمورية وبيدها المقص، ثم وردة اليازجي وملك حفني ناصف أمام المرآة ثم ما كتبته الآنسة مي عن الثلاثة في تتبعها لحياتهن، ثم نصوص مي

نفسها عن جزءها لشعرها ثم ما كتبته وداد سكاكيني وصافيناز كاظم وسلمى الحفار الكزبري عن جز ميّ لشعرها وهكذا»[189].

وتعمل الكاتبة خيالها في كثير من مراحل النص إضافة إلى الحكايات المتوازية من جهة أخرى، ما يشكل من مجموع ذلك متخيلاً سردياً بديعاً.

إن نص (في أثر عنايات الزيات) يعد رواية ما بعد حداثية بامتياز دون أن يُصرح بذلك، إنه يتبع فلسفة ما بعد الحداثة التي تتمرد على الأطر والأنساق والقوالب، لنجد أننا أمام نص يتشظى في الزمان ويكسر نمط السرد التقليدي؛ ليصبح مجموعة من الحكايات المتجاورة والمتنامية في الآن نفسه لنعرف من خلالها مآسي الأديبات وما يتعرضن له من قهر قد يفضي إلى الموت. ونجد تقنيات السرد الروائي الما بعد حداثي حاضرة بقوة في متن الرواية ومن تلك التقنيات تقنية الكولاج.

ثانياً ــ الكولاج باستخدام الخبر والمقال الصحفي:

تلجأ المؤلفة والتي تقوم بدور الراوي أيضاً إلى توظيف تقنية الكولاج باستخدام الخبر الصحفي في أول الرواية عند ذهابها إلى مقبرة (عنايات الزيات) «توكلت على الله في الثامنة صباح الخميس 19 فبراير 2015م، وأخذت تاكسي إلى البساتين، ليس معي إلا العنوان المكتوب في جريدة الأهرام في يناير 1967؛ (ذكرى المرحومة عنايات الزيات... بقلوب عامرة بالصبر والإيمان تحيي الأسرة

ذكراها اليوم التي لا تنسى بمدفن المرحوم رشيد باشا بالعفيفي). ما زال هناك ما يُزعجني في صياغة هذه السطور، تمنيت لو كنت هناك لأحررها هكذا تحيي الأسرة ذكراها التي لا تنسى، اليوم، بمدفن رشيد باشا بالعفيفي»[190].

وتـورد المؤلفة بعد ذلك قصاصة من الجريدة تحمل صورة (عنايات الزيات) والخبر المكتوب حول إحياء ذكراها، كما يظهر في الشكل الآتي:

(شكل7)

إن السرد هنا يبدأ بحدث تحرك الراوية إلى المقابر ثم ينتقل إلى القصاصة التي تحمل خبراً صحفياً يرتد بالسرد إلى ما يقترب من نصف قرن، وتظهر الراوية/ المؤلفة قدرتها اللغوية في إعادة صياغة الخبر على نحو صحيح؛ لأن (عنايات الزيات) ـ وهي الأديبة المبدعة ـ تستحق أن يكتب أي خبر عنها بأسلوب صحيح.

أما المقال الصحفي فيتجلى في العديد من المقالات التي كتبت من قبل نقاد وصحفيين عن (عنايات الزيات) أو لقاءات صحفية مع (نادية لطفي) صديقتها للحديث حولها وسأشير إلى ذلك على نحو موجز:

تقول الراوية: «في 18 مارس 1967، كتب أنيس منصور مقالة في جريدة الأخبار القاهرية بعنوان «ولكن صدر كتابها بعد وفاتها بسنوات» تبدأ المقالة هكذا «كانت تعرض علينا إنتاجها الأدبي المتواضع»»[191]، وتقول عن أنيس منصور أيضاً: «في 2006 كتب مقالة في جريدة الشرق الأوسط، عنوانها «الصمت والحب»: يا ولداه يحكي فيها أنه رأى عنايات للمرة الأولى مع النجمة الجديدة نادية لطفي في بيت السيدة وجدان البربري صاحبة أكبر مزرعة خيول في مصر»[192] وتروي عن منصور أيضاً «في 2010، أضاف في عموده مواقف بجريدة الأهرام معلومتين جديدتين»[193].

وتقول الراوية كذلك «في 21 أبريل 1967، نشرت مجلة المصور مقالة قصيرة لمحمود أمين العالم عنوانها «ماتت وهي تُعلن انتصار الحياة» يبدؤها العالم بأن التعبير الأدبي للمرأة، هو أنضج معاركها من أجل الحرية»[194]، وكعادة المؤلفة في التوثيق تقوم بإثبات بيانات المقالة في الهوامش على ذلك النحو: «محمود أمين العالم «ماتت وهي تعلن انتصار الحياة» مجلة المصور، القاهرة، 21 أبريل 1967، العدد 2219، وقد أعيد نشر المقالة بدون ذكر تاريخ ظهورها الأول في كتابه «أربعون عاماً من النقد التطبيقي البنية والدلالة في القصة والرواية العربية المعاصرة، دار المستقبل العربي، القاهرة، ط1، 1994 ص456 – 458»»[195].

ويلاحظ من خلال ذلك تتبع الكاتبة لمقالات الكاتب الواحد عن (عنايات الزيات) على نحو تاريخي كما فعلت مع (أنيس منصور) أو ورود المقال الواحد في مرجعين مختلفين وبتتبع تاريخي أيضاً، كما فعلت مع (محمود أمين العالم) مع التوثيق الكامل للمقالات ما يؤسس لثنائية المتن والهامش في العمل، ولم تكتفِ المؤلفة بعرض المقالات فقط بل قامت بتحليلها ومناقشاتها بل ودحض بعض الأقوال الواردة فيها أيضاً.

ثالثاً ـ الكولاج من خلال عرض مرسومات القوانين:

يأتي الكولاج في الرواية على هيئة نصوص قانونية أو مشروع قانون يتخلل المتن الحكائي فنجد الآتي: «نص قانون 270 لسنة بتاريخ 10 نوفمبر، على إنشاء وزارة للإرشاد القومي» [196] أو نجد مجموعة قرارات تدور حول مؤسسة واحدة:

«صدر قرار من الخديوي توفيق بإنشاء مصلحة التأربع عمومي في 9 فبراير 1879 وكانت تتبع نظارة المالية وفي 23 فبراير 1887 تحولت مصلحة التأربع من نظارة المالية إلى نظارة الأشغال، واستمر الاهتمام بعمل المساحة حتى انعقد اجتماع مجلس النظار، وقرر إنشاء مصلحة عموم المساحة بالقرار الصادر في 16 يونيو 1898» [197].

وقد ترجع المؤلفة إلى الجريدة الرسمية لتعرض من خلالها نص القانون وتفاصيله، تقول: «في العدد 27 من الوقائع المصرية، بتاريخ 25 مارس 1929: أي قبل ولادة عنايات بسبع سنوات إلا يومين،

نشرت الجريدة مرسوم قانون 25 لسنة 1929 والذي يحدد بعض أحكام الأحوال الشخصية مثل الطلاق، والنفقة والعدة، وحضانة الأطفال، ودعوى النسب. ينتهي المرسوم بديباجة أنه بأمر حضرة صاحب الجلالة الملك فؤاد الأول، ووزير الحقانية أحمد محمد خشبة، ورئيس مجلس الوزراء، محمد محمود ينفذ كقانون من قوانين الدولة»[198]، ثم تقوم بتوثيق المرسوم في الهوامش: «جريدة الوقائع المصرية، العدد 27، 25 مارس 1929، ص2 – 7»[199].

ولا تكتفي الراوية/ المؤلفة بعرض القوانين فقط، بل تفصل المواد التي شملتها أو الاعتراضات التي أثرها القانون، وكذلك النتائج التي ترتبت عليه، وربط كل ذلك بحكاية الكتاب الأساسية.

رابعاً ـ الكولاج عن طريق النص التاريخي:

لكي تعرف الراوية/ المؤلفة صاحب المقبرة التي دفنت فيها (عنايات الزيات) تلجأ إلى التاريخ وإلى كتابات المؤرخين كي تستطيع تحديد الشخصية من ناحية وتعمق من الوظيفة التوثيقية من ناحية أخرى:

«قرأت عن أربعة يحملون اسم رشيد باشا في ذلك القرن؛ رقمتهم بحسب تخميني من منهم صاحب المدفن: الأول هو الدبلوماسي التركي مصطفى رشيد باشا، المولود في إسطنبول ومدفون فيها في 1858، وقد كتب عنه جورجي زيدان فصلاً في كتابه «تراجم مشاهير الشرق في القرن التاسع عشر» الثاني هو رشيد باشا الكوزلكي المولود في

كرجستان (جورجيا حالياً)، الذي كافأه السلطان العثماني بتعيينه والياً
على بغداد في 1853، بعد أن قاد بأمره حماة عسكرية للقضاء على
تمرد الأكراد»[200].

وتتوسع المؤلفة في ذكر الأحداث التاريخية وتعرض المزيد من
التفاصيل: «رشيد باشا الثالث حكايته مثيرة، كان جركسي الأصل
ويتحدث العربية بلكنة. يأتي ذكره عند المؤرخ إلياس الأيوبي في
وصفه للحملة التي أرسلها الخديوي إسماعيل لاستعمار الحبشة
استقل مع قواد الباخرة «الدقهلية» وبلغ «مُصَوّع» في الحبشة في
14 ديسمبر 1875. يصف الأيوبي بابل اللغات على الباخرة: رئيس
الحملة راتب باشا السردار تركي، ورئيس الأركان الجنرال لورنج
أمريكي، أما باقي القادة فأتراك وجراكسة وأمريكان ونمساويون
وألمان وأحدهم إيطالي اعتنق الإسلام وآخر سوداني. يكتب الأيوبي
أن الأتراك والجراكسة بما فيهم راتب السردار ورشيد باشا قرروا ألا
يطيعوا الجنرال لورنج ووضعوا أمامه العراقيل»[201].

وتوثق المؤلفة الأحداث من المصادر التاريخية بأمانة وتقوم
بتحليل النص التاريخي في محاولة للخروج بنتيجة تتفق مع مقاصدها،
مثل قولها «في كل الأحوال تمنيتُ من قلبي ألا يكون لعنايات علاقة
بهذا الرشيد»[202] وقولها: «بدا لي رشيد باشا الأخير ـكما يقولون
في لغة التحقيقات البوليسية ـ الشخص محل الاهتمام، إذا كان هو
صاحب المدفن الذي ترقد فيه عنايات فسأعود إليه بالتأكيد، ولكن
علي أن أؤكد ذلك أولاً بأن أرى المدفن بعيني»[203] وثمة نصوص
ووقائع تاريخية كثيرة عرضت من خلال الرواية مثل حكاية (هانز

شتوك) الذي أعاد تأسيس (المعهد الألماني) في القاهرة والتأريخ لذلك (المعهد)[204] وغيرها من الوقائع.

خامساً ـ الكولاج بالصور:

تزين المؤلفة النص الروائي بالعديد من الصور وذلك بطريقتين أن تعرض الصور على صفحات النص وفي أسفل الصورة تقوم بكتابة تعليق توضيحي عليها وقد تقوم المؤلفة برسم الصورة من خلال اللغة كما في النص الآتي:

«تجلس عنايات على نفس الكنبة التي أجلس عليها، لكن لون قماش التنجيد كان وقتها سادة، شعرها يصل إلى كتفها، عنق الفستان أو البلوزة التي ترتديها ديكولتيه يكشف أعلى الصدر. ليس هناك قرط أو إكسسوار حول عنقها. عيناها الواسعتان فيهما نصف ابتسامة بينما شفتاها مضمومتان»[205] وتنقل الراوية/ المؤلفة من الوصف الظاهري الخارجي المفصل إلى الوصف الداخلي الجواني النفسي: «هناك ما يشبه الانتظار أو الحيرة، كأن الصورة لحظة مقتطعة من حدث مصيري»[206] كأن الراوية/ المؤلفة تشير إلى أن ذلك الانتظار الذي تعبر عنه الحيرة من خلال نظرة (عنايات) في الصورة هو ترقبها لخروج روايتها إلى النور والتي لم تنشر إلا بعد انتحارها.

أما الصور التي جاءت مبثوثة في ثنايا الرواية ـإذا تم استثناء الصور المعروضة على الغلافـ فعلى النحو الآتي: صورة لـ(عنايات الزيات) مع الأسرة[207]، صورة لـ(عنايات الزيات) وهي في القناطر

الخيرية[208]، صورة لعائلة (عنايات) في القناطر الخيرية[209]، صورة لـ(عنايات الزيات) و(نادية لطفي)[210]، صورة لـ(عنايات الزيات) و(نادية لطفي) في رأس البر[211]، صورة لـ(عنايات) وزملائها في فناء المدرسة الألمانية بباب اللوق[212]، صورة لمدفن آل أحمد باشا رشيد[213]، صورة لقبر (عنايات الزيات)[214]، صورة كاملة لـ(عنايات الزيات) وهي واقفة على الدرج[215]، صورة لشاهد قبر (عنايات الزيات)[216] وتربط تلك الصور القارئ بالأحداث التي مرت بالشخصية المتبع أثرها، كما أنها تمنح القارئ فرصة للتأمل وإعمال ذاكرتها البصرية التي تربط المكتوب بالمصور.

سادساً ــ الكولاج من خلال المشهد السينمائي:

لكي تفسر المؤلفة سبب تسمية الفنانة (نادية لطفي) بهذا الاسم رغم أن اسمها الحقيقي (بولا) ترجع المؤلف بالزمن لتعرض من خلال التلفزيون مشهداً سينمائيّاً تفسر أحداث من خلاله سبب تسمية نادية لطفي بهذا الاسم، تقول الراوية/ المؤلفة:

«رأيت خالاتي وقد عُدن إلى بيت جدّي في إجازة الصيف. جلست الطالبات المتدينات في غرفة التلفزيون بقمصان النوم القصيرة ليشاهدن فيلم السهرة في تلفزيون أبيض وأسود، بكرات لف الشعر تجعل رؤوسهن ضعف حجمها الطبيعي، يشربن عصير الليمون من أكواب طويلة مضلعة، بينما فاتن حمامة تهاتف الكاتب مصطفى ــ عماد حمدي: أنا نادية لطفي وأبويا اسمه أحمد لطفي وساكنة في الدقي وسبق وشوفتني وعجتني وخبطتني بالكرة النهاردة

الصبح كمان، مبسوط؟ تعطيه موعداً أمام نادي الفروسية في الرابعة والنصف من عصر اليوم التالي. ثم مشهد خارجي، نادية لطفي تسير أمام سور النادي مارة بشجرة ضخمة، قفازات بيضاء في يديها، قفازات بيضاء في يديها، وفستان قد يكون ورديا أو زهريا بلا أكمام وفيه دوائر بيضاء صغيرة»[217] ثم تقطع مشاهد الفيلم تعليق الخالات على الشخصية ثم يتم تكملة المشاهد مرة أخرى: «إني حائرة تائهة، أحس بيد مجهولة تدفعني نحو مصير مجهول، وأحس بأني أريد أحداً لجانبي، أريد إنساناً يرشدني ويدلني على طريق الأمان، ولكني لا أجد أحداً، فأنا لا أستطيع أن أستشير أبي وزجته»[218].

وقد تم عرض هذا المشهد باستخدام الكولاج حتى يعرف القارئ المرجع الحقيقي لاسم الفنانة (نادية لطفي) لأن «بولا أخذت اسم شهرتها كممثلة من شخصية نادية لطفي التي لعبتها فاتن حمامة في فيلم لا أنام»[219]، فهذا الكولاج السينمائي كان ضرورياً ليقترب القارئ أكثر من شخصية الفنانة (نادية لطفي) التي من خلالها سيتقرب إلى (عنايات الزيات) وعالمها.

سابعاً ــ الكولاج باستخدام اللافتات المعدنية:

عند سير الراوية/ المؤلفة في شارع هارون يتم تبطيء الإيقاع الزمني من خلال عرض وصفي للافتات المعدنية المكتظة في الشارع:

«ما كل هذه اللافتات: رقم 5: خريجي مدرسة النقراشي النموذجية،

رقم 12 مؤسسة بسملة للخدمات الثقافية والتنمية ونادي روتاري القاهرة وادي دجلة رقم 12أ مجلس أعمال مصر وجنوب السودان، رقم 13 الجمعية العلمية لتدريس الاقتصاد، رقم 14: نادي أعضاء وهيئة التدريس جامعة القاهرة والجمعية المصرية للعلوم ومنتجات الحلال، رقم 15: مؤسسة الهجان لتعليم التفكير»[220] .

لقد استخدمت الوصف الانتقائي الـذي يتيح «للقارئ مجالاً للإيحاء»[221] للافتات، فلم تعرض لجميع لافتات الشارع، كما قفزت من اللافتة رقم 5 إلى اللافتة رقم 12، ويلحظ من هذه اللافتات التنوع والاختلاف والثقافات المختلفة التي يحتويها شارع واحد كنموذج للتعايش والتأقلم ضمن إطار جغرافي ضيق يشمل في داخله العديد من المؤسسات متباينة الاختصاص.

ثامنـــاً ــ أشـــكال أخرى من الكـــولاج في النص (المنشـــور الفيسبوكي، الخرائط، البحث المعجمي، اليوميات والمذكرات)

لا يتسع مجال الدراسة لتتبع جميع أشكال الكولاج وتواردها داخل المتن الحكائي، لكن تكفي الإشارة إلى بعض أشكال الكولاج الأخرى التي حرصت المؤلفة من خلالها إثراء العمل وإخراجه في ثوب فضفاض لكنه متماسك، يبرز جهد الراوية/ المؤلفة في البحث عن (أثر عنايات الزيات) فيحضر الكولاج عن طريق كتابة المنشور الفيسبوكي: «كتبت على الفيسبوك في 19 يونيو، 2018 أطلب مساعدة في البحث عن مدفن ما في مقابر البساتين. وصلتني تعليقات ورسائل بعضها مزاح، وبعضها يقترح معارف يعملون في الآثار، ثم أتتني

253

رسالة من محمد عز الدين، وهو طالب دكتوراه في جامعة كيوني بنيويورك»⁽²²²⁾.

وقد أدى المنشور دوره التفاعلي بجلبه التعليقات، ثم الرسائل في محاولة لتقديم المساعدة للكاتبة، كما أدى دوره الكولاجي في إثراء النص، ويأتي الكولاج من خلال الإشارة إلى البحث في الخرائط، تقول الراوية: «في خرائط الدقي، لا يوجد ميدان اسمه استرا، ناهيك عن شارع اسمه عبد الفتاح الزيني»⁽²²³⁾، وكأن الراوية تبحث عن مكان مجهول ليس له أثر، ما سيلزمها أن تقوم «بجولات حرة للبحث عنه»⁽²²⁴⁾ حتى تصل إلى مبتغاها.

كما تلجأ المؤلفة إلى المعجم لتوضيح مفردة ما كما فعلت في حديثها المتخيل عن أنطولوجيا «جز الشعور» فتقول: «فهذه الأنطولوجيا لا تختص بنوع أدبيّ بل هي جنس جامع لكل الأنواع والضروب الأدبية ويجانس بينها، جاء في معجم (لسان العرب): الجنسُ: الضربُ من كلّ شيء وهو من الناس ومن الطير ومن حدود النحو والعروض والأشياء جملة (...)، والجنس أعمُ من النوع ومنه المجانسة والتجنيس»⁽²²⁵⁾.

لكن أليس من الغريب أن يتم تعريف مفردة «جنس» ولا يتم تعريف مفردة «أنطولوجيا»⁽²²⁶⁾ رغم أن مفردة جنس أكثر تداولاً وشيوعاً؟ حتى بدا أن هذا التعريف الطويل مقحماً ودخيلاً على السياق النصي، قد يبدو هذا، لكن كأن الكاتبة أرادت من هذا التتبع المستفيض للمفردة أن تثبت شمولية المرأة وعظمتها واتساع قدراتها لتصبح هي الضرب والحد.

وأشير أخيراً إلى الكولاج عن طريق يوميات (عنايات الزيات) والتي رجعت إليها المؤلفة كثيراً في ثنايا النص لتربط بين الأحداث والمواقف التي تكتشفها في حياة (عنايات) وبين يومياتها، تقول الراوية: «في أغسطس 61، كتبت عنايات في يومياتها»[227] وتقول: «في أحد يومياتها كتبت»[228] وتقول أيضاً: «ما كتبته عنايات في يومياتها خلال انتظار الطلاق، لم يكن فيه شكوى ولا يأس»[229] وتورد من اليوميات ما يؤكد صحة فرضيتها، وتوثق المؤلفة جميع النصوص المقتطعة من اليوميات وتقول في الهوامش: «هذا المقطع من يوميات عنايات في 1967، ضمن حوار نادية لطفي مع فيمول لبيب السابق الإشارة إليه، كان المقطع أيضاً ضمن تسع صفحات من يوميات حصلت عليها من نادية لطفي في يوليو 2015، في النص المنثور «الكون يجري إلاي» بينما النص الأصلي «الكون يجري إلا أنا»»[230].

أما فيما يتعلق بالمذكرات فقد رجعت المؤلفة إلى مذكرات (لطيفة الزيات) لتعرف درجة القرابة بينها وبين (عنايات الزيات) تقول: «في مذكراتها «حملة تفتيش – أوراق شخصية» (1992)، تحكي لطيفة عن أخويها والرجال في حياتها كثيراً، ولا تتحدث إلا عابراً عن أخت لها اسمها صفية. هكذا، أصبحت عنايات في خيالي ابنة عمها الصغرى» لكن سيتضح مع النص بعد ذلك أن عنايات ليست من أقارب (لطيفة) بل هو مجرد تشابه في الألقاب.

لقد أثبت الكولاج أن المؤلفة لم تكن تسرد أو تحكي فقط، بل كانت تدعم ذلك بالأدلة التي اكتشفتها خلال عملية بحثها الاستقصائي عن

(أثر عنايات الزيات) وتثبت كل ذلك في مؤلفها من خلال استخدام تقنية الكولاج.

2 – الكــولاج باســتخدام التقريــر الإلكــتروني في روايــة (حارس الفيسبوك):

يحضر الكولاج في الفصل الافتتاحي الذي يحمل عنوان «تقرير موقع ((فيروس))»[231] من خلال تقرير صحفي مكتوب على الموقع وأسفل عنوان الفصل جهة اليمين كتب التوقيت الآتي:

«AM 9:00»[232]

والذي يشير إلى وقت كتابة التقرير، ويبدأ السرد الكولاجي بالنمط الذي تكتب به المقالات والتواريخ غالباً في المواقع الإلكترونية من خلال تلك الصيغة:

«كتب عادل شوقي:»[233]

وقبل أن يبدأ الصحفي عادل شوقي في عرض تقريره، يكتب مقدمة تعتمد على عبارات تشويقية جاذبة للقارئ، حيث تفتتح بأسئلة مستقبلية مخيفة:

«ماذا تفعل لو انهارت صفحتك إلى الأبد.. سقطت مثل ورقة شر؟ لو أصبح بإمكان أي شخص أن يرى ((الشات)) الذي تقوم به ويتلصص على رسائلك الخاصة؟! هذا ما حدث في الفيسبوك.. ففي حوالي التاسعة مساء أمس انهارت الأيقونات والبروفايلات وألبومات الصور»[234].

فالصحفي يحسن الاستهلال لموضوعه من خلال عرض الأسئلة على القارئ الذي أصبح مرتبطاً بالفيسبوك ارتباطاً شديداً، ويستفز مشاعره بأن أسراره في الدردشات من الممكن أن تكشف، ثم يدخل إلى موضوعه من خلال عرض الحادثة التي جاء التقرير بصددها ويلجأ التقرير إلى آراء وتقارير أخرى:

«وقد حذر خبراء أمن المعلومات من أيقونة تلك المرأة الزرقاء؛ لأنها تحمل فيروساً بالغ الخطورة.. بينما قلل البعض الآخر من شأنها ووصفها بأنها مجرد (دودة إلكترونية) وأشار عالم السيمياء نيل باترسون إلى أن إطلاق اسم Boudicca على تلك المرأة، يعود إلى ملكة كلتية حاربت الرومان وفضلت أن تنتحر على الوقوع في الأسر»[235].

فكاتب التقرير يمارس عمله ببراعة وينتقل من حقل إلى حقل لعرض الآراء المختلفة فينتقل من أمن المعلومات إلى السيمياء ليصل إلى رأي العلوم حول تفسير تلك الحادثة التي وقعت للفيسبوك، كما يعرض التقرير لآراء الخبراء من دول شتى حول العالم:

«لكن جيمس شيفر كبير محرري عالم الإنترنت في صحيفة لوس أنجلوس تايمز تهكم على تأويلات باترسون»[236] «ورأى خبير أمن المعلومات الصيني ليو تشونج، أن ربط ما جرى بالملكة الكلتية يهدف إلى إلهاء ملايين المستخدمين بقصة أسطورية؛ لتجنيب إدارة الشركة مسؤولية ما حدث، وعدم دفع أي تعويضات»[237].

وبعد أن يتناول التقرير الآراء المختلفة على تبايناتها، يتجه التقرير

للحديث عن النقطة الأهم فيه وهي موقف إدارة الفيسبوك:

«من جانبها لم تعلق إدارة الفيسبوك على آراء الخبراء، لكنها قررت حذف كافة المواد والروابط التي وضعت خلال الساعات الأخيرة وجاء في بيانها: ((تعتذر شركة فيسبوك عن الخلل الذي ضرب الموقع في أكثر من عشرين دولة))»[238].

ويعرض التقرير لبقية بيان شركة الفيسبوك، ثم يتطرق عن الخسائر التي نتجت عن ذلك العطل الكبير، ثم يستعرض مجمل آراء المستخدمين لوسائل التواصل الاجتماعي عن هذا العطل، ووجود هذا التقرير في افتتاح الرواية يوحي للقارئ بأن ثمة خطباً جللاً سيقابله عندما يقرأ؛ فيغريه بمواصلة القراءة، كما أن التقرير يشي بإشارات على القارئ أن يبحث عنها، لماذا العطل في عشرين دولة فقط؟ وما هي الدول التي وقع فيها العطل ولماذا؟ التقرير لا يجيب عن هذه الأسئلة، لكنه يعرض وجهات النظر بأمانة. ونشير إلى أن مؤلف الرواية يمتلك خبرة كبيرة في العمل الصحفي، لذلك جاء التقرير محكماً ومتسلسلاً ومتماسكاً.

3 – الكولاج باستخدام الرسائل في الرواية العربية الجديدة:

يلجأ الكثير من كتاب الرواية العربية الجديدة إلى تضمين رواياتهم بالعديد من الرسائل ما يعد كولاجاً مضمناً في متن النص ويتضافر في النهاية مع باقي عناصر الرواية ليقدم صورة كاملة من النص،

ويؤدي الكولاج باستخدام الرسالة في النص الروائي غرضين: الأول رواية الأحداث من قبل كاتب الرسالة ما يؤدي إلى سد ثغرات النص، والثاني تصاعد الأحداث من خلال الأثر الذي تحدثه الرسالة في شخصية المرسل إليه، وقد تأتي الرواية على هيئة رسائل فقط، مثل رواية (بريد الليل) لهدى بركات والتي تتكون من مجموعة من الرسائل كتبها أشخاص متفرقون يرون حكاياتهم الخاصة[239]، وفي تصوري أن هذا النمط من الرسائل لا يخضع لتقنية الكولاج؛ لأنه لا يدمج مواد مختلفة، بل كلها رسائل طوال متن الرواية، لذلك سأدرس الرسالة التي تأتي جزءاً من الرواية، وأشير إلى أن حضور الرسائل في الرواية ليس من التقنيات الما بعد حداثية بل إن «الرواية الرسائلية كانت الشكل الغالب للرواية في أوروبا في القرن الثامن عشر، وكان مزدهراً، وفيه يكون السرد عن طريق الرسائل المتبادلة بين الشخصيات»[240]، أما الكولاج فهو التقنية الما بعد حداثية وهو ما تعنى به الدراسة.

أولاً ـ رسالة المخاطبات الورقية:

في رواية (زمن التراجعات) لـ(شطبي ميخائيل) ثمة العديد من المخاطبات الرسائلية بين الشخصية وقد ضمنت بشكل كولاجي في ثنايا الرواية ومن نماذج ذلك رسالة (سارة) إلى والدها (إبراهيم النجمي) وهي على وشك أن تلفظ أنفاسها الأخيرة:

«11 مارس سنة ....

«< بابا الغالي ...

... أعيش آخر أيامي على الأرض، أعرف أنه لا أمل في الشفاء، وقد رضيت بنصيبي، لا يحزنني إلا ما تألمك لفراقي ومعاناتك، وأعرف أنك قاسيت كثيراً من أجلي، وأنك دائماً تقاسي، لا تحزن بسببي، أرجوك، أرجوك يا بابا. إذا كنت تحبني، كنت دائماً أدخل السرور على قلبك الكبير، فهل خذلتك؟ لا تبتئس لي.

حاشية: أرجوك، أحب أن أكون بجوار ماما.

طلبت أن أراك، لكن خطى الموت تسعى حثيثة نحوي، وداعاً بنتك سارة >>»[241].

تبدأ الرسالة بتحديد اليوم والشهر ولا تحدد السنة، ويكتفى مكانها بأربع نقاط فقط ما يشير إلا أن التقويم في الوقت الذي صيغت فيه الرسالة يكتب من خلال أربعة أرقام، كما أن إغفال ذكر تاريخ السنة وهو نوع من محاولة حذف تلك السنة التي ستموت فيها الابنة من ذاكرة الأب، أما ذكر اليوم والشهر فلأن (سارة) كانت على قيد الحياة، أما صدر الرسالة يبدأ بكلمة (بابا) الدراجة بدلاً من (أبي) وتكررها مرة أخرى في عجز الرسالة كي يكون الخطاب أكثر حميمية وارتباطاً بواقع الشخصيتين المرسلة والمرسل إليه، ولكي تهون عليه بتلك الألفاظ الحانية المصيبة التي ستلم به ولتستطيع تمرير وصيتها.

ويترتب على تلك الرسالة أن يصر الأب على دفن ابنته في مقابر عائلتها، ويصر الزوج على دفنها في مقابرهم الخاصة ويصبح ذلك

المحل الصراع الرئيس طوال القسم الأول من الرواية.

ومن الكولاج الرسائلي، تلك الخطابات بين (نبيل الألفي) وصديقه القبطي (صهيون عبد النور) الفدائي الذي يسعى لمناصرة القضية الفلسطينية ويقف ضد الإسرائيليين في اعتدائهم على العرب، حتى وصلت إحدى المخاطبات إلى مقطع كامل، فالمقطع الخامس من الفصل الأول من القسم الثالث عبارة عن خطاب من الفدائي إلى (نبيل) والذي يبدأ بـ«صديقي العزيز/ نبيل»[242]، ويسرد الحوادث والمواقف في خمس صفحات ويمضي تحتها بـ«صديقك»[243]، وقد يكتب على الرسالة توقيع غير توقيع المرسل:

«سلمني رسالتين، إحداهما باسمي والأخرى لأم الفدائي البطل. لم تكن الرسالة مقفلة، وكانت موقعة من أحد أصدقائه الفدائيين، مكتوبة بخط اليد»[244].

وفي رواية (مزامير أفرُوديت) لـ(محمد عطوة) يأتي استخدام الراوي للرسالة التلغرافية ككولاج ليحدث من خلال ذلك استرجاعاً يربط الماضي بالحاضر: «استلمت جسدي، وأسلمت روحي لاغترابها، ومن القاهرة أرسلتُ إليهم تلغرافاً «أحتاج إلى السفر بعيداً لفترة.....» هذا تقريباً ما فعله أبي حين جاءته فرصة عمل بدبي»[245].

فالراوي يرسل تليغرافاً من بعيد إلى الجهة التي يعمل فيها برغبته في السفر، وتلك النقاط الخمس تشير إلى بقية التلغراف والأسباب التي جعلته يختار السفر، وكذلك توحي بطول المدة التي يحتاجها في سفره البعيد و«يتم قطع التسلسل الزمني للأحداث المسرودة للرجوع

إلى لحظة ماضية وقع فيها حدث ما»[246]، مماثلاً قد فعله والد الراوي عندما جاءته فرصة السفر إلى الخارج.

ثانياً ــ رسالة الواتس آب الرقمية:

لقد صار من الشائع استخدام الرسالة الرقمية التي تجرى عبر وسائل التواصل الاجتماعي بمختلف أشكلها في الرواية العربية الجديدة، وأصبح يحمل دلالات تعبر عن واقع الشخصية وعن ردود أفعالها، وفي رواية (مزامير أفرُوديت) تحتل رسالة الواتس آب حيزاً واضحاً في الرواية، يقول الراوي متحدثاً عن محبوبته إنجي:

«أرسلت إليها بعد أمي عبر الواتس آب: أنا الآن في اشتوجارت/ تمنيت لو كنت هنا/ اللقاء لن يكون بعيداً/ أفتقدكِ.»[247].

فالراوي رغم أنه يتحدث عن محبوبته إلا أنه أراد أن يمرر تصوراً أخلاقياً عنه دون أن يشعر المروي عليه المثال في الحكي من الناحية والمتلقي الضمني من ناحية أخرى بذلك، فهو بارٌّ بوالدته حتى إنه أرسل لمحبوبته الرسالة بعد أن أرسل رسالة لوالدته كأنه لا شيء سيأخذه من أمه، وقد استخدمت الرواية الشرطة المائلة كتشكيل طباعي ليوحي بأنه أرسل أربع رسائل ولم تكن تلك الجمل في رسالة واحدة، فإرسال العديد من الرسائل يجبر المرسل إليه الدخول إلى الدردشة والقراءة ومن ثمّ الرد. كذلك تُرسل للراوي رسائل من (إنجي) عبر وسيلة الواتس آب أيضاً:

«لغياب إنجي أثر في استدعاء مزاجيتي المتقلبة، تتابع منشوراتي

على صفحة الفيسبوك، هذا ما أكدته ظنوني، بعد أن أرسلت لي على الواتس دعاءً بصوت الشيخ الشعراوي وثلاث قلوب خضراء»[248].

فقد أدرك الراوي أن (إنجي) تتابع منشوراته عندما أرسلت له دعاءً بصوت الشيخ الشعراوي ليهدئ من نفسه المتقلبة البادية في منشوراته أما تحديد لون القلوب بالأخضر فلأنه «يمثل التجدد والنمو والأيام الحافلة»[249]، فالراوي ما زال شاباً يافعاً وأمامه المستقبل والأمل.

وبعد فقد أثبتت الرواية العربية الجديدة قدرتها على امتصاص خصائص الأنواع الأدبية والأجناس الفنية الأخرى ومزجها في البناء الروائي، دون أن يشعر القارئ أن ثمة تقنيات مقحمة على النص؛ لتصبح الرواية نصاً منفتحاً ومرناً على مستوى الشكل الفني والمضمون الفكري.

هوامش الفصل الثالث:

1 – إدوار الخراط، القصة والحداثة، دار كتب عربية، ص58.

2 – شكري عزيز الماضي، أنماط الرواية العربية الجديدة، ص163.

3 – د. خيري دومة، تداخل الأنواع في القصة القصيرة المصرية القصيرة، الهيئة المصرية العامة للكتاب، القاهرة، الطبعة الأولى، 1998م، ص33.

4 – رينيه ويلك، مفاهيم نقدية، ترجمة: محمد عصفور، سلسلة عالم المعرفة، العدد (110) المجلس الوطني للثقافة والفنون والآداب، الكويت، 1987م، ص311.

5 – جيرار جينيت، مدخل إلى النص الجامع، ترجمة: عبدالعزيز شبيل، مراجعة: حمادي صمود، المشروع القومي للترجمة، العدد (105) المجلس الأعلى للثقافة، القاهرة، 1999م، ص57.

6 – السابق، ص57.

7 – تزفيطان تودورف، نظرية الأجناس الأدبية، ترجمة: د. عبد الرحمن بو علي، دار نينوى للدراسات والنشر والتوزيع، دمشق، الطبعة الأولى، 2016م، ص44.

8 – د. تامر محمد عبدالعزيز، بنية الخطاب الشعري في الشعرية العربية المعاصرة المعيار والآفاق، دائرة الثقافة والإعلام الشارقة، الإصدار الأول، 2015م، ص59.

9 – شكري عزيز الماضي، أنماط الرواية العربية الجديدة، ص249.

10 – تم تناول هذا النمط في الفصل المعني بدراسة التناص.

11 – سعد طويل، نوال أقطي، الشعري في روايات أحلام مستغانمي، مجلة أبحاث، المجلد (6) العدد (3) 2021م، ص109.

12 – قاسم حسن القفة، الأسلوب الشعري في الرواية العربية (إبراهيم الكوني في روايته ـ مثلاً ـ) المؤتمر النقدي الثالث عشر لقسم اللغة العربية: الواقع والآفاق، كلية الآداب، جامعة جرش، الأردن، 2010م، ص390.

13 – سحر الموجي، دارية، سلسلة إبداع المرأة، طبعة خاصة تصدرها الدار المصرية اللبنانية ضمن مشروع مكتبة الأسرة، القاهرة، 2003م.

14 – السابق، ص20.

15 – نفسه، ص20: ص22.

16 – أحمد غالب الخرشة، ظاهرة التكرار في شعر محمد لافي، دراسات، العلوم الإنسانية والاجتماعية، عمادة البحث العلمي، الجامعة الأردنية، المجلد:42، العدد:1، 2015م، ص21.

17 – سحر الموجي، دارية، ص22.

18 – السابق، ص24.

19 – نفسه، ص29. وقد قام الفنان: (محمود الهندي) برسم تلك اللوحة واللوحات الداخلية للرواية.

20 – نفسه، ص55.

21 – نفسه، ص37: ص38.

22 – نفسه، ص39.

23 – نفسه، ص46.

24 – نفسه، ص 47.

25 – مانفرد لوركر، معجم المعبودات والرموز في مصر القديمة، ترجمة: صلاح الدين رمضان، مراجعة: د. محمود ماهر، مكتبة مدبولي، القاهرة، الطبعة الأولى، 2000م، ص236.

26 – تامر أحمد، «نفتيس» ـ رمز للولادة والموت والخفاء والظلام عند الفراعنة والمصريين القدماء، موقع HURGHADA LOVERS

https://hurghadalovers.com/ar/god – nephthys – ancient – egyptian – gods/

27 – صورة نفتيس مجلوبة من موقع HURGHADA LOVERS: //:https hurghadalovers.com/ar/god – nephthys – ancient – egyptian – gods/

28 – سحر الموجي، دارية، ص56: ص57.

29 – السابق، ص70: ص71.

30 – نفسه، ص78: ص81.

31 – نفسه، ص79.

32 – نفسه، ص97.

33 – نفسه، ص102: ص104.

34 – نفسه، ص155: ص157.

35 – غير صفحات أخرى شملت في داخلها شعراً لشعراء آخرين، ومن ثم يصبح حضور الشــعر داخل المدونة الروائية طاغيــاً، وهذه أرقام بعض الصفحات التي كتب فيها الشعر من قبل المؤلفة (ص20، ص21، ص22، ص23، ص24، ص28، ص29، ص34، ص37، ص38، ص46، ص47، ص56، ص57، ص70، ص71، ص78، ص80، ص97، ص98، ص102، ص104، ص135، ص136، ص155، ص156، ص157، ص166، ص167).

36 – عبد الرحمن السـواح، حضرة المجذوب، منشورات بتانة الثقافية، القاهرة، الطبعة الأولى، 2021م.

37 – السابق، ص95.

38 – انظر السابق: ص106، ص107، ص150.

39 – محمد عطوة، مزامير أفرُوديت، ص 87.

40 – السابق، ص106.

41 – نفسه، ص114.

42 – نفسه، ص114.

43 – نفسه، ص123.

44 – نفسه، ص214.

45 – أحمد الشهاوي، حجاب الساحر، ص59. أما النص الشعري الذي افتتح به الفصل فكالآتي:

«في السرير قد يتنازل الشتاء عن عرشِه

وقد ينزلُ المطرُ

ويسقطُ الحُلمُ من عليائهِ

وترعى نجُومُ السوس خشبي

وتتمدَّدُ الكوابيسُ جواري

فلم يُعد جرسُ الباب يدق صباحاً

ولم تعد الشَمسُ تأتي كعادتِها

كأن الحُبَّ كان فصلاً موسمياً

أو كأنَّها اكتفتْ

أو نظرتْ إلى سقفِ رُوحها فرأتْ عنكبُوتاً تنسج أوهاماً وخيالاتٍ

كأن التلفَ الذي أصابَ رحمَها سيلتفُّ حول عُنقي

لكنَّها ما اعتادت الخنقَ وهي البريَّةُ في المنحِ»

46 – سفيان صلاح هلال، طائر الأشمونين المضيء، الهيئة المصرية العامة للكتاب، القاهرة، الطبعة الأولى، 2021م.

47 – السابق، ص271.

48 – ايرينا دوتثيكوف، الرواية والسينما، ترجمة: نهلة حميد، مجلة الأقلام، دار

الشؤون الثقافية العامة، وزارة الثقافة والإعلام، بغداد، العدد (4) 1988م، ص124.

49 – إبراهيم محمد إبراهيم عامر، أثر استخدام فن المونتاج السينمائي في الرواية العربية المعاصرة في مصر، رسالة ماجستير، كلية دار العلوم، جامعة المنيا 2009م، المقدمة، ص3.

50 – كين دانسايجر: تقنيات مونتاج السينما والفيديو، ترجمة: أحمد يوسف، المركز القومي للترجمة، الجيزة، العدد (1689)، الطبعة الأولى، 2011م، ص23.

51 – ماري – تيريز جورنو، معجم المصطلحات السينمائية، ترجمة: فائز بشور، المؤسسة العامة للسينما، دمشق، 2007م، ص69.

52 – زهران القاسمي، تغريبة القافر، دار رشم للنشر والتوزيع، تونس – السعودية، الطبعة الأولى، 2022م.

53 – السابق، ص13.

54 – نفسه، ص14.

55 – نفسه، ص14.

56 – نفسه، ص111: ص112.

57 – خليل برويني، شهرام دلشاد، آليات السينما في رواية «قناديل ملك الجليل» لإبراهيم نصر الله، إضاءات نقدية، كلية الآداب الفارسية واللغات الأجنبية، جامعة آزاد الإسلامية، طهران، السنة الخامسة، العدد (17) 2015م، ص19.

58 – مارية تيقاني، المونتاج السردي واللغة المشهدية في رواية تشرفت برحيلك لفيروز رشام، مذكرة ماستر، كلية الآداب واللغات، جامعة محمد خضير، بسكرة، الجمهورية الجزائرية، 2019، ص39.

أميمة عبدالسلام الرواشدة، التصوير المشهدي في العربي، دراسات وزارة الثقافة، عمان الأردن، الطبعة الأولى، 2015م، ص273.

59 – زهران القاسمي، تغريبة القافر، ص80.

60 – السابق، ص50: ص51.

61 – المفارقة الزمنية هي: «مختلف أشكال التنافر بين ترتيب القصة وترتيب الحكاية» جيرار جينيت، خطاب الحكاية، ص47. وهذه المفارقة إما أن تكون ارتدادية إلى الماضي أو استباقية إلى المستقبل.

62 – أميمة عبدالسلام الرواشدة، التصوير المشهدي في العربي، ص273.

63 – زهران القاسمي، تغريبة القافر، ص32.

64 – السابق، ص32.

65 – نفسه، ص32.

66 – نفسه، ص34.

67 – نفسه، ص35.

68 – نفسه، ص125.

69 – نفسه، ص126.

70 – نفسه، ص132.

71 – د. نجلاء الجمال، فن المونتاج التلفزيوني، الدار المصرية اللبنانية، القاهرة، الطبعة الأولى، 2013م، ص78.

72 – زهران القاسمي، تغريبة القافر، ص45.

73 – السابق، ص135: ص156.

74 – نفسه، ص76.

75 – نفسه، ص76.

76 – دانييـل اريخون، قواعد اللغة السينمائية، ترجمة: أحمـد الحضري، الهيئة المصرية العامة للكتاب، القاهرة، 1997م، ص186.

77 – د. علي حوم، أدوات جديدة في التعبير الشـعري المعاصر، الهيئة المصرية العامة للكتاب، القاهرة، الطبعة الأولى، 2017م، ص57: ص58.

78 – زهران القاسمي، تغريبة القافر، ص48.

79 – «يكون اللاوعي في أثناء النوم حراً في التعبير عن نفسـه، وفعل الأمر ذاته فـي أحلامنا. علـى أية حال فإن هنـاك رقابة حتى في أحلامنـا، وهي عبارة عن نـوع من الحماية ضد صـور مخيفة داخل عواطفنا وتجاربنا المكبوتة، وتأخذ تلك الحماية شكلاً من أشكال تشويه الأحلام. إن الرسالة التي يعبر عنها اللاوعي لدينا فـي أحلامنـا، والتي هي المعنى الأساسـي للحلم، أو ما يسـمى المحتوى الكامن، تتغير بحيث إننا لا نتعرف عليها بسـهولة عن طريق عمليات تسـمى الاسـتبدال والتقليص. يحدث اسـتبدال الأحلام عندما نسـتعمل شـخصاً أو حدثاً أو جسماً آمناً

على أنــه البديل ليقوم مقام الشــخص أو الحــدث الأكثر تهديداً» لويس تايســون: النظريـــات النقدية المعاصرة، الدليل الميســر للقارئ، ترجمة: د. أنس عبدالرزاق مكتبي، النشر العلمي والمطابع – جامعة الملك سعود، الرياض، 2014م، ص20.

هذا في حلم الإنسان العادي، أما الأعمال الأدبية المتخيلة، فالحلم فيها مصنوع من قبل الكاتب، يتحكم فيه بوعيه، يدمج الحلم في الأحداث ويأولها من خلاله.

80 – زهران القاسمي، تغريبة القافر، ص165: ص164.

81 – وهـو يختلف عـن الظهور والاختفـاء التدريجي الذي يسـتخدم «في تمييز البداية المحددة لظهور صورة ما، أو نهاية اختفاء الصورة، وهي تعمل مثل الستار في المسرح على تحديد بداية ونهاية حدث ما على الشاشة» د. نجلاء الجمال، فن المونتـاج التلفزيوني، ص79، بينمـا يتركز عملنا في الرواية على ظهور واختفاء الشخصية.

82 – زهران القاسمي، تغريبة القافر، ص12.

83 – محمد سـعيد مولوي، ديوان عنترة، تحقيق ودراسـة، رسالة ماجستير، كلية الآداب، جامعة القاهرة، 1964م، ص209.

84 – أمل دنقل، الأعمال الكاملة، دار الشــروق، القاهرة، الطبعة الثانية، 2012م، (ديوان البكاء بين يدي زرقاء اليمامة) ص98.

85 – فرانـك جوتيـران، ضمن كتاب فنون السـينما، ترجمة وإعـداد: عبد القادر التلمسـاني، المشـروع القومي للترجمـة العـدد (276) المجلس الأعلـى للثقافة، القاهرة، الطبعة الأولى، 2001م، ص13.

86 – خليل الجيزاوي، سيرة بني صالح، مؤسسة سندباد للنشر والإعلام، القاهرة، الطبعة الأولى، 2011م.

87 – السابق، ص9.

88 – نفسه، ص10.

89 – نفسه، ص11.

90 – نفسه، ص14.

91 – ميـرال الطحاوي، بروكلين هايتـس، دار الآداب، بيروت، الطبعة الأولى، 2010م،

92 – السابق، ص238.

93 – السابق، ص239.

94 – نفسه، ص240.

95 – نفسه، ص241.

96 – موقع السينما كوم، https://elcinema.com/work/1004429/cast

97 – هـدى بـركات، بريـد الليل، دار الآداب للنشـر والتوزيع، بيـروت، لبنان، الطبعة الأولى عام 2018م، ص45.

98 – فيلـم عـازف البيانـو، موقـع السـينما قـوم، https://elcinema.com/work/2010926

99 – د. صـلاح الديـن أبو عياش، معجم مصطلحات الفنون، دار أسـامة للنشـر والتوزيع، عمان – الأردن، الطبعة الأولى 2015م، ص838.

100 – كلـود عبيد، الفن التشـكيلي، نقد الإبـداع وإبداع النقـد، دار الفكر اللبناني للطباعة والنشر والتوزيع، بيروت، الطبعة الأولى، 2005م، ص46.

101 – د. صلاح الدين أبو عياش، معجم مصطلحات الفنون، السابق، ص587.

102 – برنارد مايرز، الفنون التشـكيلية وكيف نتذوقها، ترجمة: سعد المنصوري ومسـعد القاضي، مراجعة وتقديم: سـعيد محمد خطاب، مكتبة النهضة المصرية، القاهرة، دار الزهراء، الرياض، ص69.

103 – فاطمة حسـين علي كرم، جداريات الإكريليك بطابع التراث الكويتي ذات الصبغة المعاصرة، المؤتمر العلمي السادس والدولي السادس، جامعة عين شمس، 14 يونيو 2021م، ص231.

104 – د. عبـد المنعم محمود الهجان وآخـرون، فن الجداريات: أصوله وتقنياته، مجلة بحوث التربية النوعية العدد (28) جامعة المنصورة، يناير، 2013م، ص573.

105 – د. ثائر زين الدين، الفن التشكيلي والرواية، مجلة المعرفة، وزارة الثقافة، دمشق العدد (602) تشرين الثاني 2013م، ص99.

106 – د. عزة شـبلي، تداخل فن الرسـم في رواية سوناتا لأشباح القدس لواسيني الأعرج، مجلة دراسات، جامعة طاهري محمد بشار، الجزائر، المجلد (12) العدد (1) مايو 2023م، ص387.

107 – منـى سـالم، المشـهرات، دار الهـدى للمطبوعات، ميامي، الإسـكندرية، الطبعة الثانية، 2008م.

108 – السابق، ص50.

109 – نفسه، ص25.

110 – نفسه، ص24.

111 – نفسه، ص17.

112 – د. حميد لحمداني، بنية النص السردي، ص76.

113 – منى سالم، المشهرات، ص19.

114 – بيت ياجوري، ص47.

115 – السابق، ص40.

116 – نفسه، ص40.

117 – نفسه، ص41.

118 – نفسه، ص46.

119 – نفسه، ص47.

120 – نفسه، ص47.

121 – نفسه، ص51: ص52.

122 – د. ثائر زين الدين، الرواية والفن التشـكيلي «خضراء كالبحار» – النص ينتـج اللوحـة، مجلة الموقف الأدبـي، اتحاد الكتاب العرب، العدد (514) شـباط، 2014م، ص229.

123 – أحمد حسـين إبراهيم وصيف، فلسـفة التمرد وأثرها على فن (البورتريه) عند بيكاسـو، رسالة دكتوراه، قسم الجرافيك، كلية الفنون الجميلة، جامعة حلوان، 1996م، ص11.

124 – هذا التقسيم من اجتهاد الباحث

125 – ميرال الطحاوي، بروكلين هايتس، ص237.

126 – سحر الموجي، دارية، ص133.

127 – السابق، ص134.

128 – نفسه، ص112.

129 – نفسه، ص113.

130 – السابق، ص121.

131 – نفسه، ص113.

132 – شـريف صالح، حـارس الفيس بوك، الـدار المصرية اللبنانيـة، القاهرة، الطبعة الأولى، 2017م،

133 – لوحـة جرنيكا لـ(بيكاسـو) مجلوبة من موقع اليوم السـابع .https://www 4/9/youm7.com/story/2019

134 – شريف صالح، حارس الفيس بوك، ص164.

135 – السابق، ص162.

136 – نفسه، ص170.

137 – سحر الموجي، دارية، ص99: ص100.

138 – السابق، ص100.

139 – برنارد مايرز، الفنون التشكيلية وكيف نتذوقها، ص22.

140 – ولسـن ثورنلي، كتابة القصة القصيرة، ترجمة: مانع حماد الجهني، النادي الأدبي الثقافي بجدة، المملكة العربية السعودية، الطبعة الأولى، 1992م، ص20.

141 – إنريكي أندرسـون إمبرت، القصة القصيرة النظرية والتقنية، ترجمة: علي إبراهيـم علي منوفي، مراجعة: صلاح فضل، المشـروع القومـي للترجمة، العدد

(148) المجلس الأعلى للثقافة، القاهرة، الطبعة الأولى، 2000م، ص52.

142 – السابق، ص45.

143 – نفسه، ص45، للمزيد حول الفروق بين القصة القصيرة والرواية انظر المرجع السابق، ص43: ص51.

144 – د. عواد أحمد الدندن، (رواية الغربان) دراسة في تداخل الأجناس: الرواية والقصة القصيرة، مجلة جامعة أم القرى لعلوم اللغات وآدابها، مكة المكرمة، العدد (17) مايو 2016م، ص349.

145 – خليل الجيزاوي، سيرة بني صالح، ص7

146 – السابق، ص15

147 – نفسه، ص23.

148 – نفسه، ص35.

149 – نفسه، ص43.

150 – انظر حكاية خليل وناراك: ميرال الطحاوي، بروكلين هايتس، فصل بروسبكت بارك، ص205.

151 – محمد عطوة، مزامير أفرُوديت، ص127: ص130.

152 – السابق، ص90: ص192.

153 – نفسه، ص130.

154 – أحمد صبري أبو الفتوح، صاحب العالم، دار الشروق، القاهرة، الطبعة الأولى 2.23م

155 – السابق، ص225: ص228.

156 – نفسه، ص228.

157 – هدى بركات، بريد الليل، دار الآداب للنشر والتوزيع، بيروت، لبنان، الطبعة الأولى عام 2018م

158 – د. رشا الفوال، العنف من أعلى وأزمة هوية الأنا في الرواية العربية، دار ميتا بوك للطباعة والنشر، المنصورة، مصر، الطبعة الأولى 2021م، ص101.

159 – رنيه وليك، آوستين وآرن، نظرية الأدب، تعريب: د. عادل سلامة، دار المريخ للنشر، الرياض، 1992م، ص300.

160 ــ هدى بركات، بريد الليل، ص123.

161 ــ نفسه، ص124.

162 ــ نفسه، ص126.

163 ــ د. حسـين المناصـرة، القصة القصيرة جداً رؤى وجماليات، عالم الكتب الحديث، إربد ــ الأردن، الطبعة الأولى، 2015م. ص8.

164 ــ جميـل حمداوي، دراسـات في القصة القصيرة جداً، منشـور على شـبكة الألوكة، الطبعة الأولى، 2013م، ص10.

165 ــ شطبي ميخائيل، زمن التراجعات، ص161: ص162.

166 ــ السابق، ص281.

167 ــ نفسه، ص303.

168 ــ هذا التعريف للحالة المسرحية من اجتهاد الباحث الشخصي.

169 ــ مريم العجمي، صورة مريم، ص72: ص73.

170 ــ طيباوي نبيلة، عمار حلاسه، الإرشادات المسرحية ووظائفها في مسرحية أشـطر من إبليس لحمود تيمور، مجلة علوم اللغة العربية وآدابها، جامعة ورقلة، الجزائر، المجلد (13) العدد (1)، 2021. ص2578.

171 ــ د. تامـر محمـد فايـز، هجرة الأنواع وتشـكل الروايـة الهجين في الأدب العربي الحديث، مجلة رسالة المشرق، مركز الدراسات الشرقية، جامعة القاهرة، المجلد (36) العدد (3)، 2021م، ص19.

172 ــ زهران القاسمي، تغريبة القافر، ص174: ص175.

173 ــ ميرال الطحاوي، بروكلين هايتس، ص66: ص67.

174 ــ السابق، ص159: ص160.

175 ــ لـم أدرس الكـولاج في الفصل المعني بدراسـة تداخل الفن التشـكيلي مع الرواية وذلك لأن الكولاج في الرواية أخذ منحى بعيداً عن طبيعة الفن التشـكيلي، كما سيتضح بعد ذلك.

176 ــ عبيـر عبـاي فايز حسـن، التوظيف الفني والجمالي لفن الكولاج كمدخل لإثـراء التصميم الزخرفي المعاصر، مجلة بحوث في التربية الفنية والفنون، كلية التربية الفنية، جامعة حلوان، المجلد (22)، العدد (3) ص29.

177 – مهــا محمد الســديري، الكولاج في أعمال التصوير التشــكيلي الســعودي المعاصـــر، المجلة الأردنية للفنون، جامعة اليرموك الأردن، مجلد (10) عدد (2) 2017م، ص138.

178 – صلاح فضل، تقنية الكولاج الروائي، مجلة فصول، الهيئة المصرية العامة للكتاب، القاهرة، المجلد (11) العدد (2)، 1992م، ص332.

179 – رولان بارت: النقد البنيوي للحكاية، ترجمة: أنطوان أبو زيد، كتاب الدوحة العدد101، وزارة الثقافة والرياضة، دولة قطر، 2019م، ص71.

180 – رولان بــارت، مدخـل إلــى التحليـل البنيوي للقصص، ترجمــة: د. منذر عياشــي، مركز الإنمــاء الحضــاري، الطبعــة الأولــى، 1993م، ص25، ص26 (باختصار).

181 – محمد القاضي ومجموعة من المؤلفين، معجم الســرديّات، الوطنية الدولية للناشرين المستقلين، الطبعة الأولى، 2010م، ص358.

182 – شهرام دلشاد، السرد الكولاجي وخصائصه في رواية «إسكندريتي» لإدوار الخراط، مجلة دراسات في اللغة العربية وآدابها، جامعة سمنان الإيرانية بالتعاون مع جامعة تشرين السورية، السنة الثانية عشرة، العدد (33) 2021، ص60.

183 – إيمــان مرســال، في أثر عنايات الزيات، سلســلة بلا ضفــاف، الكتب خان للنشر والتوزيع، القاهرة، الطبعة الأولى، 2019م.

184 – السابق، ص2.

185 – نفسه، ص205.

186 – نفسه، ص206.

187 – نفسه، صفحة الغلاف الخلفي.

188 – السابق، ص214.

189 – نفسه، 215.

190 – نفسه، ص5.

191 – نفسه، ص32

192 – نفسه، ص35.

193 – نفسه، ص35.

194 ـ نفسه، ص183.

195 ـ نفسه، ص238.

196 ـ نفسه، ص53.

197 ـ نفسه، ص85.

198 ـ نفسه، ص107.

199 ـ نفسه، ص237.

200 ـ نفسه، ص6: 7.

201 ـ نفسه، ص7.

202 ـ نفسه، ص7.

203 ـ نفسه، ص8.

204 ـ نفسه، ص221 وما بعدها.

205 ـ نفسه، ص180.

206 ـ نفسه، ص180.

207 ـ نفسه، ص75.

208 ـ نفسه، ص78.

209 ـ نفسه، ص80.

210 ـ نفسه، ص98.

211 ـ نفسه، ص100.

212 ـ نفسه، ص140.

213 ـ نفسه، ص158.

214 ـ نفسه، ص161.

215 ـ نفسه، ص193.

216 ـ نفسه، ص234.

217 ـ نفسه، ص13: ص14.

218 ـ ويستمر النص في عرض المشهد، انظر السابق، ص14.

219 – نفسه، ص16.

220 – نفسه، ص90

221 – محمـد عزام، فضاء النـص الروائي مقاربة بنيويـة تكوينية في أدب نبيل سـليمان، دار الحوار للنشـر والتوزيع، اللاذقية – سوريا، الطبعة الأولى 1996م، ص116. و«يقوم الوصف على مبدأين متناقضين: الاسـتقصاء والانتقاء» السابق، الصفحة نفسها.

222 – إيمان مرسال، في أثر عنايات الزيات، ص155.

223 – السابق، ص83.

224 – نفسه، ص83.

225 – نفسه، ص216.

226 – «الأنطولوجيا قسـم من الفلسفة يُعنى بتأمل ((الوجود بما هو وجود)) على حد عبارة أرسـطو، وهي دراسة أو معرفة الأشياء في ذاتها وبما هي جواهر، في مقابل دراسـة ظواهرها أو صفاتها، والنزعة الأنطولوجية هي الميل إلى المباحث الأنطولوجيـة بوصفها تعنى بتأمل طبيعة الوجود فـي ذاته وصفاته» جلال الدين سعيد، معجم المصطلحات والشواهد الفلسفية، دار الجنوب للنشر، تونس، 2004م، ص67: ص68، باختصار.

227 – إيمان مرسال، في أثر عنايات الزيات، ص56.

228 – السـابق، ص68.

229 – نفسه، ص117.

230 – نفسه، ص236.

231 – شريف صالح، حارس الفيسبوك، ص7.

232 – السابق، ص7.

233 – نفسه، ص7.

234 – نفسه، ص7.

235 – نفسه، 7: ص8.

236 – نفسه، ص8.

237 ــ نفسه، ص8.

238 ــ نفسه، ص9.

239 ــ من الجدير بالذكر أن د. عزوز علي إسماعيل، قد إأشار إلى اعتماد رواية بريد الليــل على النمط الرسائلي، حيث يقول: «هناك رواية بها رســائل أو أن الروايــة بأكلها رســالة، وجميعها يخضــع لهذه الكلمات نحو (رسالة الرواية) أو (رواية الرسالة) أو (الرّواية الرسائلية) أو (الرسالة الروائية)، وهكذا نمضي في تعبيرات متعددة نحو الرسالة والرواية، والأمثلة على ذلك كثيرة مثل رواية (بريد الليــل) لهدى بــركات، و(غرام حائــر) لمحمد عبد الحليم عبد الله و(عاشــقان في بلاد الرافدين) لجاســم المطيري و(آخر المحظيات) لسعاد سليمان، ورواية (بريد بيروت) لحنان الشــيخ، و(رسالة البصائر في المصائر) لجمال الغيطاني وغيرها من الروايات» د. عزوز علي إسماعيل، شــعرية الرسالة الروائية، كتاب المجلة العربية، العدد (281) المجلة العربية، الرياض، 2020م، ص12.

240 ــ السابق، ص12.

241 ــ شطبي ميخائيل، زمن التراجعات، ص15: ص16.

242 ــ السابق، ص155.

243 ــ نفسه، ص159.

244 ــ نفسه، ص207.

245 ــ محمد عطوة، مزامير أفرُوديت، ص23.

246 ــ د. تامر محمد عبدالعزيز، بنية الخطاب الشعري في الشعرية العربية المعاصرة، ص76.

247 ــ محمد عطوة، مزامير أفرُوديت ، ص25.

248 ــ السابق، ص79.

249 ــ أحمــد مختار عمر، اللغــة واللون، عالم الكتب للنشــر والتوزيع، القاهرة، الطبعة الثانية، 1997م، ص185.

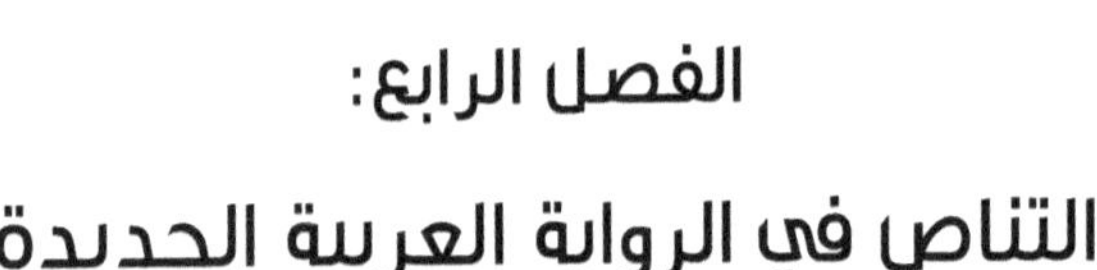

الفصل الرابع:

التناص في الرواية العربية الجديدة

توطئة

لقد حاز حضور التناص في الرواية العربية الجديدة على مساحة واسعة «فالتناص القوي الحاد مظهر من أبرز مظاهر الرواية»[1]. أما عن المصطلح «فمصطلح التناص في النقد العربي الحديث هو ترجمة للمصطلح الفرنسي (Intertext) حيث تعني كلمة (inter) في الفرنسية: التبادل بينما تعني كلمة (texte) النص وأصلها مشتق من الفعل اللاتيني (Textere) وهو متعد ويعني (نسج) أو (حبك) وبذلك يصبح معنى: (Intertexte) التبادل النصي وقد ترجم إلى العربية: بالتناص الذي يعني تعالق النصوص بعضها ببعض»[2]، حيث «تعد فكرة «التناص» Intertextuality من الأفكار المركزية للنظرية الأدبية والثقافية المعاصرة، وقد برزت هذه الفكرة في أواخر الستينيات من القرن العشرين، ويعود الفضل في ذلك إلى «جوليا كرستيفا» Julia Kristeva التي قدمت تأطيراً مفهومياً لهذه الفكرة في مقال لها عن ميخائيل باختين»[3] و«لقد نظرت كرستيفا للنص نظرة إنتاجية، فالنص كالنشاط الاقتصادي يتضافر في توليده وإنتاجه الجميع. ورأت كرستيفا أن كل نص قائم على عمليتي الاستدعاء

والتحويل، فالاستدعاء يكون بأن نصوصاً ترحل إلى نص جديد من خلال استدعاء المبدع لها وفق رؤيته لها، مستخدماً عملية تحويل منظم، يعيد بها تنضيد الفسيفساء لتظهر لوحة جديدة قامت على تذويب وتنظيم وتحويل النصوص المستدعاة»[4]. والتناص هو «كل ما يضع النص في علاقة ظاهرة أو خفية مع نصوص أخرى»[5] و«يشير التناص إلى حضور نص سابق الوجود في نص لاحق الوجود وهو من المصطلحات التي احتلت مركز الصدارة في الشعريات المعاصرة عامة، والسرديات خاصة»[6] حيث «عرف التناص أيضاً على أنه علاقة بين نصين تقوم على الحوار وإقامة الجدل، وقد يحدث اتفاق بين هذين النصين، وقد لا يحدث، فيمد أحدهما الآخر بطرق مختلفة إما عن طريق الفكرة أو من خلال الأسلوب، فالتناص بذلك يقوم على علاقة تضافرية بين نص ونصوص أخرى متعالقة معه، وتكون العلاقة بينهما قائمة على الصراع، وتبقى متجددة بتجدد الذات القارئة، والتناص ارتداد للماضي واستحضار له، وهو حالة تواصل بين نصين: الحاضر والغائب تحدث بخفاء أو بشكل ظاهر ويعتمد على قدرة المتلقي على عقد موازنات مع نصوص أخرى بحثاً على علاقة بينهما، أما النص الغائب الذي يعد جزءاً من عملية التناص فهو ما يوحي به النص ولا يعبر عنه مباشرة، وهو مجموعة من النصوص غير الظاهرة التي يشتمل عليها النص، فتعمل على تكوينه وتشكل دلالته، ودراسة النص الغائب تعني دراسة ما وراء النص الحاضر من أجل فهمه»[7]، لذلك يقول الدكتور رمضان الصباغ: «التناص إذاً هو وسيلة تواصل لا يمكن الاستغناء عنه في أي خطاب لغوي

284

ووجود ميثاق، وقسط مشترك بين المرسل والمتلقي (المرسل إليه) من التقاليد الأدبية، والمعاني ضرورية لنجاح عملية التواصل»[8].

وسنرصد التناص في الرواية العربية الجديدة بأنماط عدة، وذلك خلال التناص مع النص المقدس والتناص مع الشعر العربي والتناص مع الأمثال والمقولات الشعبية، والتناص من خلال استحضار الأغنية.

المبحث الأول:

التناص مع النص المقدس

يحمل النص المقدس قيماً روحية كبيرة للمؤمنين به، فيتعلقون به ويمس حضوره وجدانهم، ومن ثمّ لجأت الرواية العربية الجديدة إلى التناص مع النص المقدس، لما يحمله من جلال روحي وبلاغة بيانية لا تضاهى.

1 – التناص مع القرآن الكريم:

التناص مع القرآن الكريم ليس جديداً في الخطاب الأدبي، بل هو قديم قدم الأدب من بعد بعثة النبي محمد صلى الله عليه وسلم، ويرى الدكتور محمد عبد الباسط عيد أن «الخطاب القرآني من المراجع المحورية، المحققة لفاعلية التناص في النص»[9]، وذلك لحضور «مركزية النص القرآني في الثقافة العربية، بما ينطوي عليه من قيم ومثل دعا إليها وحثَّ أتباعه على الالتزام بها. ولم تكن هذه القيم حُلماً مثالياً يعجز عنه الإنسان، بل كانت واقعاً مجسداً في رسل الله وصالحي عباده. فقد قدم القرآن نموذجاً قابلاً للتحقيق»[10]، والنص القرآني بما يشتمل عليه من بيان ومعانٍ وقصص يعطي دافعاً للأدباء للتناص معه، بأشكال مختلفة في محاولة تسعى من الاقتراب إلى الكمال الأدبي.

أ ـ التناص المباشر:

في التناص المباشر يتم «اجتزاء قطعة من النصّ أو النصوص السابقة ووضعها في النص الجديد بعد توطئة مناسبة لها، تجعلها تتلاءم مع الموقف الاتصالي الجديد وموضوع النص. وهو الشكل البسيط الذي يتحقق بنقل التعبير كما هو»[11]، ويستدعي الروائي في الرواية العربية الجديدة النص القرآني على نحو مباشر، بحيث يسهل ربط الجمل التي قيلت في النص الروائي بالآية القرآنية الكريمة، وقد أكثرت (دعاء عبد الله الجابي) في روايتها (ندوبٌ صَمَّاء) من ذلك الفعل التناصي وسنتوقف عند ثلاثة مشاهد روائية لجأت فيها المؤلفة إلى ذلك الفعل التناصي مع المقدس، المشهد الأول يعرض لشخصية (سماء) وهي في مستشفى لعلاج الإدمان والأمراض النفسية ويفسر الراوي الخارجي سبب ذلك:

«استعاذت سماء بنفر من الجن فزادوها رهقاً على رهقٍ.. طرقات خفيفة قطعت خلوتها بهذا العالم الذي انغمست فيه مذ بدأت في تناول تلك السموم البدنية التي أذهبت عقلها؛ بحجة أنها تهرب من مرارة واقعها»[12].

إن هذا المقطع يتناص مع الآية (6) من سورة الجن، يقول تعالى ﴿وَأَنَّهُ كَانَ رِجَالٌ مِّنَ الْإِنسِ يَعُوذُونَ بِرِجَالٍ مِّنَ الْجِنِّ فَزَادُوهُمْ رَهَقاً﴾، لقد لجأت (سماء) إلى الجن لتحقق أغراضها وشهواتها، لكنها لم تنتفع بذلك وزاد رهقها على الرهق الذي كانت فيه، فانغمست في عالم الإدمان المدمر متخذة لنفسها حجة واهية وهي الهروب من ذلك

العالم القاسي، إلى داخلها، فدمر جسدها وعقلها، في الآية الكريمة استعاذ رجال من الإنس برجال من الجن، أما في النص الروائي فقد استعاذت أنثى بنفر من الجن، فهي بمفردها وقد لجأت إلى مجموع يضللها ويزيد من شقاوة حياتها.

ويأتي التناص المقدس في معرض حديث الـراوي عن رهبة (تبيان) من خطوة الارتباط والزواج:

«لم تزل رهبتها من تلك الخطوة قائمة آناء الليل وأطراف النهار لم تمحها تراتيل العشق التي كان يسمعها إيهاب إياها طوال تلك الأيام الماضية، وكأنما تقوقعت تلك الفتاة داخل بركة من الأحزان، تخشى أن تخرج منها لئلا تصاب بالخذلان الذي تحمله السعادة بين طياتها دوماً»[13].

فيحيل النص الأدبي إلى سورة طه، الآية (130) يقول تعالى: {اصْبِرْ عَلَى مَا يَقُولُونَ وَسَبِّحْ بِحَمْدِ رَبِّكَ قَبْلَ طُلُوعِ الشَّمْسِ وَقَبْلَ غُرُوبِهَا وَمِنْ آنَاءِ اللَّيْلِ فَسَبِّحْ وَأَطْرَافَ النَّهَارِ لَعَلَّكَ تَرْضَى}.

فسياق الآية الكريمة هو سياق الأمر بالصبر والحث على العبادة، أما السياق الروائي فهو سياق الخبر والإنباء، فالنص القرآني في الآية يدعو إلى السكينة والرضا، أما (تبيان) في النص الروائي فهي خائفة حتى من السعادة، من كثرة ما مرت به من آلام ومآسٍ في حياتها، حتى ظنت أن الفرح ليس لأمثالها، فقد اختارت أن تتصالح مع أحزانها وتعيش معها، بدلاً من أن تفرح ثم ترتد إلى أحزان كثيرة، لقد صارت أحزانها بركة ماء يغرقها، لكنها في النهاية حاولت خلع

ثوب الحزن عنها لثقتها بحبيبها (إيهاب): «لقد كانت ليلة فيروزية شاعرية، قررت فيها تبيان أن تخلع عنها ثوب الحزن وتتركه خارج منزل إيهاب»[14]، فهل كانت الثقة في محلها، أم أصاب العطب حياتها مع (إيهاب)؟ يقول الراوي:

«يأتيها كل يوم عندما ينتصف الليل، يترنح من شدة التعب، كمستأجر غرفة في فندق؛ يأكل طعام العشاء أو لا يأكل، ثُمَّ ينام، وقد ينام بثياب عمله، تبتلع حسرتها كل يوم على أمل أن يأتيها الغد وقد حمل بين طياته تغييراً يجعلها تثمل فرحاً.. ويكأنَّها مصلوبة على جذع الحياة، تحمل فوق رأسها خبزاً تأكل الأيام منه»[15].

لقد انشغل (إيهاب) بروتين الحياة الطاحنة، وشعرت (تبيان) أنه لا يبالي أو يهتم بها، فرجعت إلى دائرة الأحزان ويستعين النص الروائي بالنص القرآني ليعبر عن هذا الألم المتكرر في حياة (تبيان) حيث يستدعي النص الآية (36) من سورة يوسف، يقول تعالى: {وَدَخَلَ مَعَهُ السِّجْنَ فَتَيَانِ قَالَ أَحَدُهُمَا إِنِّي أَرَانِي أَعْصِرُ خَمْراً وَقَالَ الآخَرُ إِنِّي أَرَانِي أَحْمِلُ فَوْقَ رَأْسِي خُبْزاً تَأْكُلُ الطَّيْرُ مِنْهُ نَبِّئْنَا بِتَأْوِيلِهِ إِنَّا نَرَاكَ مِنَ الْمُحْسِنِينَ» والآية (41) من السورة نفسها، يقول تعالى: {يَا صَاحِبَيِ السِّجْنِ أَمَّا أَحَدُكُمَا فَيَسْقِي رَبَّهُ خَمْراً وَأَمَّا الآخَرُ فَيُصْلَبُ فَتَأْكُلُ الطَّيْرُ مِنْ رَأْسِهِ قُضِيَ الأَمْرُ الَّذِي فِيهِ تَسْتَفْتِيَانِ}.

إن صاحب السجن الذي سيصلب وتأكل الطير من رأسه في الآية الكريمة، سيموت ويعذب في موته مرة واحدة، أما تبيان فتعذب على الدوام؛ فالحياة هي التي صلبتها، والأيام هي التي تقوم على تعذيبها، فتحمل الحياة كلا الزوجين (تبيان وإيهاب) ما لا يطيقان.

يؤدي حضور التناص غير المباشر الذي «يستنبط من النص استنباطاً»[16] إلى إعمال ذهن القارئ في محاولة لاكتشاف التناص وربطه بالسياق الجديد ويأتي التناص مع النص القرآني على نحو غير مباشر في رواية (تغريبة القافر) وذلك عندما اقترح (سالم) ووالده (عبد الله) على أهل قريتهما حفر (الفلج) في مكان معين فسخر منهما الناس، يقول الراوي:

«سخر الجميع من عبد الله وابنه، أسمعوهما طوال نهار ذلك اليوم ما يكفي من كلمات، فتلقوا السب والشتائم بصمت»[17].

لكن (سالم) يحفر ولا يلقي بالاً بسخريتهم، إيماناً بحدسه ولأن هناك من يؤمن بقدرته كجدته (كاذية) ووالده (عبد الله) و(سلام ود عامور) ويتجاوز (سالم) سخرية قومه، ويبدأ في الحفر على النحو الذي يراه صحيحاً:

«وهناك عند تلك النقطة التي تجاوزها الحقّارون أمسك بمطرقته وبدأ يحفر في اتجاه مغاير. في البداية أسمعوه الكثير من الاستهزاء والسخرية، لكن كبرهم جعلهم يتجاهلونه ويبتعدون عنه منشغلين بحفر قناة الفلج حيث دلهم أكابرهم، وبين فينة وأخرى ومن باب التّرويح عن النفس يجتمعون حوله ويتندرون به»[18].

إن النص الروائي يتناص بشكل غير مباشر مع قصة (نبي الله نوح) وسخرية قومه منه عندما كان يصنع الفلك، يقول تعالى:

﴿وَيَصْنَعُ الْفُلْكَ وَكُلَّمَا مَرَّ عَلَيْهِ مَلأٌ مِنْ قَوْمِهِ سَخِرُوا مِنْهُ قَالَ إِنْ تَسْخَرُوا مِنَّا فَإِنَّا نَسْخَرُ مِنْكُمْ كَمَا تَسْخَرُونَ﴾ سورة هود، الآية (38).

فـ(نبي الله نوح) (عليه السلام) كان يصنع الفلك للنجاة من الماء وقومه المشركون يسخرون منه وهو مستمر في عمله لأنه مؤمن بوعد ربه، أما (سالم) وابنه فيسخر منهما قومه رغم أنهما يبحثان عن الماء ويتفقان في الهدف، فالماء الذي ينتظره (سالم) وابنه هو الماء الذي يمنح الحياة، أما الماء المنتظر في قصة (النبي نوح عليه السلام) فهو ماء الهلاك للقوم المعاندين، ففي القصتان القرآنية والروائية أتى الماء، وفي القصتين كانت السخرية من قوم لا يفقهون إلى إنسان يعمل بجد في سبيل ما هو مؤمن به، (نوح عليه السلام) يصنع السفينة، و(سالم) يحفر الفلج، لكن قوم نوح لم يؤمنوا فيه إلا قليلاً، أما (سالم) فقد آمن قومه بقدرته في استخراج الماء بعد أن ظهرت المعجزة.

ويحضر التناص غير المباشر مع النص القرآني في رواية (تغريبة القافر) أيضاً، عندما اتخذت (نصرا) من غزل الصوف حجة لكي تهرب من الزوج الذي تقدم إليها بعد اختفاء زوجها:

«إيش طلبك؟

ــ أريد أغزل هذا الصوف اللي في المراوح.

وعندئذ تدخل أخوها الأكبر قائلاً:

ــ تقدري تاخذي الصوف معك وتغزليه هناك.

نظرت ناحيته وقالت:

– من احلّص غزل كلّ هذا الصوف أوعدكم زوجوني وين ما تريدوا.

وعندما قال واحدٌ آخر من إخوانها:

– ومتى بيخلص هذا الغزل؟

ردّت عليه بهدوء تام:

– بيخلص يوم يخلص»[19].

فيستدعي النص السابق على نحو غير مباشر قول الله تعالى: {وَلَا تَكُونُوا كَالَّتِي نَقَضَتْ غَزْلَهَا مِنْ بَعْدِ قُوَّةٍ أَنْكَاثاً تَتَّخِذُونَ أَيْمَانَكُمْ دَخَلاً بَيْنَكُمْ أَنْ تَكُونَ أُمَّةٌ هِيَ أَرْبَى مِنْ أُمَّةٍ إِنَّمَا يَبْلُوكُمُ اللَّهُ بِهِ وَلَيُبَيِّنَنَّ لَكُمْ يَوْمَ الْقِيَامَةِ مَا كُنْتُمْ فِيهِ تَخْتَلِفُونَ} سورة النحل الآية (92).

فلكي تستطيع (نصرا) الهروب من إلحاح الأهل عليها بالزواج، تتخذ من إتمام غزل الصوف شرطاً لإتمام الزواج، وبالتالي يحيل المحذوف من النص إلى أنها ستنقض بعض ما ستغزله، حتى لا يتحقق الوعد الذي وعدته، فلا تخلف الوعد وتظل وفية لذكرى زوجها الغائب.

جـ ــ التناص مع القصة القرآنية:

يحدث التناص مع القصة القرآنية، وذلك حينما يتلفظ الراوي أو أحد الشخوص بحكاية تتشابه مع قصة من القصص القرآنية مع فارق الشخصيات والأحداث والدلالة العامة، ومن نماذج ذلك حوار

بين (هند) وأبيها في رواية (بروكلين هايتس)، عندما تصرّح الطفلة (هند) لوالدها برغبتها في السفر:

«سافر الكثيرون حوله، وبقي الأب يقلب النار في المضيفة، وهي تجلس بجانبه تقول له: «بابا أنا نفسي أسافر» يقول لها إنّ الحياة سفر كبير، وإنك ستسافرين كثيراً وستتعبين من السفر، وسيكون بابا كهلاً ووحيداً ولا أحد يريد أن يجلس معه، وإنها حينما تقترب منه لن يراها لأنه لم يعج يبصر، بل سيشم رائحة ابنته، حبيبته من بعيد، وإن ذلك سيعيد له بصره، كما عاد البصر لسيدنا يعقوب.. وساعتها ستصبح هي عصاته التي يتوكأ عليها في الكبر، وسيأخذها من يدها ويسيران معاً من العلواية حتى أرض الغجر. تضحك، فيحكي لها قصة سيدنا يوسف»[20].

يرى والد (هند) أن الحياة نفسها سفر، لأنها تسير بالإنسان نحو الموت والحياة الأخرى، هي سفر في الزمن، حتى وإن لم ينتقل الإنسان من مكان لآخر، ويتحدث الأب عن نفسه بضمير الغائب لابنته المروي عليها، ليمنح سرده الاستباقي[21] الموضوعية ولكي يثير تعاطف الابنة أكثر، ويتخذ من بعض أحداث قصة نبي الله يوسف بعض التشابهات مع سرده، مع فارق التشبيه، فليس الأب كيعقوب وليست الابنة كيوسف. ويظهر وجه التشابه من خلال الجدول الآتي:

والد هند	يعقوب عليه السلام
سيفقد بصره لكبر سنه وغياب هند	فقد بصره بعد غياب يوسف
سيشم رائحة ابنته	وجد ريح يوسف
سيعود إليه بصره بعد اقتراب ابنته منه	عاد إليه بصره بعد إلقاء قميص يوسف نحو وجهه

أما وجه الاختلاف فعلى هذا النحو:

1 – يوسف غيب بفعل إخوته من خلال كيدهم له، (هند) تريد أن ترحل بإرادتها وتترك والدها.

2 – عاد البصر إلى يعقوب عليه السلام من خلال قميص يوسف، بعد أن ألقاه أحد إخوة يوسف عليه، أما الابنة فهي التي ستأتي إلى الأب بذاتها لأنها اختارت الرحيل بإرادتها.

3 – نبي الله يعقوب، هو الذي رحل من فلسطين إلى يوسف في مصر، بينما (هند) ستعود إلى والدها الذي يسكن مصر ولا يسعى لمغادرتها.

إن الوالد يريد إقناع ابنته بأهمية بقائها إلى جواره، بأن يخترع لها قصة مستقبلية لم تحدث بعد، ليخبرها من خلالها أنه سيكون في حاجة إليها عندما يكبر، دون أن يطلب منها ذلك بشكل صريح، ويستدعي قصصاً دينياً ليؤكد لها أهمية الأبناء لدى الآباء وليمنح قصته بعض الجلال والقداسة، ولما وجد الأب أن قصته قد أثرت في ابنته عاد بها إلى بعض الأماكن القريبة من بلدتهم كي تضحك، وعند ذلك يحكي لها قصة سيدنا (يوسف) التي منحته القدرة على رواية قصة متشابهة، ونلحظ أن الرواية انتقلت منه إلى الراوي الخارجي مرة أخرى مع ضحك ابنته.

لكن ذلك السرد الاستشرافي [22] لم يحدث، فقد توفي الوالد وهو في الأربعينيات من عمره، واختارت (هند) أن تهاجر بعد ذلك إلى الولايات المتحدة الأمريكية.

2 – التناص مع التراث المسيحي:

يحمل التراث المسيحي الكثير من القيم والمواعظ الإنسانية سواءً أكان ذلك من خلال الكتاب المقدس، أو من خلال النصوص التي تقال في المناسبات الدينية التي وصلت إلى مرتبة القداسة، ولهذا كان التراث المسيحي رافداً مهماً حرص كثير من الروائيين على استلهامه.

أ ـ التناص مع الكتاب المقدس:

في رواية حارس (الفيسبوك) لـ(شريف صالح) ثمة اقتباس من الكتاب المقدس «العهد الجديد» عن طريق صلاة يؤديها كاهن الفيسبوك (أمبيك) على إحدى المتوفيات إلكترونياً:

«هي صلاة مأخوذة من الإنجيل بعد إجراء تعديل طفيف عليها:

((يا سيد

ارحم ابنتي

فإنها تصرع وتتألم شديداً

وتقع كثيراً في النار

وكثيراً في الماء))» [23].

والنص الأصلي من إنجيل متى ويقول: (يَا سَيِّدُ، ارْحَمِ ابْني فَإِنَّهُ يُصْرَعُ وَيَتَأَلَّمُ شَدِيداً، وَيَقَعُ كَثِيراً فِي النَّارِ وَكَثِيراً فِي الْمَاءِ) (17: 15)

والتعديل الطفيف هو قول الكاهن في النص ابنتي بدل ابني، لأن المتوفاة إلكترونياً أنثى.

ب ــ التناص مع صلوات ومواعظ المناسبات الدينية:

في رواية (زمن التراجعات) يقف (الأسقف) ليقيم الصلاة الجنائزية على الشخصيات التي راحت ضحية الإرهاب الغاشم، فيقول: «هذه الأنفس التي اجتمعنا بسببها يا رب، نيحها في فردوس النعيم»[24]، وهذا تناص جلي مع (الترتيلة) التي تقال في إقامة الجنازات، والتي يقول مطلعها «هذه النفس التي اجتمعنا بسببها يا رب نيحها في ملكوت السموات»[25] لكن النص الروائي يعدل عن (النفس) المفردة إلى الجمع (الأنفس) ليكون ذلك مناسباً مع عدد المتوفين، كما استبدل «فردوس النعيم» بملكوت السموات، فلماذا قام بذلك الاستبدال؟

إن الفردوس حسب المعتقد المسيحي «صار مقراً للروح بدون الجسد، وليس فيه أشياء مـاديـة»[26] وهي مرحلة تسبق ملكوت السموات[27].

وفي رواية (بيت ياجوري)، لـ(سمير فوزي) تعرض الرواية لمشهد تجهيز القس (عبد الشهيد) لموعظة الأحد وهو ذاهب بسيارته إلى الكنيسة:

«اعطِ يا رب لكل نفس أن تتذوق حلاوة العشرة المقدسة معك، اذكر يا رب كل نفس تعيش في الضلال وظلمة الخطيئة لم تعرفك إلى الآن ولم تتلامس معك، أطلب منك أن تعطي العالم كله سلاماً

وطمأنينة، حل سلامك يا رب في كل بلدان العالم، اعطِ السلام لبيوتنا يا رب، لأنفسنا، ادخل كل بيت يا رب، ليهرب الظلم والحقد، اجعل يا رب كل أسرة كنيسة حقيقية»[28]، ويعلق الراوي ويقول: «المقطع الأخير لعظة الأحد القادم التي سيتلوها القس عبد الشهيد، يرددها مع مسجل السيارة»[29].

وهذه الموعظة في النص الروائي تتناص مع (أوشية السلام الكبيرة من قداس باسيليوس) ومن ضمن ما يقال منها: «يا رب ارحم هذه الكائنة من أقاصي المسكونة إلى أقصيها، كل الشعوب وكل القطعان باركهم، السلام الذي من السموات أنزله على قلوبنا جميعاً. بل وسلام هذا العمر أنعم به علينا إنعاماً. الملك والجند والرؤساء والوزراء والجموع وجيراننا ومداخلنا ومخارجنا زينهم بكل سلام يا ملك السلام أعطنا سلامك لأن كل شيء أعطيتنا»[30].

إن كلا النصين الروائي و(أوشية السلام) يدعوان إلى السلم والأمن والمحبة، حتى لا يكون هناك حسد وحقد وغل بين بني الإنسان.

المبحث الثاني:

التناص باستحضار الشعر العربي

يعد الشعر العربي مادة خصبة للكاتب الروائي يستدعيها ويقتبس منها كما يشاء، لكن عليه أن يراعي طبيعة الفن الذي تنقل إليه تلك الأشعار، فلا ينبغي أن تكون مجرد استعراض لثقافة المؤلف وقوة ذاكرته في استجلاب الشعر، بل عليه أن يراعي اتساق الأشعار المستدعاة مع سياق الأحداث الواردة في الرواية، «وأنه خرج من كونه مجرد اقتباس أو نصوص مستدعاة إلى دلالة جديدة أكثر حيوية وتفاعلاً»[31]؛ فيصبح الشعر المستدعى مشاركاً في الحدث.

وكثيرة هي الروايات التي حضر فيها شعر الآخرين ومن المحال حصرها، وستتوقف الدراسة عن عند بعض النماذج الشعرية المقتبسة في ثلاث روايات فقط، الرواية الأولى رواية (دارية) لـ(سحر الموجي) فقد استدعت أشعاراً لـ(أمل دنقل) و(ابن الفارض) وسنتوقف مع اقتباسها من (ابن الفارض) حيث استحضرت أجزاءً من قصيدته الجيمية «ما بين معترك الأحداق»[32] وسياق مورد الاقتباس هو ذهاب (دارية) وصديقتها (هادية) لزيارة مسجد ومقام (عمر بن الفارض):

«أمام النوافذ المضيئة للجامع الصغير، يغمرهما السكون، وأبيات شعر تتطاير في سماء المكان:

تراه

إن غاب عني كل جارحة

في كل معنى لطيف رائج بهج

في نغمة العود

والناي الرخيم

إذا تآلفا بين ألحان من الهزج

وفي مسارح غزلان الخمائل

في برد الأصائل والإصباح

في البلج

وفي تساقط أنداء الغمام

على بساط نور

من الأزهار منتسج

وفي مساحب أذيال النسيم

إذا أخدى إليَّ سُحيراً

أطيب الأرج

وفي التثامي ثغر الكأس

مرتشفاً ريق المدامة

في مستنزه فرج

لم أدر ما غربة الأوطان

وهو معي

وخاطري أين كنا

غير منزعج»[33].

إن (تطاير) الأبيات الشعرية يمنحها قدرة إعجازية تتناسب وطبيعة المكان الذي توجد فيه (دارية) وصديقتها، ويلحظ أن الأبيات كتبت على نمط الشعر التفعيلي الحر، وليس على نمط الشطرين كما في القالب الملتزم عمود الشعر، فهل ذلك يعد إثباتاً أن القالب الشعري القديم ما زال قادراً على التشكيل الكتابي الجديد؟ أم أن الشعر الجديد غير منفصل عن تراثه الشعري؟ إن كتابة الشعر بذلك النمط السطري لا الشطري يتناسب وحالة تطاير الأبيات التي تظهر أمام عيني (دارية)؛ كي تمنحها السكينة التي حرمت منها.

ويحضر اقتباس الأبيات الشعرية العربية كأبيات منقوشة على قاعدة تمثال تصنعه شخصية (كمال) في رواية (الإيبس) لسفيان صلاح هلال:

«وراح ينحت تمثالاً عظيماً كتب على قاعدته أبيات شعر عربي شهيرة تقول:

«وإني لأخلو مذ فقدتك دائباً

305

فأنقش تمثالاً لوجهك في التُّرب

فأسقيه من عيني وأشكو تضرعاً

إليه ما ألقاه من شدة الكرب»

أما التمثال فكان لأنثى كأنها ستجثو لتمنح شيئاً وكأنها ستطير من فرط رقة الملامح المنحوتة المتحفزة للعطاء»[34]، فالبيتان المقتبسان والموظفان في الرواية ينتسبان في الأصل إلى مطلع مقطوعة من خمسة أبيات للشاعر (مسلم بن الوليد الأنصاري) الملقب (بصريع الغواني)[35]، لكن البيت ينتقل من سياقه الغزلي عند (صريع الغواني) إلى سياق رثائي عند (كمال) يرثي فيه محبوبته فإذا كانت «شدة الكرب» عند (صريع الغواني) أنه لا يستطيع الوصول إلى المحبوبة والتمكن من مشاعرها؛ فإن (كمالاً) قد فقد محبوبته تماماً بموتها، فصنع لها ذلك التمثال الذي نقشت عليه الأبيات؛ ليصبح الشعر المقتبس متحققاً في الواقع.

وفي رواية (ندوب صماء) لـ(دعاء الجابي) يحضر الشعر العربي ليكون مكملاً للوصف مبرزاً لطبيعة الشخصيات متسقاً معها، ففي مقدمة الرواية يصف الراوي حالة فقدان النطق المفاجئ التي تعاني منها (تبيان) فيأخذ الراوي في مدح الصمت وإنزاله منزلة عالية، بربطه بالطبيعة ومقارنته بالكلام الذي لا فائدة من ورائه، وإعلاء شأن الصمت عليه، ثم يستشهد المؤلف من خلال الراوي الخارجي ببيتين لـ (محرز بن علقمة) يمتدح فيها الصمت:

«فلشمس فضل على الكون بأسره، لكنها ما تفوهت بذلك يوماً،

306

وقمر الليل شاهد بالحجة والبرهان على أهل الغرام، لكنه ما باح يوماً، وللحروف الصامتة أثرٌ عظيم في نفس المتذوق الحقيقي للغة الصمت والأوراق، فما عيب صامت لصمته، لكن يُعاب المرء حين ينطق إن هو تفوه بالترهات، فقد صدق مُحرزُ بن علقمة حينما قال:

لقد وارى المقابر من شريك

كـثـيـر تـحـلـم وقـلـيـل عـابِ

صموتاً في المجالس غير عي

جديراً حين ينطق بالصواب»[36]

فأحياناً يفضل الإنسان الصمت الاختياري مع قدرته على الكلام القادر على إبهار الآخرين، لكنه يتعالى عن واقعه بالصمت.

وفي الرواية نفسها نجد بيت الاقتباس الشعري يحضر كمتلفظ في حوار بين المحامي (إيهاب) وموكلته (تبيان) التي ستصبح زوجته فيما بعد، وعند سؤالها عن مشاعر إحدى زميلاتها نحوها في محاولة منه للتوصل إلى ملابسات الحادث الذي ألقى به في السجن تجبه ببيت شعر يعبر عن مكنونها تجاه البشر:

«ـ لم يكن أحد غيرك هناك؟

ـ لقد كانت رغد، خرجت مسرعة، وبادلتني ابتسامة خفيفة.

ـ لكنها نفت وجودها هناك وقتها ـ قد أنسى أحياناً، لكني متأكدة من أني رأيتها فعلاً هناك ذلك اليوم.

- هل كانت تكن لك كرهاً، أو شيئاً من هذا القبيل؟

ـ لا أسأل الناس عما في ضمائرهم

ما في ضميري لهم من سيكفيني»[37]

وبالبحث عن نسب البيت وأصله وجدته ينسب لـ (ذي الأصبع العدواني) ولـ (صالح عبد القدوس) وبالبحث في ديوانيهما لم أجد للبيت أثراً، وعلى كل يتفق البيت وطبيعة (تبيان) التي تحسن الظن بغيرها، ولا تتحرى عما في نفوس الناس نحوها.

وتقتبس الرواية أيضاً من الشعر المعاصر من قصيدة (إلى ميتة) لـ (نزار قباني) لتبرز اتساع الهوة بين (تبيان) وزوجها (إيهاب) يقول الراوي:

«جلست تجلد ذاتها على إهانته لها:

ـ هل أتحدى عنفوانه؟

قالت ذلك وهي تستذكر قصيدة لنزار قباني:

انتهت قهوتنا..

وانتهت قصتنا..

وانتهى الحب الذي كنت أسميه عنيفا..

عندما كنت سخيفاً..

وضعيفا..

عندما كانت حياتي..

مسرحاً للترهات..

عندما ضيعت في حبك أزهى سنواتي

بردت قهوتنا..

بردت حجرتنا..

فلننقل ما عندنا..

بوضوحٍ، فلتقل ما عندنا

أنا ما عدت بتاريخك شيئاً

أنت ما عدت بتاريخي شيئاً»(38)

إن خطاب (نزار قباني) في قصيدته موجه من الرجل إلى الأنثى، أما وضعيته الجديدة في النص الروائي، فيتحول الخطاب من الأنثى إلى الرجل من خلال حديث مونولوجي تتأمل فيه (تبيان) علاقة زوجية على وشك الانهيار، لتسترجع تبيان تاريخها مع إيهاب وما كان بينهما من حب أوشك ألا يكون لا شيء.

المبحث الثالث:

التناص مع الأمثال والمقولات الشعبية

تحمل الأمثال والمقولات الشعبية خلاصة تجارب الشعوب وتعبر عن حكمتها حيناً وفكاهيتها أحياناً أخرى، كما أنها تكون وسيلة لإنهاء الحديث وتلخيص الحدث أو الفعل في كلمات موجزة، «فالأمثال الشعبية تمتاز بثلاث خصائص أساسية هي/ الطابع الحُكمي، والطابع التعليمي، والاختصار، والتركيز، فالمثل يساعد المستمع إليه على استيعابه وحفظه لحظة استماعه؛ لأنه يعرض نتائج خبرات مرت بها أجيال كثيرة، ويضع المثل أمام سامعيه نتائج تلك الخبرات حتى يستضيئوا بها في ما يعترضهم في حياتهم، ذلك أنّ الأمثال الشعبية تعبر عن النفس البشرية في جميع حالاتها»[39]، واستدعاء الروائي للأمثال والمقولات الشعبية يعد إيماناً منه بأدبية ذلك النمط من القول البليغ.

يحضر المثل الشعبي في رواية (بروكلين هايتس)، كمقولة عابرة على لسان الشخصيات، إما استكمالاً لحديث بدأته الشخصية أو تعليقاً على موقف أو حديث من الشخصية التي تخاطبها، ومن نماذج ذلك فخر (نجيب الخليلي) بابن أخته (زياد) لأنه مثقف وفنان، ومحاولة إقناعه بعبقرية الجينات المتوارثة: «يضحك الرجل المسن ويقول لزياد: ((الولد يطلع لخاله فنان والله إحنا جاء بنا من بلادنا إلا الفن

يا ابني؟ كان عمك ناراك يهوى الرسم ويعزف على الكمان، وأنا كنت فاكر نفسي النبي جبران أو ميخائيل نعيمة، وأنني سأكتب كل القصائد التي لم يكتبها ابن زيدون رحمه الله لكن الغربة بنت... يا زياد ولا تعطيك إلا قدرك ونصيبك)).. يطرق زياد رأسه متفهماً))[40]؛ فالخال يسعى إلى تعزيز إيمان ابن أخته بموهبته، من خلال إيهامه بأنه ورث تلك الموهبة منه، رغم أن الخال موهبته الكتابة و(زياد) موهبته الإخراج، ويستدعي الخال مثلاً شعبياً وهو (ولد لخاله) وقد ورد في كتاب الأمثال العامية لـ (أحمد تيمور باشا) قوله: «ولد لخاله، يضرب في مشابهة ابن الأخت للخال في طباعه. وبعضهم يزيد فيه وبنت لعمتها»[41] ويعلق (أحمد تيمور) على المثل ويقول: «ولا أدري لِمَ جعلوا الولد للخال والبنت للعمة؟»[42]، فـ(أحمد تيمور باشا) نفسه لا يعرف سبب التسمية والتي أراها نوعاً من حفظ التوازن بين عائلة الأب وعائلة الأم من خلال منح الذكور إلى الجانب الأنثوي ناحية أمهاتهم لكن من خلال ربطهم بعنصر ذكوري مثلهم هو الخال، وكذلك بالنسبة للإناث من الوجهة المقابلة.

إن الخال يرى ابن أخته امتداداً له، يريد أن يحقق فيه ما لم يحققه هو، مع إقناع ذاته بأنه أيضاً يمتلك مواهب مثل ابن أخته، كما أنه لا يريد أن يمنح ابن أخته آمالاً كاذبة أيضاً حتى لا يتحطم إذ لم تتحقق تلك الآمال لأن الغربة لها أحكامها وهنا يتناص مع مثل شعبي آخر بشكل غير مباشر وهو «ما نبنا من غربتنا إلا عوجة ضبتنا، المراد بالضب هنا: الفك؛ أي: لم ننل من غربتنا التي كنا عليها الربح وتحسين الحال إلا اعوجاج الفم. يضرب في الأمر يراد به الإصلاح،

وتتحمل فيه المتاعب فينتج عكسه»[43]، لقد خرج الخال (نجيب) من الشرق نحو الغرب لتحقيق حلمه بأن يصبح أديباً كبيراً يشار إليه، فوجد عالماً تطحنه المادة وعليه أن يتأقلم مع العالم الجديد وينسى أحلامه، وهذا هو ابن أخته (زياد) يسير نفس خطواته، فهل سيحقق حلمه أم سينتهي به المطاف مثل خاله؟ هذا ما لم يجب عليه النص الروائي على نحو قطعي، لكنه كشف عن معاناة العرب في الجانب الآخر من العالم.

وقد استدعت الرواية أيضاً المثل العربي القديم من خلال شخصية (نجيب الخليلي) كذلك وهو في معرض التصحيح النحوي لأحد الأمثال العربية: «يعلو صوت الخليلي ليشاركه صديقه في حواره: يقول العرب مُكره أخاك لا بطل، والصحيح هو مكره أخوك لا أخاك. ثم يدون الأسباب التي جعلت أخو على النصب بدلاً من الرفع»[44]، والمثل مكتوب في (مجمع الأمثال للميداني) على نحو صحيح، يقول (الميداني): «مكره أخوك لا بطل»[45] والمثل «من كلام أبي حنش خال بيهس الملقب بنعامة»[46] ومعنى المثل «أنه محمول على ذلك، لا أن في طبعه شجاعة يضرب لمن يحمل على ما ليس من شأنه»[47]؛ ولعل الخطأ الذي رصده (نجيب الخليلي) ليس في أصل المثل إنما في تداول الناس العادي، وكأن من أكره على فعل شيء لم يعد فاعلاً أو نائباً للفاعل كما في المثل، وإنما صار مفعولاً به، والمثل يعبر ضمنياً على إكراهات الحياة في الغرب التي وقع فيها نجيب نفسه وتخلى فيها عن أحلامه وطموحاته.

وفي رواية (حجاب الساحر) يحضر المثل الشعبي لينبئ عن

عاقبة الشر المهلكة، «وقد أضطُّر فعلاً لتنفيذ ما أفكر فيه، فـ((يا فاحت البير ومغطَّيه لا بد من وقوعك فيه))»(48) ويقصد بالمثل أن «من حفر بئراً لأخيه وقع فيها، والمقصود من سعى في إيذائه ونصب له المكائد»(49)؛ فالراوي (عمر الحديدي) سيسعى إلى الانتقام ممن قام بعمل السحر لـ(شمس حمدي) ولا بدّ أن يلقى الشرير عقابه، جزاءً لفعله.

المبحث الرابع:

التناص باستحضار الأغنية

يؤدي حضور الأغنية في النص الروائي إلى استحضار حالتها الشعورية في الواقع، وذلك عندما يلجأ الروائي أحياناً إلى ذكر جزء من نص أغنية، مع ذكر اسم المطرب وإسقاط اسم الشاعر الذي كتب الأغنية، فلا يعد ذلك من قبيل التناص مع الشعر بقدر ما هو استدعاء للحالة الغنائية بما تشمله من صوت المطرب وكلمات الشاعر وجهد الملحن والطاقة الموسيقية الهائلة الخارجة من الآلات الإيقاعية، كل ذلك يُستحضر في بوتقة واحدة من خلال ذكر بعض كلمات الأغنية مع اسم المطرب الذي قام بغنائها، ويعمق استحضار الأغنية من طبيعة الحدث الروائي، عن طريق إشعار القارئ بالحالة الوجدانية للشخصية حال سماعها الأغنية، «فللأغنية دور واضح في تعرية الذات والتعريف بما يدور في عالمها الذاتي من صراعات خارجية وداخلية»[50] كما يلعب استحضار الأغنية على ذاكرة القارئ بجعله مستمعاً ومتذوقاً للنص المغنى، لتصبح «الأغنية المعاصرة بنية أساسية في تشكيل الحدث السردي»[51] وبناء الرواية.

في رواية (دارية) تستحضر الراوية مقطعاً من أغنية «أعطني الناي وغني للمطربة فيروز وهي من كلمات: جبران خليل جبران، وألحان: نجيب حنكش»[52] وكانت (داريـة) في حالة بين اليأس

والأمل، فيأتي الصوت ليرجح كفة الأمل: «ما أن أدارت دارية محرك السيارة حتى انفجرت في البكاء، يعتصرها ألم ذروة المر، «لا، المر، أن أنظر إلى العالم المعتم من وراء قضبان شرفتي القديمة، وأكتفي بالنظر».

مـنـزلاً دون القصور	«هل اتخذت الغاب مثلي
وتسـلـقـت الـصـخـور	فـتـتـبعـت الـسـواقـي
وتـنـشـفـت بـنـور	هـل تـحـمـمـت بعطر
في كـؤوس مـن أثير»	وشـربـت الفجر خمراً

ما أجملك يا فيروز»[53]، فالشق الأول من المقطع وإن كان يحتفي بالطبيعة مقابل المدينة، (السكن بين الغاب بديلاً عن القصور) إلا أنه يحمل مشقة في بدايته، ثم يفضي إلى متعة كبيرة تعادل المشقة التي بذلتها الشخصية، كأن على دراية أن تستلهم الجزء الذي لم يذكر من الأغنية في النص (زاهداً فيما سيأتي، ناسياً ما قد مضى).

وتحضر الأغنية في رواية (حجاب الساحر) على لسان شخصية الشيخ (فتحي الخرفُش) في طلبه من الراوي أن يجعل (شمس) تضع الكحل، لتمارس الأغنية التي يستحضرها الشيخ خطاباً حجاجياً إقناعياً: «واطلب منها أن تضع كُحلاً، بحيث تفوق زرقاء اليمامة في حدة بصرها ويبدو البعيد القصي كأنه بين يديه، وقد تكحل بهذا الكحل أهل بابل، وهل نسيت الأغنية المصرية الشهيرة التي كان يغنيها محمد قنديل؟ «كحيل والكُحل من بابل وامتى عيونًا تتقابل/ يا ريت

نظرة وأنا قابل ولو بعتاب/ نسيت اعمل لقلبي حجاب وقلبي داب/ سحب رمشه وردّ البابْ»»» [54] فتتناص الرواية مع أغنية (سحب رمشه) وهي من «كلمات: عبد الفتاح مصطفى وألحان: عبد العظيم عبد الحق، وغناء: محمد قنديل» [55]، فلكي يقنع الشيخ الراوي بقوة الكحل يستحضر أغنية تعرض لقوة الكحل البابلي في جذب المُحب وسحره، كما يشير ذلك من ناحية أخرى إلى لعب الشيخ على وتر محبة الراوي لـ(شمس حمدي) فهو وإن كان يسعى لصناعة حجاب يحميها من السحر، إلا أنه لم يصنع حجاباً لقلبه يمنعه من محبتها، كما تقول الأغنية.

وفي رواية (حارس الفيسبوك) تظهر العديد من المقاطع الغنائية للمطربة وردة من خلال شخصية (هدى) فعندما تذهب لإلقاء قبلة الوداع على والدها يحضر كوبليه من أغنية «أنا عايزة معجزة»، وهي كلمات: عبد الوهاب محمد، ألحان بليغ حمدي [56]، يقول الراوي: «قبلته في جبينه البارد ثم ذهبت إلى غرفتها ولم تخرج منها في قلبها كانت وردة تغني:

((من دا اللي ياخدني منك؟

ولا يبعدني عنك!))

كل قبلاته الكثيرة التي طبعها على جبينها وشعرها وخدها، في كل مراحل عمرها ردتها بقبلة واحدة فقط» [57]، إن المقطع الغنائي يستفهم عن الذي سيأخذ الشخصية من حبيبها (والد هدى في النص) لكن والد (هدى) هو الذي أخذ من ابنته من قبل الموت، فإذا كان المقطع الغنائي

يحيل إلى استحالة افتراق الحبيبين، فإن واقع النص يجعل افتراق (هدى) عن والدها يقيناً.

وفي مشهد آخر كانت (هدى) تستعد لمواجهة زوجها لكنها لم تستطع، ليحضر مقطع من أغنية (اسمعوني) لـ (وردة) وهي من كلمات: سيد موسى، ألحان: بليغ حمدي[58]، يقول الراوي: «رتبت كلاماً مثل طلقات الرصاص، رددته على قلبها طويلاً. في آخر لحظة تراجعت وأغلقت الخط، ودمعت عيناها على صوت وردة:

((ودوبنا يا ما دوبنا..

ياما ياما دوبنا..

واتعذبت قلوبنا))»[59] فبقايا حب قديم ما زال يلح على (هدى) كي لا تواجه زوجها رغم إهماله وكذبه وخيانته، فالحب ما زال يعذبها ويسبب لها آلاماً لأنه لم يكن في محله، حيث اختارت شخصاً غير مناسب لها من مواقع التواصل الاجتماعي، فكان طبيعياً أن يفشل الزواج وتبقى حسرات الحب القديم.

وفي مشهد آخر بين (هدى) وأستاذها ومديرها د. (أحمد علوي) تحضر أغنية (يا ليل) في مسامع (هدى) والأغنية «من كلمات: عمر بطيشة، وألحان: صلاح الشرنوبي»[60]، يقول الراوي: «جلست معه في كافيه كومباني، كانت ترتدي بدلة بيضاء من الكتان الخفيف، ولا تتوقف عن الضحك الرنان دون سبب معين. عندما تضحك بكل قوتها كانت تفاجأ بالدموع تملأ عينيها. سمعت صوت وردة يأتي من مكان ما ((آه يا ليل.. يا آخر المشوار)). كأن أذنها لا تلتقط إلا ذبذبات

صوت وردة»[61]، إنه الليل الطويل والمشوار المظلم الذي تعاني فيه هدى، بين زوج مهمل لا يهتم بها ويلهث خلف الأخريات، وبين أستاذ جامعي وفنان يمنحها الكثير من مشاعره، لكنه متزوج ولديه أسرة، هي في حيرة وتناقض مثل بكائها في حالات الضحك، كأن متعتها لا تستمر إلى النهاية.

وبعد فلم يكن النص الروائي العربي نصاً مغلقاً على ذاته أبداً، بل كان دائم التفاعل مستحضراً النصوص السابقة عليه متفاعلاً ومفيداً منها، واستثمر النصوص السابقة بتجلياتها المتباينة ووظفها في متنه، فتناص مع المقدس والأدبي والشعبي والفن الغنائي.

هوامش الفصل الرابع:

1 – تزفيتان تودوروف، ميخائيل باختين المبدأ الحواري، ترجمة: فخري صالح، دار الفارس للنشر والتوزيع، عمّان، الطبعة العربية الثانية، 1996م، ص130.

2 – أحمد ناهم: التناص في شعر الرواد، سلسلة رسائل جامعية، دار الشؤون الثقافية العامة، بغداد، العراق، الطبعة الأولى، 2004م، (ص14).

3 – د. مصطفى بيومي عبدالسلام: التناص النظرية والممارسة، الهيئة المصرية العامة للكتاب، القاهرة، 2018م، (ص11).

4 – إبراهيم بن سعد الحيقل: السرقات الشعرية والتناص نقاط التقاطع ومسارات التوازي، كتاب المجلة العربية، العدد250، الرياض، 1438هـ – 2017م، (ص43).

5 – د. صادق السلمي: مصطلح التفاعل النصي النشأة والامتداد، نقلاً عن جرار جينيت، مجلة جذور، النادي الأدبي الثقافي بجدة، عدد40، إبريل 2015م، (ص165).

6 – مولاي الإدريسي: التناص النقدي في مقامات بديع الزمان الهمذاني، مجلة جذور، النادي الأدبي الثقافي بجدة، عدد 39، يناير، 2015م، (ص44).

7 – ابتسام موسى عبدالكريم أبو شرار: التناص الديني والتاريخي في شعر محمود درويش، رسالة ماجستير، جامعة الخليل، 2007م، (ص8).

8 – د. رمضان الصباغ: في نقد الشعر المعاصر، دار الوفاء للطباعة والنشر والتوزيع، الإسكندرية، الطبعة الأولى، 2002، (ص342)، بتصرف بسيط.

9 – د. محمد عبد الباسط عيد، بلاغة الخطاب قراءة في شعرية المديح، الهيئة المصرية العامة للكتاب، القاهرة، الطبعة الأولى، 2014م، ص287.

10 – السابق، ص287.

11 – د. عـزة شـبل محمـد، علم لغة النـص، النظرية والتطبيـق، مكتبة الآداب، القاهرة، الطبعة الأولى، 2009م، ص79.

12 – دعاء عبد الله الجابي، دار غراب للنشـر والتوزيع، القاهرة، الطبعة الأولى، 2021م، ندوبٌ صَمَّاء، ص20.

13 – السابق، ص119.

14 – نفسه، ص119.

15 – نفسه، ص125.

16 – د. عزة شبل محمد، علم لغة النص، 80

17 – زهران القاسمي، تغريبة القافر، ص113.

18 – السابق، ص116: ص117.

19 – نفسه، ص212.

20 – ميرال الطحاوي بروكلين هايتس، ص181: ص182.

21 – الاسـتباق هو «كل حركة سـردية تقوم على أن يروى حدث لاحق أو يذكر مقدماً» جيرار جينيت، خطاب الحكاية، ص51.

22 – تعد «الاستشرافات الزمنية عصب السرد الاستشرافي ووسيلته إلى تأدية وظيفته في النسق الزمني. وعلى المستوى الوظيفي تعمل هذه الاستشرافات بمثابة تمهيـد أو توطئة لأحداث لاحقة يجري الإعداد لسـردها من طرف الراوي فتكون غايتهـا في هذه الحالة هـي حمل القارئ على توقع حادث ما أو التكهن بمستقبل إحدى الشـخصيات» د. حسـن بحراوي، بنية الشـكل الروائي، الفضـاء الزمن الشخصية، المركز الثقافي العربي، بيروت، الطبعة الأولى 1990م، ص132.

23 – شريف صالح، حارس الفيسبوك، ص79.

24 – شطبي ميخائيل، زمن التراجعات، ص298.

25 – القمص عبد المسـيح سلمان، مجموعة صلوات الكنيسة للأفراح والأتراح، مكتبة مارجرجس، شبرا، مصر، 1943م، ص199.

26 – الأنبـا بيشـوي، المسـيح مشـتهى الأجيال، مطرانيـة دمياط وكفر الشـيخ والبرارى ودير القديسة دميانة ببرارى بلقاس، الطبعة الثانية، 2007م، ص936.

27 – السابق، ص941.

28 – سمير فوزي، بيت ياجوري، ص78.

29 – السابق، ص78.

30 – القمص عبد المسيح صليب البرموسي المسعودي، الخولاجي المقدس، دير السيدة العذراء برموس، الطبعة الخامسة، 2015م، ص307: ص308.

31 – د. محمد هندي، الإنترنت وشعرية التناص في الرواية العربية، الهيئة المصرية العامة للكتاب، القاهرة، الطبعة الأولى، 2018م، ص72.

32 – عمر بن أبي الحسن (ابن الفارض) ديوان ابن الفارض، دار صادر، بيروت، ص144.

33 – سحر الموجي، دارية، ص140: ص141.

34 – سفيان صلاح هلال، الإيبس، ص 269.

35 – للمقطوعة كاملة انظر: د. سامي الدهان، شرح ديوان صريع الغواني، سلسلة ذخائر العرب، العدد (26) دار المعارف، القاهرة، الطبعة الثالثة، 1985م، ص288.

36 – دعاء الجابي، ندوب صماء، ص5.

37 – دعاء الجابي، ندوب صماء، ص65.

38 – دعاء الجابي، ندوب صماء، ص128.

39 – د. علي عمران، بلاغة الحاج في الأمثال الشّعبية العمانية من خلال «سيّدات القمر» لجُوخة الحارثي، مجلة البحرين الثقافية، هيئة البحرين للثقافة والآثار، مملكة البحرين، العدد (113) يوليو، 2023م، ص39.

40 – ميرال الطحاوي، بروكلين هايتس، ص210.

41 – أحمد تيمور باشا، الأمثال العامية، مؤسسة هنداوي للتعليم والثقافة، القاهرة، 2014م، ص467.

42 – السابق، ص467.

43 – نفسه، ص415.

44 – ميرال الطحاوي، بروكلين هايتس، ص218.

45 – أبو الفضل أحمد بن محمد بن إبراهيم الميداني النيسابوري، مجمع الأمثال، تحقيق: محمد محيى الدين عبد الحميد، دار المعرفة، بيروت، لبنان، ج2، ص318

46 ــ السابق، ص318.

47 ــ نفسه، ص318.

48 ــ أحمد الشهاوي، حجاب الساحر، ص29.

49 ــ أحمد تيمور باشا، الأمثال العامية، مطابع دار الكتاب العربي بمصر، الطبعة الثانية، 1956م، ص538.

50 ــ د. محمد هندي، الإنترنت وشعرية التناص في الرواية العربية، ص73.

51 ــ السابق، ص80.

52 ــ موقع فيروزيّات، /https://fairouziyat.com/lyrics

53 ــ سحر الموجي، دارية، ص132.

54 ــ أحمد الشهاوي، حجاب الساحر، ص135.

55 ــ موقع كلمات أغاني،

https://aghanilyrics.com/songlyrics.php?lyrics=51260&ar

56 ــ موقع أغاني زمان، 16 سبتمبر 2019،

https://aghanizaman.blogspot.com/201503//blog – post_86.html

57 ــ شريف صالح، حارس الفيسبوك، ص113: ص114.

58 ــ موقع كلمات أغاني

https://aghanilyrics.com/songlyrics.php?lyrics=7814&ar=%

59 ــ شريف صالح، حارس الفيسبوك، ص133.

60 ــ موقع كلمات أغاني،

https://aghanilyrics.com/songlyrics.php?lyrics=

61 ــ شريف صالح، حارس الفيسبوك، ص141.

الفصل الخامس:
تقنيات الفضاء الجديد في الرواية العربية الجديدة

توطئة

لقد استلهمت الرواية العربية الجديدة معطيات الفضاء الرقمي الافتراضي، وسعت إلى توظيف تقنياته والحديث عنها داخل المتن الروائي، وصار الفضاء الرقمي الافتراضي في بعض الروايات هو محور الرواية وتيمتها الأساسية، وقد أضفت الرواية الجديدة على الفضاء الرقمي الافتراضي الماثل من خلالها على الورق، كثيراً من الخيال الأدبي، «وحاولت تقديم مقارباتها السردية وقراءاتها الخاصة لهذا العالم الافتراضي في اتصال الإنسان به في صورة نص جديد، مؤكدة أن الرواية الورقية قادرة على التعبير عن معطيات العصر»[1] ولم تنقل الرواية عالم الإنترنت والتواصل الاجتماعي إلى الرواية نقلاً حرفياً، بل جعلته خاضعاً لخيال المؤلف، ليطوع الأديب التكنولوجيا لمشيئة الخيال.

ويطلق الدكتور محمد محمود حسين مصطلح «الرواية الورقية الافتراضية» على هذا النوع من الروايات «التي عملت على تصوير هذه العلاقة التفاعلية طبقاً لإمكاناتها، فهي ورقية؛ لأنها اختارت الوسيط الورقي أداة لنقل تجربتها الإبداعية، وافتراضية؛ لأنَّها

صورت الشخصيات بتجاربها المتنوعة في واقع افتراضي لم يكن مألوفاً من قبل»[2]، ولهذا، «أقبل الأدب بكل مقوماته الفنية؛ ليعبر عن هذا العصر في ثوبه الجديد، وليفيد من معطياته التكنولوجية بما يتناسب مع نسيجه الأسلوبي، وقد كانت الواقعية الافتراضية أحد مقومات هذا الأدب؛ هادفةً إلى وضع تصوّر إبداعي حول الإنسان في اتجاهاته المتعددة أثناء تفاعله مع الواقع الافتراضي، الذي شكله الحاسوب في اتصاله بالإنترنت، وهو ما تجسد فعليّاً على صعيد الرواية»[3] ورقياً، والدافع إلى ذلك «أن الرواية صدى لهذا المجتمع لذا كان لا بدّ أن يستكشف الروائي هذه الثورة الرقمية المتسارعة ويحاول مجاراتها وتوظيفها في أدبه المقروء من خلال ربط الرواية بالعالم الافتراضي وتقنياته»[4]، بتوظيفه فنياً ودلالياً في الرواية.

وسيتوقف الباحث في هذه الدراسة أمـام حضور الفيسبوك وتقنياته باعتباره من تجليات الواقع الافتراضي التي ظهرت بقوة على صفحات الرواية العربية الجديدة، بما يمثله الفيسبوك من واقع جديد استطاع يجذب النفوس البشرية نحوه و«لقد رأى المبدعون العرب في هذا الواقع الجديد ساحةً تعبيريةً جديدةً؛ رغبةً منهم في التعبير عن الذات في شقّيها: الفردي والجمعي، وإيجاد الحلول لكثير من القضايا العصرية التي تشغل أذهانهم والتي على رأسها علاقة الإنسان بأخيه الإنسان، تلك التي تحولت في الحياة المعاصرة إلى نوع من الافتراضية، الأمر الذي أدّى إلى ظهور أشكال تعبيرية تصوّر رؤيتهم لهذا الواقع الجديد»[5]، فكان الفيسبوك حاضراً بقوة في الرواية الجديدة، بل صار في بعض الروايات ذا طبيعة متغيرة عن طبيعته المعروفة في العالم الافتراضي.

المبحث الأول:

العالم الافتراضي في الرواية العربية الجديدة وخطاب العتبات

من الطبيعي أن تكون العتبات هي أول ما يلفت نظر القارئ عند تصفحه للعمل الأدبي؛ فالعتبات «تُبرز جانباً أساسيّاً من العناصر المؤطرة لبناء الحكاية ولبعض طرائق تنظيمها وتحققها التخييلي، كما أنها أساس كل قاعدة تواصلية تمكن النص من الانفتاح على أبعاد دلالية تغني التركيب العام للحكاية وأشكال كتابتها، بيد أن عتبات النص لا يمكنها أن تكتسب أهميتها من تصورات بمعزل عن طبيعة الخصوصية النصية نفسها، وبمعزل أيضاً عن تصورات المؤلف للكتابة واختياراتها التصنيفية المحددة لقضاياها الأجناسية، ولقد سبق لـ(جيرار جينيت) في دراسته القيمة (عتبات) أن حدد جملة من الضوابط كأسماء المؤلفين، المقدمات، العناوين، الإهداءات، العناوين المتخللة، الحوارات، الاستجوابات، الشكر، التنويه»[6]، ومن هذا، يتضح أن العتبات هي كل ما يحيط النص من عناوين رئيسة وفرعية وجانبية وهوامش ومقدمات وخواتيم وإهداءات.

1 – العناوين:

يتميز العنوان بقدرته على جذب انتباه المتلقين ومحاولتهم الربط بينه وبين ما يتوقع وجوده في المتن، فثمة «توازٍ نصي بين العنوان

وعمله فلكل منهما نصيته الخاصة وإن دخلت عناصر من أحدهما في بناء نصية الآخر، بحسب تأويلات المتلقي للاثنين»[7]، ومن ثم فإن القارئ يقرأ العنوان من منظورين الأول باعتباره وحدة مستقلة معبرة عن بنيتها الداخلية كتركيب عنواني أو الإحالات الخارجية للعنوان، والآخر ربط العنوان بالعمل الأدبي. وقد استطاعت الرواية العربية الجديدة أن تستثمر معطيات الفضاء الرقمي الافتراضي في بناء العناوين على مستوى العناوين الرئيسة وعناوين الفصول كالآتي.

أ ـ العنــوان الرئيس: عنــوان رواية (حارس الفيسبوك) نموذجاً:

يُقسم العنوان إلى عنوان حقيقي (رئيسي) وعنوان فرعي، «العنوان الحقيقي هو العنوان الأصلي كبطاقة تعريفية تمنح النص هوية دالة، والعنوان الفرعي يأتي بعد العنوان الرئيس ويعمل على تكملة المعنى»[8]، وهذا العنوان الرئيس (حارس الفيسبوك) عنوان اسمي الدال على الثبوت والاستقرار، يشي بأن شخصاً ما موكلٌ إليه القيام بحماية الفيسبوك «وتتأتى فاعلية الشخصية من خلال إبرازها في العنوان، ولفت أنظار المتلقي إليها من خلاله سواء كان ظهورها بشكل منفرد أو مرتبطة بعناصر أخرى»[9]، فتلك الشخصية مرتبطة بفعل حراسة وحماية الفيسبوك، لكن حمايته ممن؟ وكيف سيحميه؟ وهل يستطيع حارس مهما أوتي من مهارة أن يحمي هذا العالم الهائل والممتد، وهل هذا الحارس بشري أم إلكتروني؟

وبمطالعة أحداث تلك الرواية في محاولة للوصول إلى طبيعة

هذا الحارس وعلاقته بالفيسبوك، نجد الفيسبوك في الرواية عالماً من اختراق الحسابات وانتحالها، ويمتلئ بالفضائح وانتهاك الخصوصيات، ليتضح أنه بلا حارس حقيقي، ليكون الحارس هو الإنسان الذي يحمي نفسه بنفسه في هذا العالم الفيسبوكي.

ب – عناوين الفصول:

هي ما يطلق عليها العناوين الفرعية؛ فالعنوان الفرعي «غالباً ما يكون عنواناً لفقرات أو مواضيع أو تعريفات داخل الكتاب»[10]. لتشكل من مجموعها تصوراً مبدئياً للقارئ عن الأعمال التي ضمنتها.

وبالتوقف مع العناوين الفرعية، وجد الباحث أن (شريف صالح) في رواية (حارس الفيسبوك) يعتمد على الكثير من العناوين المستمدة من فضاء الإنترنت، وسيقف الباحث أمام بعضها بإيجاز، كالتالي:

– عنوان الفصل الأول الذي يحمل أكبر رقم من فصول الرواية (36) وقد حمل عنوان:

«تقرير موقع ((فيروس))»[11]

فكلمة (موقع) تشير آلياً إلى عالم الإنترنت وبوضع فيروس بين قوسين نعرف أنه الفيروس الإلكتروني الذي يصيب الأجهزة الإلكترونية بالعطب، فلماذا يسمي موقع نفسه بهذا الاسم؟ إن تلك التسمية توحي أن الفيروسات الإلكترونية صارت خطيرة كالفيروسات التي تصيب البشر، حتى أصبح لها كيان يعنى بها ويبحث في آثارها.

أما لفظة (التقرير) التي جاء في البداية، فيشير إلى أن هذا الشيء الذي سيعرض على الموقع قد انتهى وجاء وقت البحث في أسبابه وهو العطل الكبير الذي أصاب (الفيسبوك) وهو الحدث المركزي الذي تدور حوله الرواية، فهذا الفصل وإن جاء ترتيبه الأول في الرواية، إلا إنه الأخير من حيث ترتيب الخطاب الروائي، لذلك حمل الرقم الأعلى في الرواية (36).

– عنوان:

«تدوينة «<من علي نجيب إلى اللا علي نجيب>»» [12]

لفظ (تدوينة) يحيل مباشرة إلى التدوين الإلكتروني على مواقع التواصل الاجتماعي، أما عنوان التدوينة فيوحي بخطاب غاضب انفعالي من المرسل (علي نجيب) إلى المرسل إليه وجميع قراء التدوينة الافتراضية، وسبب كتابة التدوينة هو اكتشاف (علي نجيب) لحساب مزيف يحمل اسمه فحمل عنوان التدوينة نفي الاسم عن صاحب الحساب المزيف أولاً ووصفه بعدم العلو والنجابة ثانياً.

– عنوان:

«طلب إضافة» [13]

يشير إلى طلب الصداقة الذي يرسله مستخدمو (الفيسبوك) إلى بعضهم

– عنوان:

«أكاونت مضروب» [14]

يعبر عن الحسابات المزيفة، واستخدام «أكاونت» بدلاً عن حساب يتسق مع السياق العام لتداول المفردة.

– عنوان:

«فيتامين اللايك» [15]

يشير إلى أن اللايك وما يشبهه من آليات التفاعل، قد صارت وسيلة يتغذى عليها الإنسان للشعور بالأهمية من خلال تفاعل الناس معه، حتى إن الطبيب شخّص إحدى الشخصيات في الرواية (هدى) بأن لديها نقصاً «في فيتامين اللايك» [16] فقد أصبح التفاعل ولو في أخف حالاته علاجاً لمستخدمي وسائل التواصل الاجتماعي.

– عنوان:

«دوائر خضراء مضاءة» [17]

هي الدوائر التي تضيء باللون الأخضر حال وجود مستخدم الفيسبوك متاحاً على الموقع، ومما سبق، يلاحظ أن العناوين المستمدة من الفضاء الإلكتروني إلى الورقي في الرواية كثيرة ولا يتسع المقام لذكرها، وأرى أنها تحتاج لدراسة مستقلة تبحث في دلالتها وعلاقتها بالمتن الروائي.

2 – الغلاف:

يلاحظ من غلاف رواية (حارس الفيسبوك) الخلفية الزرقاء المشوشة من أعلى واسم المؤلف أعلاها، ثم عنوان الرواية؛ كأنه

ينتقل من الذاتي إلى الموضوعي بشكل تراتبي، كأنه يسلم كل شيء إلى حارس الفيسبوك الذي جاء بعد اسمه، فهو خارج النص، لا داخله، ثم يأتي التصنيف النوعي (رواية) بخط صغير، كأنه يُعرض على استحياء لمعرفة القارئ بطبيعة النص دون أن يصرح بالنوع، وفي الجزء الأسفل من الغلاف توجد صورة لجهاز (لاب توب) مفتوح على موقع التواصل الاجتماعي (فيسبوك) ولا يظهر من المستخدم سوى أجزاء من ذراعه ويده، وبجوار (الاب توب) قناع بشري مُلقىً على طاولة صغيرة، فالشخص لا يظهر وجهه، ووجود القناع يوحي بأنه يبدل ما بين الأقنعة، ولا أحد يعرف هويته الحقيقية ومن يكون؟ فهل هو حارس الفيسبوك الموجود في العنوان، أم مستخدم عادي لا يريد أن يعرفه أحد؟ إن الغلاف لا يبوح بذلك، لكنه يكشف عن طبيعة النص المقدم وتيمته.

3 – الإهداء إلى العالم الافتراضي:

يسعى كثير من الأدباء إلى إهداء أعمالهم إلى الآخرين، حيث يعدّ

«الإهداء تقليداً ثقافياً عريقاً، ولأهمية وظائفه وتعالقاته النصية فقد حظي أيضاً بالدراسة والتحليل»[18] ، وقد قام المؤلف (أحمد عامر) بإهداء روايته (بروفة لحياة مؤجلة) إلى العالم الافتراضي من خلال ذاكرته، ونص الإهداء كالآتي:

«إهداء

إلى هذه الذاكرة الافتراضية

التي تحاول أن تتحصن بقلاع الخيال

بعيداً عن أعين القراصنة

وتستجيب بصعوبة

إلى برامج الإدخال»[19]

فهذا الإهداء يستحضر من عالم الإنترنت والكمبيوتر ثلاثة عناصر:

أولاً ــ الذاكرة الافتراضية غير الملموسة التي تمتلك سعة هائلة وتستطيع أن تحفظ بما تريد في أكثر من مكان لا يوصل إليه لتحمي نفسها ومعلوماتها من الاختراق.

ثانياً ــ القراصنة الذين يحاولون اختراق الحسابات والذاكرة الإلكترونية لا يعرفون ما بها ويستخدمونها لصالحهم.

ثالثاً ــ برامج الإدخال، والتي تستجيب لها الذاكرة الافتراضية بصعوبة، فهل برامج الإدخال تلك تابعة للقراصنة حتى تستجيب

لها الذاكرة بصعوبة؟ أم أنها ذاكرة عصية تختار ما يدخل إليها من معلومات بعناية؟!

إن تلك العناصر الثلاثة تتباين من حيث طبيعتها، فالذاكرة الافتراضية، كائن غير محسوس لا يمكن الإمساك به ظاهرياً لكنه يبقى الهدف الأول، والعنصر الثاني القراصنة وهم بشر يسعون للشرّ، أما العنصر الثالث، فهو جماد محسوس وهو الواسطة بين البشر والذاكرة الافتراضية، وقد رأى الكاتب أن تلك الذاكرة الافتراضية جديرة بأن يهدى إليها العمل الروائي؛ فالكاتب يكشف من خلال ذلك طبيعة العالم الذي سيقدمه من خلال الرواية.

4 – الافتتاحيات:

أ – الافتتاحية من خلال المنشور (Post)

الافتتاحية الرئيسية لرواية (بروفة لحياة مؤجلة) يشي عن منشور تقدمه إحدى الشخصيات المجهولة للمتفاعلين على وسائل التواصل الاجتماعي؛ فتقول: «ليس لدى الأسير حكايات طريفة أو مسلية؛ ليحكيها لكم، وليس لديه ما يثير دهشتكم؛ فقد تجرد من اسمه قبل أن يتجرأ وينكشف عليكم، لم يتخلَّ عن عزلته، إنما أراد أن يشارككم لتسخروا منه مثلما تسخرون من أنفسكم؛ فقد عاد إليكم بلا بطولة أو حكاية تستحق أن تبقى»[20] .

يلاحظ أن كاتب المنشور تخلص من اسمه باستعماله اسماً مزيفاً، ليعرض مأساته على الناس دون أن يعرف به أحد، هو يريد البوح

والخلاص مما بداخله، دون أن يكشف ذلك عن هويته، وقد اتسق ذلك مع النص الروائي الذي يدور في جانب منه حول مجموعة فيسبوكية تدعى (مملكة الهاربين) جميع من فيها تركوا أسماءهم الحقيقية خارجها، ليقدموا بوحهم وآلامهم ومشاعرهم، دون ذكر أسمائهم الحقيقية.

ب – الافتتاحية من خلال الساعة الرقمية:

في رواية (حارس الفيسبوك) لـ(شريف صالح) يفتتح المؤلف جميع فصول الرواية الستة والثلاثين بمؤقت الساعة الرقمية والتي تظهر على شاشات الكمبيوتر والأجهزة الحديثة والمواقع الإلكترونية ووسائل التواصل، فيأتي أول رقم الفصل والذي رتب تنازلياً في الرواية، ثم عنوان الفصل، ثم المؤقت باستخدام الساعة الرقمية مطبوعة على الورق، كما بالشكلين الآتيين:

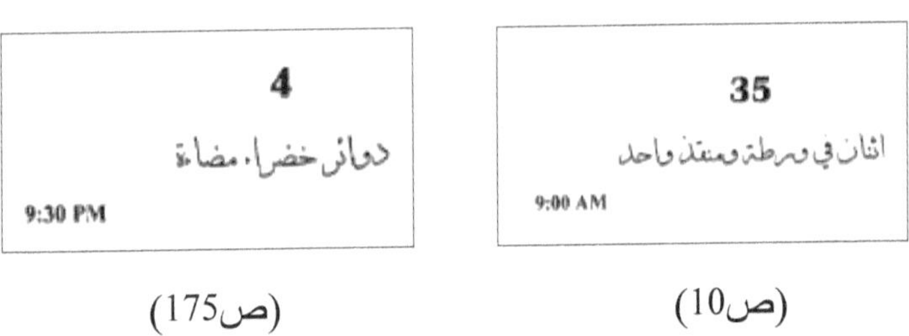

(ص175)   (ص10)

ويلاحظ دقة المؤلف في تحديد طبيعة الوقت (صباحاً ومساءً) لتخبر تلك الساعة بموعد الأحداث والوقت الذي تتم فيه عملية التواصل الاجتماعي بين الشخصين في بعض الفصول، وإدخال القارئ في جو الفضاء الإلكتروني في بعضها الآخر.

المبحث الثاني:

تقنيات العالم الافتراضي
في الرواية العربية الجديدة
(تقنيات الفيسبوك نموذجاً)

استطاعت الرواية العربية الجديدة توظيف تقنيات العالم الافتراضي داخل النص الروائي مؤسسة من خلالها لصناعة الأحداث ورَاسمة لدواخل الشخصيات، ما حولها من طبيعتها الافتراضية إلى طبيعة أخرى، تصير فيها تقنيات أصيلة من تقنيات الرواية الفنية، وجاءت تلك التقنيات على النحو الآتي[21]:

1 – الملف الشخصي (Profile):

أولاً – صناعة البروفايل:

يعد الملف الشخصي (البروفايل) هو العنصر الأهم في عملية التواصل الاجتماعي، فمن خلاله يستطيع المستخدم أن يرى ذلك العالم الافتراضي وأن يعيش داخله ويتواصل مع الآخرين، وقد اهتمت الرواية الجديدة بمراحل إنشاء الحساب الشخصي مع مزج ذلك بالخيال الروائي، يقول الراوي في رواية (بروفة لحياة مؤجلة): «قرر اختيار لحظة ميلاد جديدة، بدأ إعداد مراسم الميلاد بيد مرتعشة، وقدم تركل الفراغ، اختار صورة لولد يبتسم نصف ابتسامة وكتب أعلى الصفحة: ((أنا دولة من حب، لا أبحث عن حليف قوي ينصرني، لكنني أبحث عن حليف يمنحني قوة لا تتكرر))»[22].

إن الشخصية الماثلة في الحكي تبحث عن عالم يكون مناسباً لها أكثر، فتغير في تاريخ ميلادها وكأنها توهم نفسها بأنها عاشت في زمن أجمل إذا كان تاريخ الميلاد قبل الميلاد الحقيقي، أو تسعى أن تعيش عمراً أطول إذا وضعت تاريخاً بعد الميلاد الحقيقي.

وقد صار لإعداد الملف الشخصي مراسم لكن الشخصية تدرك أنها تقوم بفعل غير حقيقي، لذلك ترتعش يدها وتهتز قدمها، أما اختيار صورة الولد المبتسم نصف ابتسامة، فيوحي بأن الشخصية تود لو عادت إلى مرحلة الطفولة، كما أن نصف الابتسامة يشير إلى أنه مغصوب عليها أو يجامل بها الناس وليست حقيقة الشخصية، فهي تظهر غير ما تبطن. وينتقل الراوي بالشخصية نقلة أخرى وهي تكتب النبذة المختصرة عن نفسها بأسلوب صوفي يرفع من شأن الشخصية بجعل ذاتها (دولة من حب) لكن هذا الحب يحتاج قوة لا مثيل لها، فلماذا تبحث الشخصية عن تلك القوة التي لا تتكرر وما حاجتها إليها إذا كانت دولة من حب، إن تلك النبذة المختصرة تعبر عن ارتفاع الأنا لدى الشخصية كما تعبر عن تناقضاتها.

وفي رواية (حارس الفيسبوك) تحضر عملية صناعة الحساب الافتراضي الشخصي على نحو مباشر، لكنها تنفتح في النهاية على دلالات جديدة:

«بطريقة آلية أعاد نسخ ((الإيميل)) في مستطيلين أجوفين. اختار يوم وشهر وسنة ميلاده بدقة. فكر أن يضع تاريخاً مزيفاً أيضاً؟! في الأخير نصف البيانات كانت مزيفة ونصفها الآخر كان حقيقياً

وهكذا تم قبوله. أصبح يملك صفحتين مثلما يعيش غيره في الحياة بوجهين»[23].

فالشخصية توهم بصحة المعلومات المزيفة من خلال المعلومات الصحيحة لتقدم للآخر نسخة مشوشة منها لا تعرف حقيقتها، مثل هؤلاء المنافقين الذين لا تعرف حقيقتهم، كأن الزيف في هذا العالم الافتراضي ليس جديداً بل هو مجرد مرآة للواقع المادي.

ثانياً ــ هدم البروفايل:

مثلما تتبعت الرواية الجديدة مراحل إنشاء الملف الشخصي وانعكاس ذلك على الشخصية، تتبعت ما يمكن أن نسميه (النقلة المضادة) وهي عملية هدم وحذف وتعطيل الملف الشخصي؛ «فحذف صورته الجانبية في البروفايل بضخامة أنفه، وجانباً من لحيته البيضاء الخفيفة وملامحه السمراء الخشنة، ثم طلب تعطيل الحساب وغادر. سبق له أن أغلق صفحته ـمؤقتاً ـ مرات لا تحصى، لكن شيئاً ما يقهره ويعيده بعد فترة.. حذف الكثير من الصامتين المرعبين، ثم أعاد من عاتبوه متذرعاً بأنه لا يدري كيف حُذفوا من قائمته! سيفتح صفحة جديدة باسم جديد.. بقواعد أخرى»[24].

ويبدو من المشهد أن الشخصية معتادة على ذلك الفعل تنشئ صفحات ثم تقوم بغلقها وتقوم بإنشاء صفحات جديدة، وهذا ينم عن شخصية قلقة لا ترتاح إلى وضع ثابت، أو ترضى عن فعل، فهي مترددة ومتذبذبة، تقهر بفعل إدمان العالم الافتراضي.

ثالثاً ــ وصف البروفايل والكشف عن طبيعة الشخصيات:

تقوم الرواية الجديدة بوصف الملف الشخصي وصفاً يكشف عن طبيعة الشخصية من خلال طريقته في تنظيم صفحته وعرض سيرته وقائمة أصدقائه، كما في وصف رواية (حارس الفيسبوك) للملف الشخصي للدكتور (أحمد علوي) فهو: «رجل دقيق ومرتب، كان يضع سيرة ذاتية كاملة على صفحته: ــ مواليد 17 أكتوبر 1963»[25].

فتحديد عمر الشخصية عن طريق الميلاد، يوحي بشخصية تمتلك خبرة في الحياة، ولدت ونشأت في فترة تقلبات كبرى في العالم العربي كما يظهر من السيرة الذاتية فـ(أحمد علوي) يفتخر بعمله ومنجزه ولا يجد غضاضة في أن يعرف الناس زوجته، فهو رجل منفتح ويقبل الجميع أصدقاء على صفحته؛ فهو «أستاذ في كلية الفنون الجميلة، أقام 17 معرضاً شخصياً و9 معارض مشتركة، متزوج من د. ماجدة سعيد، ويمكن بسهولة الضغط على اسمها للذهاب إلى صفحتها وإرسال أي رسالة إليها. هؤلاء الـ1345 هم قائمة أصدقائه، على عكس قائمة زوجته التي لا تزيد على 100 اسم»[26].

فصفحة (أحمد علوي) تشي عن شخص يسعى للشهرة وأن يعرفه الجميع، أما زوجته فصفحتها تشي عن شخصية متحفظة، لا تسعى إلى تكوين صداقات كثيرة على العالم الافتراضي، وتكتفي فقط بمن تعرفهم في محيطها الضيق أصدقاء لها عبر مواقع التواصل، فكيف تكون العلاقة بين (أحمد علوي) وزجته إذن؟ لا بد أنها تعاني من انفتاحه الزائد، أو هو من يعاني لتحفظها الزائد، لذلك لجأ إلى شخصية (هدى) ليجد فيها الحبيبة المثالية.

رابعاً ـ تزييف الحسابات الشخصية:

إن آفة تزييف الحسابات الشخصية لمستخدمي مواقع التواصل الاجتماعي من أشد الآفات ضرراً، حيث يمكن استغلالها في تشويه صورة من زيف حسابه، أو ابتزازه، وقد تعرض (علي نجيب) في رواية (حارس الفيسبوك) حيث تم تزييف حساب باسمه؛ فقد فوجئ أنّ «آخر ما كان يتوقعه وهو يفتش عن تدويناته، أن يرى صفحة مزيفة باسمه، تطلع مذهولاً: ((صفحة الشاعر علي نجيب)) رغم أنه آخر من يعتمد مثل هذه الألقاب التافهة للدعاية لنفسه! صورته حقيقية وبياناته كلها صحيحة، بما فيها تاريخ ميلاده واسم ديوانه الوحيد وسنة صدوره، وحالته الاجتماعية ((مطلق))! حتى هذا السر الصغير الذي لا يعرفه كثيرون، كتبه أحدهم نيابة عنه! أرسل رابط الصفحة إلى هدى فنصحته بإعادة إرسال ((اللينك)) إلى أكبر عدد من الأصدقاء في قائمته لكتابة تقرير لحجب الصفحة المزيفة»[27].

فهذا الشخص الذي زيف صفحة شخصية لعلي نجيب، ليس شخصاً عادياً، بل يعرف عنه أدق تفاصيل حياته، إذن هو شخص قريب منه بما يكفي لمعرفة تلك التفاصيل عنه، لكن يظل هناك احتمال أن يكون صانع ذلك الحساب من محبي (علي نجيب) وشعره ويريد التسويق له، لكن في كل الحالات يظل ذلك عملاً لا أخلاقياً، فلا بد من الرجوع إلى صاحب الحساب وأخذ الإذن منه.

وكما عرضت الرواية لحالة تزييف الحسابات تعرض للحل من خلال شخصية (هدى) ابنة شقيقة (علي نجيب) وهو القيام بالإبلاغ

عن الصفحة المزيفة، لكنه يظل حلاً جزئياً لا يحد من ظاهرة تزييف الحسابات، لذلك يقول علي نجيب: «من يزيف باسمي صفحة واحدة يستطيع أن يزيف ألف صفحة لذلك كنت مذهولاً عندما عثرت على أكثر من مئة شخص يتطابقون مع اسمي»[28]؛ فلم تستطع التكنولوجية الحديثة والعالم الافتراضي تقديم حلول جذرية لتلك الآفة الخطيرة إلى الآن. لكن ليست كل الحسابات المزيفة في الرواية العربية الجديدة تتم لأغراض شريرة، بل لأن مستخدمها خجول ويخشى الكشف عن نفسه كما فعل سعد في رواية (حضرة المجذوب):

«في البداية كنت حريصاً على ألا تعرفني، فعملت حساباً وهميّاً باسم الفنان العالميّ «فان جوخ»، وأرسلت إليها رسالة.. لكنها لم ترُدّ»[29].

لقد اختار (سعد) اسم الفنان العالم (فان جوخ) ليكون اسماً لحسابه، لأن الفتاة التي يحبها «تدرس التربية الفنية»[30] فأراد أن يجذب اهتمامها بذلك الاسم، لكن الحساب المزيف في تلك الحالة البعيدة عن الشر لم يؤدِ الغرض منه وهذا ما أكده الراوي لـ(سعد):

«من حقها ألا ترد.. فليس من المعقول أن ترد فتاة على رسالة حب مجهولة!

ـ فعلاً.. هذا ما قلته لنفسي، واقتنعت به»[31].

وبهذا يتضح أن الرواية قد وقفت موقفاً سلبياً من الحسابات المزيفة من خلال فعل الشخصية التي أرسل إليها وقول الراوي وتصديق (سعد) نفسه على ذلك.

في رواية (صاحب العالم) لـ(أحمد صبري أبو الفتوح)، تقوم شخصية (توحيدة) بتزييف حساب باسم رجل حتى تكون قريبة أكثر من جارها الذي تحبه (عبد الحميد دهمش) فقد: «أنشأت حساباً باسم مزيف، ثم أرسلت إليه طلب صداقة، فقبلها على أنها ذلك الرجل العاقل الذي يتحدث عن منظومة الأخلاق الكريمة، من خلال هذا الحساب تدخل كل يوم إلى صفحته، تُحصي أصدقاءه وتتابع بوستاته، وترصد مَن يعلق عليها، ومَن يمتدحها بقلب أحمر، ولم ترصد شيئاً يجعلها تشك مجرد شك في مسلكه»[(32)].

فـ(توحيدة) تريد أن تعرف كل شيء عن (عبد الحميد) ولأنها تدرك أثر الفيسبوك في الكشف عن خبايا المستخدم من خلال منشوراته وتفاعلاته، قامت بتزييف حساب باسم رجل يتحدث دائماً عن الأخلاق حتى تنطلي خدعتها على (عبد الحميد) وتراقبه عن رضى منه، حال قبوله لصداقة الحساب المزيف.

2 – المنشور (Post):

أولاً – المنشور باستخدام الكتابة:

تعد خاصية المنشورات باستخدام الكتابة من أهم الخصائص المميزة للفضاء الجديد، حيث يريد كل مستخدم أن يبرز جانباً من شخصيته للآخرين من خلال منشوراته أو يهمهم بذلك، كما أن المتلقي للمنشورات، صار يبحث عما يروقه وما يقتنع به من كتابات الآخرين أو الكتابات التي تمثل أهمية بالنسبة له، فصار انتقائياً وإقصائياً:

«أغلق الدردشة ودخل إلى جروب ((مملكة الهاربين)) لم يهتم بأي من المنشورات التي تزينت للمتابعين، توقف مع منشور ((الهارب وحدي)) الأخير، قرأه أكثر من مرة:

ـ كل جرائم العالم ارتكبها رجال حمقى وألبسوها ثوب امرأة مثيرة، ووضعوا له مساحيق غانية وصلت قمة الاحتراف، وكتبوا على ظهرها بلون أسود: ((أخت الشيطان)) ثم انصرفوا عنها ليمنحوا أخرى اللقب ذاته.

انسحب بهدوء محاولاً التخفف من الحجارة التي أثقلت رأسه؛ ليتابع المنشورات الساخرة من الإنسان، من الوجع»[33].

فنجد الراوي يتحدث عن شخص من تلك النماذج الانتقائية التي لا يهمها إلا منشورات لأشخاص معينة كالمتحكم أو الأدمن في إحدى المجموعات، فنجد الشخصية تتوقف أمام منشور (الهارب وحدي) والتي يظهر من خلالها على أنه شخص يتصدى للذكورية ويدافع عن المرأة، أو هكذا يريد أن يصل لمتابعيه، كي يجذب تفاعلات الأعضاء، رغم كونه يمارس تسلطاً ذكورياً على المشتركين في مجموعته (مملكة الهاربين).

ثانياً ـ المنشور باستخدام الصور:

للصورة مكانة وقدرة كبيرة على لفت نظر المتابعين للفضاء الافتراضي، كما أنها تعبر عن ذوق وإحساس ناشر الصورة، ومن ثم يسعى المستخدم إلى اختيار الصور التي يراها جديرة بالنشر:

«فتش في هاتفه عن صور صالحة للمشاركة، يسهم بها في تزيين جدار ((مملكة الهاربين))»[34]؛ فقد صارت الشخصية مندمجة مع هذا الفضاء الجديد، وتسعى إلى جعله أحمل دائماً من خلال صورٍ مستمدة من العالم الحقيقي.

ثالثاً ــ كتابة المنشور والتراجع عنه:

تتيح التكنولوجيا الرقمية إمكانية كتابة شيء، ثم التراجع عنه قبل أن يُعرض على بقية الأشخاص، لتمنحه القدرة إلى إعادة النظر فيما كتب، وهل يمكن أن يعرض على الناس أم لا، ومن خلال تتبع الراوي للشخصية وهي تتصفح (الفيسبوك) في رواية (بروفة لحياة مؤجلة) نجد هذا المشهد الذي تكتب فيه الشخصية منشوراً ولا تتمه إلى نهايته:

«عاد إلى شاشة الكمبيوتر، تابع المنشورات دون اهتمام، توقف أمام المنشور وابتسم ابتسامة صفراء.

ـ المرأة الجائعة لا تبحث عن نبض صناعي ينعش قلبها، ولا عن جسد ينهشها، فلا يحيي قلبها سوى حب صادق يزلزلها.

تقدم إلى الأمام، جلس محنياً أمام الشاشة، وضع كفيه على لوحة المفاتيح، كتب قبل أن تنسحب أصابعه.

ـ قاوم الذكريات بحذر! ولا تبالغ في سكبها من داخلك حين تتألم، فتنتشي فرحاً للحظات وتذكر أنك تسكبها داخل قطعة إسفنج تسمى ((الوقت)) إذا ضغطها الحنين ارتد إليك كل ما سكبته

أغلق الصفحة ورجع بظهره إلى الخلف»(35).

ومن هذا، نجد أن الشخص الماثل في الحكي تأثر بأحد المنشورات على نحو ما، فأراد أن يكتب منشوراً ممثلاً في الحالة الشعورية الممتلئة بالوعظ في ثوب الحكمة، لكنه لم يكمل كتابته لشعوره الداخلي بأنه في أمس الحاجة لما ينصح به الآخرين أو أنهم لا يستحقون نصيحته، ورغم أنه توقف، إلا أن الراوي أكمل ما كان يود الشخص كتابته، أو ما كتبه بالفعل وتراجع عنه.

رابعاً ــ التحدي من خلال المنشور:

من الظواهر المنتشرة في العالم الافتراضي ظاهرة التحديات وهو أن يكتب المستخدم بعض الأسرار عن نفسه أو يعترف بالأشياء التي يحبها أو يصور مقطعاً قصيراً لنفسه وغيرها من التحديات وفي رواية (حارس الفيسبوك) يحضر التحدي من خلال شخصية (منال) التي كتبت اعترافات خمسة من أسرارها، ثم طلبت من أصدقائها المشاركة في التحدي:

«انتهت منال من كتابة اعترافاتها الخمسة وحسب تقاليد التحدي دعت ثلاثة أشخاص آخرين للمشاركة فيه، وهم صديقتها هدى محمود وخطيبها ديفيد ود. أحمد علوي»(36).

لكن الخطاب السردي لم يعرض إلا اعترافات منال، وبقي النص مفتوحاً، فلا يعرف هل شاركت الشخصيات الأخرى في التحدي، أم لا.

3 – الصداقة:

يسعى المستخدمون للفضاء الإلكتروني إلى تكوين الصداقات الافتراضية محاولين التعرف إلى عوالم الآخرين من خلال تلك الصداقات، وقد استثمرت الرواية العربية الجديدة تلك الظاهرة ووظفتها تقنياً في النص الروائي.

أولاً ــ طلب الصداقة:

يظل المستخدم في العالم الافتراضي خاملاً دون صداقات ــ افتراضية ــ يتفاعل معه أو يتفاعل معها، فيسعى لطلب صداقة الآخرين، أو قبول صدقاتهم:

«انتبه لطلب الصداقة المرسل إليه، اعتدل في جلسته، تأمل الاسم ((الهارب وحدي)) الصورة أجبرته أن يتخلص من الغفوة التي تتسلل إليه بحرص، حديقة ساحرة تأخذ عين الغافل، نصفها محترق، في الركن الأيسر من الصورة بركة ماء تطل منها سمكة ملونة»[37].

فمن الطبيعي أن يبحث المستخدم عن طبيعة الحساب الذي أرسل له طلب صداقة، قبل قبوله، حتى يرى هل توجد بينهما اهتمامات مشتركة أو لا، وكما أن حالة الغموض في الاسم والصورة قد تجبر المستخدم على رفض الصداقة، إلا أنها قد تشد انتباهه؛ ففي المقطع السابق نجد الاسم الغامض الغريب الذي يطرح تساؤلات عدة من أين هرب وإلى أين ولماذا هرب ولماذا وحده؟ وما السرّ في هذه الصورة التي تعرض الجمال والقبح والنعيم والجحيم في آن؟ ليتضح

بعد ذلك أن صاحب ذلك الحساب هو المسؤول عن مجموعة (مملكة الهاربين) التي يوهم المستخدمين من خلالها أنهم يهربون إلى جنتها من جحيم واقعهم، وأنه هرب وحده ليؤسس لهم ذلك النعيم الافتراضي.

ثانياً ــ إلغاء الصداقة ورفض طلباتها:

تتيح مواقع التواصل الاجتماعي خاصية حذف الصداقات الافتراضية ورفض طلبات الصداقة، وهي آلية إلكترونية بحتة، لكن الرواية الجديدة تحاول أن تنظر لها نظرة إنسانية وتبرز مردودها على المستخدم في أرض الواقع؛ فمن الممكن أن يسبب ذلك (جرحاً للمشاعر الافتراضية) وبالتالي يرتد ذلك على العالم الواقعي؛ ومن ذلك ما ورد في رواية (حارس الفيسبوك)، يقول الراوي:

«حذرته هدى من كثرة حذف الآخرين لمجرد شكوك.. من نحذفه حين يجد نفسه خارج عالمنا سيشعر بإهانة ولن يغفرها لنا، شرحت له ما قرأته عن ((جرح المشاعر الافتراضية)) بسبب تجاهل طلب صداقة أو حذف صديق، الأسوأ من هذا كله عدم الرد على من يعلقون علينا، كان مقتنعاً بكلامها عن آلام الرفض الإلكتروني والاستعلاء على الآخرين؛ لأنه عانى من كل هذا وانتقده»[38].

فـ(هدى) تحلل ذلك الفعل البسيط من منظور نفسي وتسرد للمروي عليه خالها (علي نجيب) الأثر السلبي الذي يسببه ذلك الفعل، ثم تعرض له الحل الذي أتاحته التكنولوجية الرقمية ذاتها:

«اقترحت عليه حلاً أكثر لطفاً، إذا كان يشك في شخص معين يقف وراء الصفحة المزيفة، يمكنه أن يستبقيه في القائمة مع إخفاء تعليقاته عنه، بعمل ((Unfolloow)) فيصبح وجوده كالعدم سواء، دون أن نجرح مشاعره بالحذف الصريح»[39]، وبالتالي توجد حلول أخرى يتجنب من خلالها جرح مشاعر الآخرين الافتراضية، أو كسب عدوات لا داعي لها.

ثالثاً ـ اقتراح الصداقة:

يقترح الفيسبوك على المستخدمين بعض الأصدقاء ممن تربطهم اهتمامات مشتركة بهم، أو يوجد بينهم العديد من المستخدمين؛ وقد وظفت الرواية العربية الجديدة تلك الظاهرة فنجد الراوي في رواية (حضرة المجذوب)، يقول:

«أقلب في صفحات التواصل المختلفة أنتقل من حساب إلى آخر، أزُور صفحات الأصدقاء، الأشخاص الذين يقترحهم الفيسبوك، ومن بينهم مدرس الرياضيات، فأرسلت طلب صداقة إليه، وإلى جواري سعد يفعل مثلما أفعل»[40].

فتلك الخاصية لافتة للانتباه، لذلك أخذ الراوي في زيارة الصفحات المقترحة وتأملها وإرسال طلب صداقة لإحداها وبالتالي فقد أدت الغرض منها وأصبح لها تأثير، ما جعل الراوي متيقناً من أن صديقه يفعل نفس الشيء، ليبرز السرد من خلال ذلك سحر مواقع التواصل الاجتماعي وسيطرتها.

رابعاً ــ طلب الصداقة وآلية الحُلم بالعالم الافتراضي:

يدمج الروائي بين تقنيات العالم الافتراضي والتقنيات الروائية مثل الحُلم، ليكشف من خلال ذلك تسرب الكون الرقمي إلى لا وعي الشخصيات، ومحاولة التشكل على نحو يبين مخاوف الشخصيات وأزماتها، ففي رواية (حارس الفيسبوك) نجد شخصية (هدى) التي تحلم حلماً إلكترونياً مفزعاً يصل إلى حد الكابوس:

«يسقط أمامها ماوس عملاق يتدلى بحبل معدني رقيق من السماء، تتعلق به. تضغط بقوة يديها على الماوس فتنفتح أمامها عشرات النوافذ لمواقع إلكترونية. تضغط وتضغط فترى إشعارات التعليقات في صفحتها، في قائمة منسدلة كلها مكتوب فيها كلمة واحدة تتكرر إلى ما لا نهاية: NO NO NO

تضغط على الإشعار الأحمر المجاور، ألف شخص يطلبون صداقتها، أسماء ووجوه غريبة أقرب إلى المستئذبين. صوت أحمد علوي يصيح دون أن ترى وجهه:

ــ ((جرنيكا.. جرنيكا))

رأت في صفحتها عشرات الصور العارية لها.

أكثر من ماوس هنا وهناك.. كلها تتدلى من السماء.. نسخ أخرى منها تتعلق مثلها بعشرات الماوسات، كلها تتأرجح بين السماء والأرض مثل بندول الساعة، تقفز هاربة فتقفز معها نسخها الأخرى.. جميعها تفر في اتجاهات مختلفة»[41].

تعرض الرواية لمشاهد كابوسية مستمدة من التكنولوجية الرقمية في حلم الشخصية، وتصل إلى أشدها في مشهد (الألف طلب صداقة) من شخصيات شريرة تريد إلحاق الضرر به لكنها تسمع صوت المنقذ (أحمد علوي) الذي يحذرها من مصير قرية (جرنيكا) الإيطالية، فذلك «الحلم يعبر عن شيء خاص يحاول اللاوعي أن يقوله، وأبعاد الحلم في الزمان والمكان مختلطة جداً، ولفهم الحلم ينبغي أن نفحص كل جوانبه والحلم رسالة مغلقة ينبغي فتحها من خلال رموزها الخاصة». [42] وفي تصوري أن هذا الحلم يشير إلى حالة العطل الكبير الذي أصاب الفيسبوك وكشف الكثير عن خصوصيات الشخصيات ما يمثل حالة العراء في الحلم.

إن الفضاء الافتراضي في ذلك الحلم يشكل كابوساً مرعباً للشخصية والقارئ معاً من خلال خلق عالم عجائبي، يخضع لخيال الأحلام لا منطق الواقع أو النسق التكنولوجي.

4 – التعليقات والتفاعلات:

تعد تقنية التعليقات والردود على المنشورات من أهم التقنيات الافتراضية في الفضاء الجديد، التي استثمرتها الرواية العربية الجديدة؛ ففي رواية (بروفة لحياة مؤجلة) يقوم (الهارب وحدي) وهو الشخصية المتحكمة أو الأدمن في مجموعة (مملكة الهاربين) بنشر منشور، فيثير التعليقات والردود:

«يده تقبض على الهاتف ((والهارب وحدي)) يعلن وجوده بكلمات جديدة:

- ((لا تكن في الحياة مثل كومبارس يراقب ــ عبر الكواليس ــ مسرحية الحياة، ويعلن ــ بغضب مصطنع ــ استياءه من العرض الفاشل))

نهرته ((المكتفية بالصمت)):

- ((كيف لك أن تترك كل أفعالهم وتحملنا أخطاء البشرية))؟!

تأمل صورتها طويلاً قبل أن ينتقل إلى رد ((الهارب وحدي)) فتاة عشرينية متشحة بالسواد الكامل، فقط وجه جميل باكٍ يحجز الدمع عن فمها إصبعها الأبيض القصير:

- هو كذلك أيتها ((المكتفية بالصمت)).

خرج من عالمه إلى عوالمهم، يبحث بلا هدف)) [43].

فرغم الخطاب التحذيري من (الهارب وحدي) إلى أعضاء المجموعة، إلا أنه وقع فيما حذر منه؛ فهو يستاء من العرض الفاشل لكثير من مظاهر الحياة في مجموعة كل من فيها يحمل اسماً مزيفاً، لترد عليه إحدى الشخصيات واصفة خطابه بالقسوة، لأنه يحمل أفراداً هاربين مثله نتيجة أفعال الآخرين، أما الشخصية التي تتابع المنشور والتعليقات والردود، فهي تراقب وتتأمل في صمت وقد أخذت من عالمها الواقعي إلى عالمهم الافتراضي راضية بدور الكومبارس الذي يراقب، لكنه لا يعلن حتى عن غضبه أو اعتراضه.

وفي رواية (حارس الفيسبوك) تعرف الشخصية كيف تجلب التفاعلات من خلال كتابة منشورات مثيرة للجدل:

«أشعلت منال سيجارة وكتبت من موبايلها:

- ((سيجارة وكاس في مطعم أندريا))

في ثوانٍ حصلت على 300 لايك! وتعليقات كثيرة»[44].

فهذا المنشور الصادم والذي لا يتوافق مع طبيعة المرأة في المجتمع العربي، من الطبيعي أن يجلب الكثير من التعليقات منها المعترض على طبيعة المنشور ومنها المؤيد، وتتلقى كاتبة المنشور التفاعلات بشيء من هدوء الأعصاب، رغم جنون المنشور:

« – عادل شوقي: ((جنونك.. يناسب جنون الفيسبوك الليلة))

قرأت التعليقات وابتسمت، اكتفت بوضع لايك على بعضها وتجاهلت بعضها الآخر»[45].

وكأن الشخصية تتعامل من منطلق فوقي مترفع ينتقي التعليقات المستحقة للإعجاب، متجاهلاً التعليقات التي لا تؤيد الشخصية، أو التي لا يشعر بصدقها.

في رواية (صاحب العالم) يصبح المنشور الذي كتبه (عبد الحميد دهمش) والتفاعلات التي نتجت عنه مدار أحداث الرواية التي تبحث في أسباب كتابته لهذا المنشور، الذي يشي عن تعرضه لتهديد ما، وقد بدأت الرواية بالحديث عن التفاعلات التي أحدثها المنشور وأثر ذلك على الناس خاصة مع اختفاء (عبد الحميد دهمش) عقب نشر المنشور، وقد جاءت التفاعلات في الرواية على النحو الآتي:

«في اليوم الأول حصل البوست على خمسة آلاف لايك، وعلى

مثلها من الكومنات، وظلت اللايكات والكومنتات تتزايد حتى وصلت قبل تأكيد خبر الاختفاء إلى ثلاثة عشر ألفاً، وشير البوست أكثر من ألف شخص، فحظي بعدة آلاف أخرى من اللايكات والكومنتات، كل الكومنتات حوت تشاؤماً وتأكيداً على أن الأمر لا ينبئ بخير، ثم لما تأكد خبر الاختفاء وانفجر القلق، لم يعد ممكناً تتبع مسار البوست، فلقد شيره آلاف»[46].

فقد بدا جلياً كيف تجلب التفاعلات، تفاعلات أخرى بطريقة آلية تزايدية، حتى يغيب معها تتبع مسار المنشور الأصلي.

5 – الرسائل والدردشات:

يحتاج المستخدم في العالم الافتراضي إلى التحدث مع الآخرين، ومشاركتهم المواضيع والاهتمامات، وقد لبت خاصية الرسائل والدردشات تلك الحاجة، واستثمرت تلك الخاصية كتقنية في الرواية العربية الجديدة.

أولاً – الإرسال والقراءة:

عندما يقوم المستخدم بإرسال رسالة ما عبر الفيسبوك، يظهر للمرسل أن رسالته تمت قراءتها أم لا، وبالتالي يعرف المرسل إذا كان المرسل إليه يوليه اهتماماً أم لا:

((ليلى بنتك سألتني عليك))[47]

«قرأ عبد الرحمن ما كتبته زوجته ولم يرد»[48]

إن (هدى) تحاول أن تجبر زوجها (عبد الرحمن) على الحديث معها، ربما تستطيع أن تصلح العلاقة المتوترة بينهما من خلال جعل ابنتيهما محور الحديث، لكن الزوج لا يبالي برسالة زوجته:

«كانت تكتم غضبها وتجره إلى الكلام معها

Seen 10:00 Pm

هذه الجملة اللعينة دليل على أنه قرأ رسالتها للتو، وتجاهل الرد عليها، كلما مضت الدقائق تأكدت أنه لن يرد، ربما يرتب كذبة متقنة قبل أن يتعطف بالرد»[49].

لقد زاد تجاهل الزوج لرسائل زوجته من الشرخ العاطفي القائم بينهما، ونلحظ أن الرواية وظفت التقنية الرقمية الآلية على الورق، كما تظهر في مواقع التواصل الاجتماعي.

ثانياً ــ إعادة توجيه الرسائل:

يتيح الفيسبوك خاصية إعادة توجيه الرسائل إلى جميع الأصدقاء دون أن يدري كاتب الرسالة نفسه أن رسالته يعاد تدويرها، وقد يكون في رسالته تلك ما يمكن أن يضر به وبغيره:

«لن تخسر شيئاً إذا أعادت توجيه رسالته الغرامية إلى زوجته، وأفراد قائمتها الأسرية وإلى أصدقاء هدى أيضاً، فكل ما ستفعله أنها ستفضح رجلاً يستحق الفضيحة، الأمر كله لم يستغرق منها سوى دقائق»[50].

وبالتالي قد يضر إعادة توجيه الرسائل بالمرسل الأول، ويؤدي ذلك إلى التشهير به وكشفه أمام الناس، وأمام ذاته:

«سألها عما فعلته برسالة علوي، فقالت إنها أعادتها إليه، وأرسلتها ـ حتى الآن ـ لعشرة أشخاص آخرين»[51]؛ فقد تضرر (د. أحمد علوي) من تلك الخاصية وصار مكشوفاً أمام الجميع بأنه يحب امرأة متزوجة رغم كونه متزوجاً أيضاً.

ثالثاً ـ الرسالة والتناص:

إن الخصائص الفنية تشتبك وتمتزج في سبيل بناء عمل روائي جديرٍ بالقراءة فاشتبك التناص مع تقنيات الفضاء الرقمي، فقد «عملت رواية الإنترنت على امتصاص النصوص الخارجية الأخرى، وتقديمها في دلالة جديدة مرتبطة بالأنا الساردة وتحولاتها عبر السرد، أي أن التناص في رواية الإنترنت لم يَعُد أقوالاً أو استشهادات تم صكّها في نسيج السرد لتأكيد فكرة ما أو تدعيمها فقط، بل كان محوراً أساسياً في البناء الفني للحدث، والشخصية والحبكة النصية»[52] فيتخذ المستخدم للعالم الافتراضي (التناص) لإظهار ثقافته ومعرفته، وكذلك لتأسيس قاعدة ثقافية مشتركة بينه وبين المخاطب ومحاولة إقناعه من خلال خطاب حجاجي يعتمد على نصوص الآخرين بغرض الوصول إلى نتيجة ما، كما فعل (د. أحمد علوي) في رسالته لـ(هدى):

«مساء الخير يا هُدهد، أعلم أنك غاضبة.. لكنني لا أريد أن أعتذر.. محمود درويش يقول: ((لا تعتذر عما فعلت)) تعلمين أنني أحبك منذ سنوات»[53].

فيتكئ الـراوي/ المرسل/ (أحمد علوي) على نص (محمود درويش)[54] ليبرر رغبته في عدم الاعتذار، لكن خطابه يشي باعتذار ضمني لمحبوبته (هدى)؛ حيث يرى أن في محبته الاعتذار الأكبر دائماً دون أن ينطق بالاعتذار.

رابعاً ـ الرسالة الفيروس:

الفيروس الإلكتروني من أشد الأخطار التي تواجه المستخدمين في العالم الافتراضي وأحياناً تأتي رسائل من صفحات وهمية تحمل روابط خطيرة قد تؤدي إلى اختراق الحساب، وربما تكون فيروساً يدمر أجهزة الحاسوب نفسها، وتأتي في هيئة رسائل تحمل خطاباً تشويقياً، لكن لكثرتها وتكرارها صار المستخدمون يعرفون حقيقتها:

«في تلك اللحظة اجتاحت رسالة من ((بوديكا)) حسابات الآلاف ليس فيها سوى لينك وجملة واحدة: ((اعرف تاريخ وفاتك)) أي شخص كان سيدرك بسهولة أنه ((فيروس))، لكن عبدالرحمن فتح اللينك في لا مبالاة»[55].

إن (عبد الرحمن) صار (كهدى) زوجته لا يبالي بشيء، ويبحث عما يشغله، وإن كان ذلك يضر به فإذا كانت (هدى) تجيب عن أسئلة (كويز) لا يعرف مصدره، فإن (عبد الرحمن) يدفعه الفضول لمعرفة شيء غيبي رغم إدراكه الداخلي باستحالة معرفة موعد الوفاة، لكنه اليأس الذي تمكن من الذات وصار يدفعها نحو المجهول.

6 – التايم لاين:

يحرص مستخدمو مواقع التواصل الاجتماعي على التصفح العام (التايم لاين) لمعرفة آخر الأخبار وما يحدث في العالم، ولدى التايم لاين قدرة هائلة في التحكم بمشاعر المستخدمين وتوجيهها:

«كان التايم لاين يمضي بها إلى صور وكلمات وأحاسيس، يقلب عليها المواجع، كلما تابعت أيقونات الماضي تجمعت وخزات خفيفة إلى أن خلقت في أعماقها شعوراً هائلاً بالألم» [56].

فالتايم لاين قد صار هو الفاعل وصارت الشخصية التي تستخدمه هي المفعول بها، فانقلاب صريح للأدوار، يصبح فيه العالم الافتراضي مسيطراً على العالم المادي متسرباً إلى دواخل شخصياته.

7 – اختبارات تحليل الشخصية:

بين كل فترة وأخرى تنتشر ظاهرة تسمى بالكويزات، تطلب من المتابعين أسئلة خاصة حول شخصياتهم، ثم تخبرهم بنتيجة مناسبة لمدخلاتهم، ويحيط بتلك الكويزات الكثير من الغموض، فما هو الغرض منها؟ وكيف تستطيع أن تحكم على الشخص من خلال معلومات قليلة عنه، وكيف تعمل بهذا الشكل في ظل ذلك العدد اللانهائي من المستخدمين؟

لقد استثمرت الرواية الجديدة تلك الظاهرة، فنجد (هدى) في رواية (حارس الفيسبوك) تشارك في تلك الكويزات:

«شغلت نفسها بالإجابة عن أسئلة كويز ((أين يجب أن تعيش على الكرة الأرضية؟)) رغم أنها لا تميل عادة للمشاركة في الكويزات التي تخبرها باسم الشخصية التي كانت تشبهها قبل مئة عام، أو النجم الوسيم الذي كانت تستحق الزواج منه»[57].

إن (هدى) تحاول أن تهرب من مشاكلها الشخصية من خلال الإجابة عن أسئلة الكويز، رغم أنها لا تميل إلى ذلك، لكنها محاولة للهروب من الواقع من خلال بناء عالم جديد في الخيال يتيحه الواقع الافتراضي.

8 – الانتقال المونتاجي:

قد أدى الحضور الافتراضي في الرواية العربية الجديدة إلى صناعة المونتاج من خلال الانتقال بين شخصيتين تتصفحان العالم الافتراضي من مكانين وجهازين مختلفين:

«تسللت بخفة فراشة مجهدة، مدت يدها المرتعشة نحو الصفحة، تأملت صورة الشاب الوسيم قبل أن تضغط على إلغاء الصداقة، ثم الحظر، نهش لهيب السيجارة أظافره، قام مفزوعاً إلى صفحته، جلس مسترخياً أمام الشاشة، تأمل المنشورات المتراصة كأنها تمد يداً إليه، تصافحه بحرار، تهز قلبه، تشحنه بالغضب، تسخر منه، تعظه، تلعنه، تصفح الأصدقاء، بحث ـ باهتمام بالغ ـ بين الوجوه المتشابهة، الوجوه المصفوفة وبجوارها نقطة خضراء تعلن أنها تعيش الآن في عالمها، بينما تتساقط بعض الوجوه وتتحول النقطة الملاصقة لها إلى اللون الرمادي؛ لتعلن عن موت مؤقت»[58].

فقد عرض السرد لشخصية الفتاة وهي تقوم بعملية إلغاء الصداقة والحظر لشخص ما، ثم ينقطع السرد عند تلك اللحظة وينتقل إلى مشهد آخر لشاب وقد أحرقت السيجارة أظافره كأنه تُنبئه عن أمر جلل، فيهرب إلى المتصفح الافتراضي الذي يتجلى من خلال منشورات التي تستطيع أن تتسرب إلى دواخل الشخصية وتثير انفعالاتها، ويتجلى كذلك في قائمة الأصدقاء بما تحتويه من إشارتي اللون الأخضر والرمادي والتي تشير إلى حالاتي (online) و(offline) التي تكون عليها حالة الأصدقاء، سواء في القائمة أو في الرسائل، حيث «تشتمل تقنية الفيسبوك على خدمة (بيان الحالة) بين المتحاورين من خلال الرسائل الخاصة بين اثنين أو أكثر مما يعرف بالـ(شات)، وتتيح هذه الميزة إمكانية معرفة حالة التطرف الآخر إن كان متوفراً (نشطاً) أم لا»[59]. وقد أدى المونتاج المكاني في الرواية دوره دون أن يشعر المتلقي بشيء من التوقف الذي يقطع تسلسل القراءة.

المبحث الثالث:

معطيات العالم الافتراضي
في الرواية العربية الجديدة

إن توظيف الروائيين لتقنيات العالم الافتراضي على صفحات الرواية الجديدة، لم يكن لمجرد إثبات قدرتهم على استجلاب تقنيات تم ابتكارها مؤخراً من حقل مُحدث وتوظيفها بمهارة تخدم الحبكة والصراع وتعكس طبيعة الشخصيات لتكون متسقة مع البناء السردي بأسلوب محكم يرفعها إلى مرتبة الخواص الفنية فقط، بل يجيء ذلك التوظيف الفني لتمرير بعض المعطيات والأفكار التي تنعكس على الواقع بشكل ما، دون أن تصرح الرواية بذلك أيضاً.

وهذه المعطيات قد تشير إلى شيء مادي ملموس، له صداه في أرض الواقع الفعلي ويرمز له بحضور العالم الافتراضي، وقد تشير إلى استفادة العالم الافتراضي من الواقع المادي الذي بدوره يطور هذا العالم الجديد، وقد تشير المعطيات إلى العالم الافتراضي وبما به من مشكلات.

وفيما يلي التطرق إلى بعض المعطيات التي تم تمريرها من خلال تقنيات العالم الافتراضي في الرواية العربية الجديدة:

1 – الدولة الافتراضية:

تتحول المجموعات الافتراضية إلى ما يشبه دولة مصغرة لها

من يرأسها وفيها قوانين مصطنعة، من يخالفها يعاقب بالنفي من تلك الدولة، أو تقيد حركته كأنه أسير، دولة لها شوارع وحراس وأناس يبحثون عن ذواتهم ومستقبلهم داخلها، ومن هذا، فقد: «انسحب إلى هاتفه كأنه انزلق رغماً عنه في عرض الشارع، وتركهم يضحكون ويسخرون من أجساد المارة، التي تشبه أجسادهم تماماً، دخل من بوابة المملكة بسهولة، فقد أصبح مألوفاً للحراس والأعضاء الجدد، يشجع مطرباً فشل خارج المملكة في أن يقدم فنه للناس، فعمل بينهم ماسح أحذية، صافح الفتاة التي أخبرته أنها تعمل مضيفة في بار، ودخلت المملكة متشحة بالسواد، وميزت نفسها بغطاء رأس أخضر»[60].

إنها دولة يحاول كل لاجئ إليها أن يبحث عن حياة لم يجدها في واقعه، أن يجد أشخاصاً يؤمنون به ويساعدونه ويشجعونه، وأن تجد فتاة حياة طيبة وطاهرة حرمت منها بسبب مشاق الحياة، ولو بضع دقائق، كأن الرواية تقول إذا كانت الحياة مثالية في الواقع الافتراضي، فلماذا ليست مثالية على أرض الواقع، لماذا لا يجد الموهوب الدعم والتشجيع أو تجد الفتاة السترة والأمان إلا في عالم غير ملموس ليس له صدى الحياة العادية، لكن حتى الحلم بحياة أكثر سعادة في تلك الدولة الافتراضية تصطدم بخطاب ديكتاتوري سلطوي، له قوانين وأعراف صارمة؛ إذ «لا يشعر بحاجة إلى الذهاب إلى بوابة ((مملكة الهاربين))؛ ليراجع شروط الاستمرار، هو يحفظ القواعد جيداً، وعليه أن يمنع لسانه من الانزلاق؛ حتى لا يتورط، يُحظر أي عضو شعر بالتعب، فأراد أن يزيح الجبل عن قلبه بمجرد الحكي، لا بد أن يخاف مثل طفل تربى في ملجأ للأيتام، وتم طرده إلى الشارع

دون سبب معلن، فأصبح لا يفعل أي شيء سوى التسكع في الشوارع بلا هدف، فقط يشاهد آلاف البنايات التي لن تأويه، قالها ((الهارب وحدي)) منذ البداية:

- إذا أردت الاستمرار، فعليك أن تحافظ على قناعك حتى النهاية، لا تغامر! لا تنجذب إلى أحدهم، أو إحداهن، فتخلع قناعك، قناعك هو بطاقة الهوية هنا، هو الحد الفاصل بين العالم الذي هربت منه بإرادتك واخترت هذا الوطن الذي منحك كل ما سقط منك، أو سُرق منك هناك»[61].

ومن ثم، يتجلى الخطاب السلطوي من قبل شخصية (الهارب وحدي) الـذي يعتقد أنـه بخطابه وقوانينه يحمي المستخدمين (المواطنين) من أنفسهم ومن غيرهم، وأهم القوانين التي سنها أن تكون هوية الإنسان ألا تكون له هوية، أن يعيش بشخصية مزيفة ودون مشاعر تجاه الآخرين، فهو ينتقل «إلى العيش في الفضاء الافتراضي بهيئة وأيديولوجية جديدة»[62] يفرضها عليه متحكم جديد، ولكي يمرر «الهارب وحدي» خطابه السلطوي يوهم مواطني دولته (أعضاء المجموعة) أنه يمنحهم ما أخذ منهم في عالمهم الملموس، يمنحهم البوح والكلام، يعطيهم حرية محاطة بأسوار من القيود، فأي حرية تلك؟! لكن «الهارب وحدي» سمح لنفسه بما لم يسمح به للجميع، فقد وضع قوانين ملزمة للكل إلا هو:

«استقبلني ((الهارب وحدي)) بترحاب يليق بعضو التزم بشروطه التي وضعها بحزم، تخطيت السلك الشائك بجروح سطحية، مررت

من ألسنة اللهب، علمت فيما بعد الدخول والترحيب بأنه وضع هذه الشروط القاسية ليتأكد من حقيقة خوفك الذي دفعك إليه، من رعبك من الماضي الذي يطاردك، سمعت صوته فور دخولي المجموعة المغلقة، لم أره قط، ولا يمكن أن أتخيل ملامحه، رغم أنه يرى الجميع، يحتفظ لهم بصور تخصهم دون قناع، يعرف عنك ما يسعدك، وما تخشاه»[63].

لقد صارت المجموعة كدولة حقيقية لها أسلاك شائكة تجرح من يحاولون التسلل إليها بحثاً عن حياة أفضل، وهذا يمثل الاختبار الأول لدخولها، ثم يأتي اختبار ألسنة اللهب في محاولة ثانية للتأكد من صدق الداخل إلى تلك الدولة الافتراضية، فمن يتحمل كل ذلك لا بد وأنه هارب من عالم موغل في القسوة، وأنه طالب لجوء حقيقي، في دولة يرأسها شخص لا يُرى شكله الحقيقي ولا يُعرف عنه شيءٌ لكنه يعرف كلَّ شيء عن الجميع، يعرف هويتهم الحقيقية لا المزيفة، يعرف المشاعر الداخلية، وكيف يسيطر على الجميع.

ــ منظمو الدولة الافتراضية:

لقد توافر لمجموعة (مملكة الهاربين) جهاز سيادي وحراس ومنظمون؛ فقد صار «كل ما يشغله الآن هو مقابلة الرجل الأسود الذي يجلس على الكرسي الخيرزان أمام بوابة ((مملكة الهاربين)) يفحص هوية القادم دون تعاطف، فقط يتنهد وهو يراقبه حين يمر بجسده المهدود، يسجل اسمه ويمهره بابتسامة في كشوف الناجين، قالها في داخله ليسقط الحيرة التي سكنته، توقف قبل البوابة بخطوات،

لم يخرج الصوت من حدود شفتيه، ظل الصوت داخله ليزاحم الأصوات الحبيسة، والتي تصرخ طالبة التحرر.

– لا تنزعج؛ فقد سلمت همومك للأمانات بعد أن ضغطتها داخل كيس أسود، وسترد إليك رغماً عنك وأنت تحاول الخروج متنكراً متظاهراً بانشغالك بمكالمة مهمة؛ لتمر من البوابة خفيفاً كريشة فرت من جسد طار مذبوح، مهما فعلت، أو تمردت على قوانين الفراغ ستجد حارس الأمن واقفاً أمامك محتفظاً بالابتسامة الصفراء ذاتها يشير بإصبعه نحو الكيس الذي يحمل رقم ((أربعين)).

لن تجرؤ أن تطلب منه أن يساعدك أو يناولك الكيس الذي ستحمله بصعوبة، لن يتعاطف معك وأنت تراوغ ببصرك، أو تتحرك ببطء محاذراً»[64].

في تلك الدولة الافتراضية، صار لكل إنسان ملف ورقم ومتعلقات تُحفظُ في الأمانات وشرطي ينظم عملية الدخول والخروج، وقدرة على تطويع المواطنين وإخضاعهم، فلا يساعد أحدٌ منهم الآخر إذا فكر في الخروج عن النسق المتبع، فكل إنسان يتحمل أمانة نفسه ومسؤولية أفعاله، فهل يمكن أن يتحول العالم الافتراضي، إلى هذا الشكل النظامي المؤسساتي كما جاء في النص؟

هل تتنبأ الرواية بتوغل المد التكنولوجي إلى حد إخضاع البشر والسيطرة عليهم؟

هل يتحول خيال المؤلفين إلى حقيقة، ولماذا يهرب الإنسان من

عالم لا يعترف به، إلى عالم يتسلط عليه بحجة أنه يمنحه ما لم يجده في الواقع؟

ومن ثَمّ فقد نجح الروائي في إقناعنا بوجود تلك الدولة الافتراضية ذات القوانين الصارمة.

2 – العطل الافتراضي:

تعد الأعطال التي تحدث لمواقع التواصل الاجتماعي من مصادر القلق بالنسبة للمستخدمين، حيث يخشون من اختراق حساباتهم أثناء حدوث تلك الأعطال، أو الخوف من تعطل أعمالهم إذا كانت مرتبطة بالفضاء الرقمي، وقد استثمرت الرواية العربية ذلك الشعور فوظفت تلك الحالة من الأعطال والاختراقات التي تحدث لمواقع التواصل الاجتماعي، وقد بنى (شريف صالح) روايته (حارس الفيسبوك) حول حدث مركزي وهو عطل كبير لموقع الفيسبوك فُضح من خلاله المستخدمون وكشفت أسرارهم.

والملاحظ أن الرواية لا تسير بشكل خطي، بل تتراوح فتعرض مشاهد لعلاقات الشخصيات قبل العطل وبعده، ثم تعود لطبيعة العطل وما حدث فيه، لذلك لم توضع مشاهد العطل بشكل تراتبي في متن الرواية، فالعطل يبدأ بتحول الموقع إلى بياض تام كأنه الفراغ: «بياض تام، لا كلمات، لا روابط، لا إعلانات، لا مقاطع فيديو

بياض تتخلله نقاط زرقاء تمتد إلى ما لا نهاية»[65]، ثم يبدأ بالعودة تدريجياً مع اكتشاف بعض المستخدمين وجود عطل: «ثمة من نجح في

كتابة شكاوى بأن صفحاتهم لا تفتح. بطء التحميل مرة أخرى.. استجابة عكسية للأوامر كأن يكتب أحدهم رسالة في الإنبوكس فيجدها منشورة أمام عيون الجميع»[66]؛ إنها الفضيحة، أن يشعر الإنسان أنه مكشوف أمام الجميع، وأن يكشف سر المحادثات الخاصة على الملأ دون إرادة المستخدم، ثم يرتد الفيس إلى الماضي ويسترجع منشورات كتبت من زمن طويل، وعندها تتضح الشخصية المتحكمة في ذلك العطل:

«فجأة ظهرت بوستات قديمة مـات أصحابها منذ سنوات، والطريف أنهم كانوا يلعنون الحياة في بوستاتهم تلك.

– ((كل ماضيكم هنا.. ليس سوى تفاهات ونفايات)) علقت بوديكا.

من نجحوا في التسلل إلى حساباتهم كتبوا تحذيرات بعدم الرد عليها وتجنب فتح أي روابط تنشرها لأنها فيروسات، بدوا مثل غرقى يلوحون بأيديهم وسط طوفان من الفوضى.

– ((أليست أجمل.. أن تكون اللعبة بلا قواعد؟!)) تساءلت بوديكا.

هل يمكن أن تقع كل البروفايلات تحت هيمنة شخص واحد يتلاعب بها كيفما يشاء؟! الآلاف يبحلقون ولا يستطيعون التعامل مع ما يجري، هل تدير الصفحات نفسها؟!

فجأة تجمد الوول، لا حذف ولا إضافة، ليس بإمكان أحد أن يعلق على أي شيء، إلى أن سحبته يد لا مرئية وأعادته إلى الزمن الماضي، كل الأشياء والمواد التي كانت منشورة منذ ساعات عاودت الظهور مرة أخرى»[67].

يتضح أن (بوديكا) أو الشخصية التي تقف وراءها هي المتسبب في ذلك العطل، وكأنها تكشف من خلال ذلك العطل زيف المستخدمين وادعائهم، تعريهم أمام أنفسهم، وتسقط مرايا العالم الافتراضي المزيف، وتجدر الإشارة إلى أن شخصية (بوديكا) تتشابه إلى حد كبير مع شخصية (الهارب وحدي) في روايـة (بروفة في حياة مؤجلة) فالشخصيتان تتشابهان من حيث امتلاك القوة والسيطرة على الفيسبوك، لكن شخصية (الهارب وحدي) تحافظ على القوانين والنسق والقواعد المتعارف عليها وحفظ حسابات المستخدمين، أما (بوديكا) فتريد هدم كل القواعد وفضح جميع المستخدمين.

وقد يحدث العطل ولا يشعر به، كما حدث مع علي نجيب الذي لم يلحظ وجود العطل، وظل مندهشاً أن منشوره لم يحصد كثيراً من التفاعلات:

«لأول مرة يكتب علي نجيب تدوينة، ثم لا يحصل على أي تعليق، رغم مرور خمس ساعات! معقول لم يتعاطف شخص واحد مع انتحال صفحته؟!»[68].

ومن ثمّ حاول (علي نجيب) أن يعيد نشر المنشور، بغية أن يجذب المتابعين مرة أخرى لكنه يبدأ في الشعور بالعطل: «فشل في حذف التدوينة وإعادة رفعها من جديد، كأن شللاً ما أصاب صفحته»[69]، ومع ذلك لم ييأس وانتظر أن تمد له يد افتراضية بالمساعدة، حتى ولو بتزييف منشورٍ يدعي إصابته بمرض خطير، لأنه يعرف سيكولوجية مستخدمي مواقع التواصل الاجتماعي.

لقد أدرك (علي نجيب) أن المتابعين يتأثرون افتراضياً بمثل هذه المنشورات؛ فقد «كان باستطاعته أن يحرك يديه ويطفئ ((اللاب توب)) لكنه تركه مضاء، وصفحته ((أونلاين)).. ربما يمد أحدهم يده من العالم الافتراضي ويساعده على النهوض أضعف الإيمان. يكتب ((ستاتوس)) مؤثر بأن الشاعر علي نجيب أصيب بجلطة في الساقين، جمهور ((الفيسبوك)) يتعاطف سريعاً مع مثل هذه الأمور»[70]، ويرجع عدم إدراك علي نجيب لطبيعة العطل الذي وقع للفيسبوك إلى عدة أسباب أولها أنه كبير في السن ولا يمتلك خبرة كافية في التعامل مع مواقع التواصل الاجتماعي، ثانياً أنه شاعر ومبدع يهتم بالقراءة أكثر مما يهتم بالعالم الافتراضي وجاء دخوله إلى ذلك العالم متأخراً، لذلك تأثر به وصار يدمنه دون أن يحيط به إحاطة كاملة.

3 – الإدمان الإلكتروني:

يؤدي كثرة استخدام مواقع التواصل الاجتماعي إلى ما يشبه الإدمان والتعلق بها، وصعوبة الابتعاد عنها، إنها تجعل المستخدم يعيش في «عالم يفصل المرء عن الواقع ويجعله يعيش في عوالم الخيال والخداعات الإدراكية، إنه عالم يحصل الفرد من خلاله على متع إدراكية وعقلية ووجدانية قد لا يجد مثيلاً لها في العالم الواقعي، إنه عالم الإشباعات البديلة والمتع المتخيلة القائمة على أساس التوحد مع ما هو وهمي وخيالي وافتراضي»[71] مثلما حدث لشخصية (علي نجيب) في رواية (حارس الفيسبوك)؛ فقد «اكتشف أنه ((مدمن بروفايلات)) يضيف وجوهاً لا يعرفها ولا يعرف لماذا أضافها! ناس

ادعوا أنهم أصدقاء ثم خانوه.. وناس ادّعوا أنهم قراء ثم سرقوا بوستاته وعصارة روحه»[72]، مما أدى إدمانه الإلكتروني إلى إلحاق الضرر به، عندما سرقت نصوصه ونسبت إلى غيره، وهي عادة ذميمة أيضاً من قبل الكثيرين من مستخدمي مواقع التواصل الاجتماعي.

وفي رواية (بروفة لحياة مؤجلة) يشبه الراوي انسحاب الشخصية من مجموعة «مملكة الهاربين» بأعراض الانسحاب من الإدمان، يقول الراوي:

«تنسحب المملكة كانسحاب المخدر من الدم، المؤلم لمدمن يعالج مكرهاً، ليس فقط انسحاب المخدر الذي يجعل الجسد مهدوداً ومرتعشاً، وليس نوبات الصداع التي تخترق الرأس كأمواج متتابعة، الأكثر إيلاماً هو أنه يقف على حافة طريق مظلم، مطلوب منه أن يندفع للمجهول، كل من حوله يغمرونه بشفقة مبتورة تنسكب من عيونهم التي تفضحهم، يطلبون منه وهم يمصمصون الشفاه أن يتخلى عن المسكن الذي يجعله يتحمل ألم الحياة، وأن يواجه جميع الأشياء المتناثرة التي حاربها كثيراً وهزمته هزيمة ساحقة»[73].

وانتقال الراوي من الحديث عن انسحاب الشخصية من مجموعة (مملكة الهاربين) وتشبيهه بانسحاب المخدر من الدم، إلى تناول عملية الانسحاب ذاتها عند مدمن المخدر وما يعانيه من آثارٍ نفسية واجتماعية، وموقف المحيطين به تجاه حالته والاستغراق في وصف كل ذلك، هو من ناحية أخرى إمعان في إظهار الجوانب السلبية للإدمان الإلكتروني وكأنه لا يقل خطورة عن إدمان المخدر،

والمعاناة التي يجدها المدمن في حالة الانسحاب، والموقف السلبي من المحيطين به وصعوبة تجاوز الأزمة.

4 – الشعر الافتراضي:

لقد أتاحت مواقع التواصل الاجتماعي فرصة للموهوبين في شتى المجالات لإبراز مواهبهم ووجد فيه الكتاب متنفساً بعيداً عن قيود النشر، وفي رواية (حارس الفيسبوك) يبتكر (علي نجيب) لوناً أدبياً جديداً يسميه (شعر إلكتروني) وهو شعر ينشر من خلال التقنية الإلكترونية ويتناول التقنية الإلكترونية أيضاً في موضوعه كما يظهر من النص:

«كان أول ما كتبه في صفحته الجديدة مقطعاً مما يسميه ((شعر إلكتروني)).. طالما يوجد مُخبر إلكتروني وحب إلكتروني فلماذا لا يكون هناك شعر إلكتروني؟!

((الفيسبوك يأكل دماغك بهدوء

وإذا نسيت ((الباسوورد))

سوف يغتالك

ثم يخترعك من جديد

يخلق منك نسخاً لا نهائية

مثل صانع مفاتيح

يهدي للآخرين كل المفاتيح المحتملة

للوصول إليك))

كتب هذا المقطع ثم غادر قبل أن يضيف أي صديق»[74]

يبرر هذا النص إمكانية وجود شعر إلكتروني في صورة حجاج منطقي؛ فـإذا وجد المخبر الإلكتروني الـذي يترصد منشورات المستخدمين وتعليقاتهم ويوجد الحب الإلكتروني الذي يوجد بين اثنين ليس بينهما سابق معرفة على أرض الواقع، أليس الشعر في تلك الحالات أولى بالحضور؟

ويلحظ من القصيدة تصوير الفيسبوك ككائن وحشي لكنه هادئ، فهو يتسرب إلى أدمغة المستخدمين ويسيطر عليها ويحشوها بأفكاره، وعلى الإنسان في ذلك العالم أن يظل متيقظاً ومنتبهاً إلى رموز الأمان، لأن الفيسبوك قد يُسهل للآخرين الوصول إلى المستخدم واختراق حسابه، إن تلك المقطوعة القصيرة من الشعر المسمى بالإلكتروني تحذر من سطوة الفيسبوك، كما أنها تعبر عن حالة انتحال الحساب الشخصي التي تعرض لها الشاعر (علي نجيب).

هوامش الفصل الخامس:

1 – د. محمد هندي، الإنترنت وشعرية التناص في الرواية العربية، ص7.

2 – د. محمد محمود حسين، الورقي والرقمي الواقعية الافتراضية في الرواية العربية، إصدارات دائرة الثقافة، حكومة الشارقة، الطبعة الأولى، 2020م، ص36: ص37.

3 – السابق، ص7.

4 – تغريد عبد الخالق، الفيسبوك في الرواية العربية، مجلة الآداب، كلية الآداب جامعة بغداد، العراق، العدد (115) 2016م، ص148.

5 – د. محمد محمود حسين، الورقي والرقمي في الرواية العربية، ص36.

6 – د. عبدالفتاح الجحمري: عتبات النص، البنية والدلالة، شـركة الرابطة، الدار البيضاء، الطبعة الأولى 1996م، ص16، 17.

7 – د. محمد فكري الجزار، العنوان وسميوطيقا الاتصـال الأدبي، الهيئة المصرية العامة للكتاب، القاهرة، 1998م، ص31.

8 – روفية بو غنوط، شعرية النصوص الموازية في دواوين عبدالله حمادي رسالة ماجستير، جامعة منتوري، الجزائر، 2006،2007م، ص211.

9 – د. أحمد كريم بلال، العنوان وبنية القصيدة في الشـعر العربي المعاصر، دار النابغة للنشر والتوزيع، طنطا – مصر، الطبعة الأولى، 2018م، ص66.

10 – عبدالقادر رحيم، سيميائية العنوان في شعر مصطفى محمد الغماري، رسالة ماجسـتير، كليـة الآداب والعلوم الاجتماعية والإنسـانية، جامعـة محمد خضير، بسكرة، الجزائر، 2004م، ص30.

11 – شريف صالح، حارس الفيسبوك، ص7.

12 – السابق، ص80.

13 – نفسه، ص85.

14 – نفسه، ص95.

15 – نفسه، ص12.

16 – نفسه، ص140

17 – نفسه، ص175.

18 – عبد الفتاح الحجمري، عتبات النص، ص26.

19 – أحمـد عامر، بروفة لحياة مؤجلة، الناشـر للنشـر والتوزيـع، بنها، مصر، الطبعة الأولى 2022م، ص3.

20 – السابق، ص4.

21 – جميـع التقنيـات والقضايا المتعلقة بالعالم الافتراضي التي اسـتخرجتها من الرواية العربية في هذا المبحث والمبحث الذي يليه هي اجتهاد شخصي، فحاولت البحـث عن تجليـات الواقع الافتراضي فـي الرواية الورقية دون تصور مسـبق ومحاولـة تصنيفهـا وتحليلها، مع العلـم أن تقنيات الفيسـبوك –تحديداً – معروفة ومتداولة.

22 – نفسه، ص16.

23 – شريف صالح، حارس الفيسبوك، ص66.

24 – السابق، ص65.

25 – نفسه، ص151.

26 – نفسه، ص151.

27 – نفسه، ص97.

28 – نفسه، ص80.

29 – عبد الرحمن السوّاح، حضرة المجذوب، ص96.

30 – السابق، ص96.

31 – السابق، ص96.

32 – أحمد صبري أبو الفتوح، صاحب العالم، ص180.

33 – أحمد عامر، بروفة لحياة مؤجلة، ص57.

34 – السابق، ص86.

35 – نفسه، ص48.

36 – شريف صالح، حارس الفيسبوك، ص131.

37 – أحمد عامر، بروفة لحياة مؤجلة، ص18.

38 – شريف صالح، حارس الفيسبوك ، ص99.

39 – السابق، ص99.

40 – عبد الرحمن السوّاح، حضرة المجذوب، ص92.

41 – شريف صالح، حارس الفيسبوك، ص31: ص32.

42 – د. شاكر عبدالحميد: الحلم والرمز والأسطورة، دراسات في الرواية والقصة القصيرة في مصر، كتب عربية، د(ط) د(ت)، ص8.

43 – أحمد عامر، بروفة لحياة مؤجلة، ص21.

44 – السابق، ص90.

45 – نفسه، ص90.

46 – أحمد صبري أبو الفتوح، صاحب العالم، ص12.

47 – أحمد عامر، بروفة لحياة مؤجلة، ص172.

48 – السابق، ص172.

49 – نفسه، ص173.

50 – نفسه، ص152.

51 – نفسه، ص102.

52 – د. محمد هندي، الإنترنت وشعرية التناص في الرواية العربية، ص183.

53 – شريف صالح، حارس الفيسبوك، ص163.

54 – انظر: محمود درويش، لا تعتذر عمّا فعلت، رياض الريّس للكتب والنشـر، لندن، المملكة المتحدة، 2009م، قصيدة لا تعتذر عمّا فعلت، ص25: ص26.

55 – شريف صالح، حارس الفيسبوك، ص161.

56 ــ السابق، ص115.

57 ــ نفسه، ص138.

58 ــ أحمد عامر، بروفة لحياة مؤجلة، ص42: ص43.

59 ــ تغريد عبد الخالق، الفيسبوك في الرواية العربية، ص169.

60 ــ أحمد عامر، بروفة لحياة مؤجلة، ص29.

61 ــ السابق، ص30: ص31.

62 ــ د. محمد محمود حسين، الورقي والرقمي، ص100.

63 ــ أحمد عامر، بروفة لحياة مؤجلة، ص114.

64 ــ نفسه، ص60: ص61.

65 ــ شريف صالح، حارس الفيسبوك، ص101.

66 ــ السابق، ص37.

67 ــ نفسه، ص38.

68 ــ نفسه، ص40.

69 ــ نفسه، ص40.

70 ــ نفسه، ص45.

71 ــ د. شـاكر عبد الحميد، عصر الصورة الإيجابيات والسـلبيات، عالم المعرفة العـدد (311) المجلس الوطني للثقافة والفنون والآداب، الكويت، 2005م، ص411: ص412.

72 ــ شريف صالح، حارس الفيسبوك، ص70.

73 ــ أحمد عامر، بروفة لحياة مؤجلة، ص94.

74 ــ نفسه، ص71: ص72.

ملحق:
بعض تقنيات ما بعد الحداثة الأخرى
في الرواية العربية الجديدة

إن تقنيات ما بعد الحداثة في الرواية العربية الجديدة كثيرة، يصعب على الباحث الإحاطة بها كلها في دراسته، ولهذا، سيتطرق الباحث في هذا الملحق إلى بعض التقنيات على نحو يميل إلى الإيجاز، ومنها:

1 – العجائبية:

وسمت رواية ما بعد الحداثة بالتمرد على المنطقي والمعقول، وتحوُّل المألوف أسطوري، ما يولد حكياً عجائبياً يعيد تشكيل المألوف، وتصنع الرواية في تلك الحالة واقعيتها الخاصة، المستمدة من الواقعية السحرية، وقد «شاع هذا المصطلح في الثمانينيات من هذا القرن بشيوع عدد من كتاب القصة في أمريكا اللاتينية من أمثال الأرجنتيني خورخي لويس بورخيس، والكولومبي غارسيا ماركيز، غير أن استعمال المصطلح يعود إلى أبعد من ذلك. ففي 1925م استعمله الألماني فرانز روه في عنوان كتاب ناقش فيه بعض خصائص وتوجهات الرسم الألماني، ثم تواصل استعماله فيما بعد في حقل الفن التشكيلي بوجه خاص. وكان استعماله في ذلك الحقل للدلالة على نوع قريب من الرسم القريب من السوريالية؛ حيث تكون الموضوعات المرسومة والأشياء قريبة في غرابتها من عوالم الحلم

وما يخرج عن العالم المألوف من رموز وأشكال. هذه الغرائبية جزء أساسي من دلالات الواقعية السحرية كما شاعت في الأدب، خاصة القصة بشكليها الرئيسين الرواية والقصة القصيرة. غير أنها تنضاف هنا وبصورة أساسية أيضاً إلى تفاصيل الواقع»[1] ولا تعد الواقعية السحرية من التيارات الفلسفية والفكرية كالواقعية النقدية والاشتراكية، بل تعد تجلياً أدبياً خالصاً، لكنه يستند إلى الواقع في بعض تشكلاته.

ومن النماذج الروائية، ما جاء في رواية (حجاب الساحر)؛ فنجد هذا النمط من الحكي العجائبي المستمد من الواقعية السحرية؛ حيث ينقل الراوي (عمر الحديدي) عن راوٍ آخر (علي الفقيه) عن راوٍ ثالث هو (جد الراوي الثاني) حكايات عجائبية عن جزيرة من جزر المحيط الهندي، ما يجعل شكل الحكي قريباً من شكل (ألف ليلة وليلة) من حيث الانتقال بين الرواة والحكي الغرائبي، يقول الراوي:

«خرج مُرافقنا علي الفقيه عن صمته، وبدأ يحكي حكاية قالها جده: نحن على بُعد يومين بالمركب من جزيرة سُكَّانها يطيرون من شجرةٍ إلى شجرة، وكلامهم لا يُفْهم، وفيها جبلٌ تسكُنه حيَّاتٌ عظيمةٌ تبتلعُ الفيلة، وبها قِردَةٌ تشبه الجواميس في أحجامها»[2].

فهذا الانتقال من راوٍ إلى آخر هو نوع من تبرئة الذات عن مسؤولية ما يروى، من جهة الحكي وموضوعيته؛ ففي هذا المقطع ثمة عناصر واقعية مألوفة، لكنها تتحول إلى ما لا يتم استيعابه إلا بالخيال، يوضح الجدول الآتي العجائبي والواقعي في الحكي:

العجائبي	الواقعي
يطيرون من شجرةٍ إلى شجرةٍ	الناس
عظيمة تبتلع الفيلة	حيات
تشبه الجواميس في أحجامها	قردة

فكيف نبت لهؤلاء الناس أجنحة، وكيف تبتلع الفيلة وكيف تشبه القرود الجواميس؟ والمدهش في هذا الحكي أن العجائبية مستمدة أيضاً من عالم واقعي، حيث «يشحن العجائبي مكتنزات دلالية على صلة وثيقة بالواقع عن طريق الخيال»[3] فالطيران والجواميس والابتلاع كلها أشياء مدركة بالحواس الظاهرية، لكن ما لا يدرك هو ارتباطها بأشياء لا ترتبط بها واقعياً.

ويستمر الحكي العجائبي في التقدم، ويخلق مزيداً من الغرائبية، يقول الراوي:

«وفيها جبلُ ترابه فضة كالبرادة الناعمة، والمرأة الطويلة هنا إذا وقفت على قدميها ومشت تسحب شعرها خلفها على الأرض. ومن عجائب الجزيرة أنَّ فيها أسماكاً تخرج من المحيط، وتصعدُ إلى الأشجار فتمصُّ فواكهها وثمارَها، ثم تقع سكرى؛ فيأخذها الناس إلى بيوتهم، ويطبخونها، ومن أكلها زاد عمره سنةً كل خمس سنوات. ومما عجبت له أنني سمعتُ هنا عن جزيرة وسط المحيط الهندي ((تغيب بأهلها وجبالها وجهاتها ستة أشهر، وتظهر ستة أشهرٍ أخرى))»[4].

لقد تجردت المواد من طبيعتها، وتغيرت مادتها، فصار التراب

فضة، فتبدلت قيمة الأشياء، وامتلكت الكائنات أعضاءً لم تكن تملكها، فصارت الأسماك تتنفس خارج البحر، بل تمشي وتصعد وتمصّ وتسكرّ، وأصبح لحمها يمتلك مفعولاً لا يمتلكه أي دواء، حيث يزيد في العمر، بل ثمة ما هو أعجب من كل ذلك وهو غياب جزيرة بكل ما فيها نصف العام وتظهر في النصف الآخر، فأين تكون؟ ولماذا لا يخبر سكانها عن أسرارها، ولما لا يحاول أحد من غير سكانها المغامرة ليعرف سر الاختفاء والظهور؟! وهذا الحكي العجائبي يبرز قوة الطبيعة التي تتفوق على قدرة الإنسان العادي الذي ينبغي أن يقدرها ويحترمها، ولا يفسد فيها، حتى يعيش في سلام.

ويحضر الحكي العجائبي في رواية (صورة مريم) لـ(مريم العجمي) من خلال الأشجار العملاقة التي تثمر آلات كاتبة، تقول الراوية:

«أتمنى آلة كاتبة الآن. ما إن يمرُ الخاطر بذهني، تظهر دائرة عشوائية صغيرة بالأرض، تتسع شيئاً فشيئاً، يخرج جذع ويتضاعف اتساع الدائرة، يتضخم الجذع تنبت فروع باسقة، تظهر بالتتابع عدة دوائر من حولي، يتضاعف حجمها وترتفع بأقصى ما يمكن للبصر مده، تدنو الأفرع والغصون، تنبت أوراقٌ بيضاء، تثمر آلات كاتبة. شجرة تلو أخرى تنبت صانعة غابة صغيرة، تحاصرني الآلات الكاتبة من كل جانب»[5].

فالراوية تريد آلة واحدة للكتابة، لكن الخيال يمنحها عدداً لا يحد من الآلات الكاتبة، فيبدأ السرد بتتبع خروج تلك الآلات من منبت

الأشجار، ثم نموها واتساعها مد البصر حتى تتحول تلك الأشجار إلى غابة من ثمار الآلات الكاتبة؛ فالحكي العجائبي يتمثل في اندماج الحقل النباتي (الأشجار) مع الحقل المعدني (الآلة الكاتبة) لتصبح الطبيعة هي المولد والباعث للكتابة، ولتصبح الكتابة ابنة الطبيعة.

إن الراوية كانت تريد آلة واحدة فقط تساعدها على الكتابة، فصار لديها غابة من الآلات، غابة من المواضيع والأفكار التي يُكتب عنها وغابة من طرق وأساليب الكتابة وأدواتها، حتى أصبحت مُحاصرة في بوتقة الكتابة، فلا عذر لها بالتوقف، أو ادعاء غياب الباعث على الإبداع!

2 – حشد التفاصيل:

تسعى الرواية الجديدة إلى حشد التفاصيل التي يظن القارئ – ظاهرياً – أن بإمكان السرد الاستغناء عنها، لكن تلك التفاصيل «تسهم في عملية ((الإيهام بالواقعية)). فالتفاصيل هي بنيات صغيرة جزئية تترابط وتتلاحم وتتراكم لتشكل عالماً روائياً مقنعاً وربما مشوقاً. ووصف التفاصيل (نثريات الحياة) يمكن أن تسهم في إلقاء أضواء على سير الحدث أو مسار الشخصية ومصيرها وبالتالي تساعد القارئ على استنباط العلاقة بين الشخوص وعالمها وحتى الكاتب وعالمه»[6]. ففي رواية (مزامير أفرُوديت) يتحدث الراوي من خلال حشد التفاصيل عن الحدائق والمتنزهات العامة بشيء من التفصيل، ثم يرتد إلى الماضي عندما كان طفلاً إلى مشهد مماثل عندما كان في دولة الإمارات العربية المتحدة ويسهب في إبراز التفاصيل:

«الحدائق العامة هنا مفتوحة، وفيها تستطيع التنزه والتريُّض
وإعداد الطعام على الشوايات المبنية سلفاً، أو على شوايات تأتي بها
بشرط أن تترك المكان نظيفاً كما أتيته. أمرُ الشواء في الحدائق العامة
ليس جديداً. اعتدنا أن نفعل هذا بشكل أسبوعي في حدائق دبي حيث
كان يعمل أبي مدرساً للغة الإنجليزية، أو الشارقة التي كنا ندرس في
مدارسها. كنا نخرج إلى الحدائق العامة كالخور، والممزر، وحتى
على جنبات بُحيرة خالد في الشارقة. للشواء متعة الاشتهاء حين يشتم
صدرك رائحة اللحم المشوي ناهيك عن خطف أسياخ الكاب والتكة
والريش التي تفوح منها رائحة التتبيل من على نار الفحم، والتهامها
بينما يحاول أحدهم مشاركتك فيها مازحاً أحياناً، وجاداً في أحايين
أخرى، كنا نخرج كل ما لدينا من طاقات في اللعب والتقافز والجري
حول ما يفترشه الأهل من كراسٍ، أو حتى حصير بلاستيكي»[7].

وهذا الحشد للتفاصيل يحدث مفارقة ما بين واقع الراوي في
دولة الإمارات طفلاً يفرح في متنزهاتها لا يحمل لشيء هماً سوى
الاستمتاع بالطبيعة والطعام واللعب، وبين وجوده شاباً في ألمانيا
يسعى لأجل المال، وبالتالي استمتاعه بباهج الحياة وإن كانت متوفرة
لن يكون مثل سالف الأيام.

ويلجأ الراوي إلى حشد التفاصيل عندما سألته (إنجي) عن شغفه
(بصلاح عبد الصبور) ويتطرق إلى ريادته لمدرسة الشعر الحر، ثم
يتطرق إلى شخصية الشاعر (علي أحمد باكثير) مترجماً لها حاشداً
الكثير من التفاصيل المعروفة عنها:

«قلت لها: إنه شاعر ممن قامت على أكتافهم مدرسة الشعر

الحديث، بعد محاولات قام بها على استحياء علي أحمد باكثير الشاعر والمترجم اليمني الحضرمي الأصل الذي ولد في إندونيسيا، ثم عاد إلى اليمن ومنها تتنقل بين عدة مدن كانت آخرها القاهرة. عاش في المنصورة عشرة أعوام قام فيها بالتدريس، قبل أن يتزوج الزوجة المصرية الثانية ويحصل على الجنسية»[8].

لماذا يحرص الراوي على تلك التفاصيل المعروفة عن باكثير؟ لقد أراد الراوي أن يخبر المروي عليها أن (باكثير) عاش في بلدتهما المنصورة، مدة طويلة بطريقة تتابعية منطقية، لذلك لجأ إلى الاستغراق في التفاصيل، وكذلك حصول (باكثير) على الجنسية المصرية إشارة منه إلى ضرورة تقدير المبدعين، وبالخروج من داخل النص إلى خارجه، نجد أن مؤلف الرواية ينتمي إلى مدينة المنصورة المصرية، فكأنه أراد أن يمرر خطاباً مضمراً مفاده أن بلدته جاذبة وحاضنة للمبدعين وكل العرب، دون أن يشير إلى ذلك صراحة، ومما سبق يخلص الباحث إلى أن حشد تلك التفاصيل أدى إلى إبراز وعي الشخصية داخل النص وثقافتها واهتمامها الكبير بالأدب والحركات والشخصيات الأدبية.

3 – النسيج اللغوي:

تسعى الرواية العربية الجديدة إلى تضمين كلمات وجمل من اللغات الأخرى، وكذلك اللهجات العامية كي تخدم مضمون الرواية من خلالها، ما يشكل نسيجاً لغوياً، «ويتشكل النسيج اللغوي من تعدد اللغات وتنوع مستوياتها. فإلى جانب العربية هناك مقاطع بالفرنسية

والإيطالية، وإلى جانب العربية الفصيحة هناك مقاطع بالدارجة أو العامية»(9) كما في (بروكلين هايتس) لـ(ميرال الطحاوي) والتي يحمل عنوانها الرئيس اسماً غير عربي وإن كتب بأحرف عربية، أما العناوين الداخلية للرواية فهي اثني عشر عنواناً، منها تسعة عناوين كلمات إنجليزية أمريكية كتبت بالحرفين العربي والإنجليزي، وعنوان واحد كتب مترجماً بالمعنى إلى العربية مع بقاء اسمه الأصلي وعنوانان كتبا باللغة العربية لفظاً ومعنى فقط، كما يوضح الجدول الآتي:

رقم الصفحة	العنوان باللغة الإنجليزية	العنوان باللغة العربية
7	Flat Bush	فلات بوش
29	Bay Ridge	باي ريدج
49	Green _ Wood	المقبرة الخضراء
61	Windsor Terrace	ويندسور تَرّاس
77	Coco Bar	كوكو بار
103	Tango	تانجو
131	Atlantic Avenue	أتلانتك أفنو
155	Fulton Street	فولتون ستريت
171	–	بلوتو في برج الجدي
205	Prospect Park	بروسبكت بارك
237	Brooklyn Bridge	بروكلين يريدج
257	–	فصل البرد

إن ورود الألفاظ الإنجليزية في العناوين مصدره أن الأحداث المركزية للرواية تدور في الولايات المتحدة الأمريكية، ولا تأتي الأحداث الفرعية الأخرى كحياة الشخصية الرئيسة (هند) في بلدها أو بعض الشخصيات الثانوية إلا من خلال الاسترجاع، فالولايات المتحدة بأحيائها وسكانها هي حاضر النص، أما عن شكل كتابة الكلمة الإنجليزية بحرف عربي فراجع إلى أن تلك الكلمات الإنجليزية لا يمكن أن تترجم بالمعنى لأن أكثرها يحمل أسماء أماكن، وحينما أتيح للمؤلفة ترجمة المعنى فعلت ذلك في عنوان (المقبرة الخضراء) أما كتابة الكلمة مرة أخرى بأحرف إنجليزية فلأنها كذلك في لغتها الأصلية التي ينبغي احترامها وليس من قبيل إثبات الثقافة أو معرفة اللغات وإلا كتبت العنوانين العربيين أيضاً بأحرف إنجليزية سواءً بالمعنى أو اللفظ، بل وسيكون ذلك متسقاً مع بقية العناوين.

وفي متن الرواية ترد بعض الكلمات الإنجليزية وبخاصة على لسان طفل هند الصغير كما في هذا لحوار:

«– يعني ماما خلاص مش عاجباك؟

– لا يا ماما، لكن أنتِ لازم تغيّري.. أنتِ طول الوقت حزينة، وساد sad.

– طيب

– لكن يا مام لما تغيّري لبسك، وكده... توعديني إنّك لن تحبّي شخص تاني. ممكن تخرج مع أصحابك وتنبسطي، يعني تعملي ((هانج أوت)) مع أصحابك..

– ماشي..

– لكن لو حدّ سألك من أصحابك: ممكن نعمل ((ديت))؟

قولي: لأ. Date معناه تتجوزي، وكده.. وأنا مش عايزك تحبّي حَدْ تاني..»⁽¹⁰⁾.

فهذا الحوار المكتوب بالعامية المصرية، من جهة وتتخلله كلمات إنجليزية من جهة ثانية يناسب طبيعة الشخصيتين في ذلك الحوار الثنائي بين الأم وابنها الغيور عليها الذي يخشى أن تتزوج والدته، أو تحب أحداً، وتلك الكلمات الإنجليزية ناتجة عن تنشئة الابن في الولايات المتحدة، فحتى وإن كان يعرف العربية من الطبيعي أن تدخل الإنجليزية بين الكلمات بشكل تلقائي، ونجد كلمة (Date) مثلاً تكتب بأحرف عربية في كلام الابن التلقائي مع والدته، لكن عند توضيحه مقابلها العربي يكتبها بأحرف إنجليزية.

وعند حديث الرواية عن شخصية (ليليت) تعرض الرواية لأغنية كانت تستمع إليها الشخصية وتترجم الكلمات إلى العربية أولاً، ثم تعرض بلغتها الأصلية:

«ما زالت تحبّ أن تسمع فرانك سيناترا يغني: ((أنا أحبك ولا شيء بيدي أستطيع أن أفعله سوى محبّتك لذلك أرجوك أحبني))

(I am so in love with you please love me what ever eles you do. Just love me)»⁽¹¹⁾

وقد يتم عرض اللغة الأخرى في النص دون أن يتم ترجمتها ما

يحفز القارئ على محاولة الترجمة من قبله، وذلك من خلال عرض أغنية كانت تستمع إليها (ليليت) أيضاً:

«كانت في غرفتها والأسطوانة تدور في الجرامافون وفرانك سيناترا يغنّي:

The table are empty.. The dance floor؍s deserted

You ply the same love song

It؍s tenth time you؍ve

That؍s the beginning just one of clues

You؍ve the first lesson to learnin؍ the blues»[12]

إن اللغة العربية الفصحى هي سيدة اللغة السردية في الرواية، لكن الرواية كانت منفتحة على الإنجليزية من جهة والعامية المصرية من جهة أخرى لتعطي السرد رحابة تتفق مع الأماكن وطبيعة الشخصيات.

كما يمكن التدليل على النسيج اللغوي من خلال حديث الراوي عن شخصية الإيطالي الذي يتكلم الألمانية، وذلك في رواية (مزامير أفرُوديت) يقول الـراوي: «هذا أيضاً ما أكد عليه صديق إيطالي توطدت علاقتي به هنا سريعاً حين قال بالألمانية «Unser manager ist entchlossen» «اونذا مانجا است انتشلوسن» مديرنا حازم. الإيطاليون مصريون يتحدثون لغة أخرى»[13].

لقد كتبت الجملة بثلاثة أشكال الأولى باللغة الأصلية على لسان الإيطالي ومن ثمّ الراوي، ثم بأحرف عربية وهذا من فعل المؤلف، فليس معقولاً أن يعيد الراوي الأصوات مرتين، ثم ترجمة المعنى من قبل الراوي، ثم يأتي إقرار الراوي أن الإيطاليين ما هم إلا مصريين رغم اختلاف اللغة ليثبت التشابه الكبير بين طباع الشعبين، وبالتالي يفسر ذلك سر العلاقة التي توطدت بين الراوي المصري وصديقه الإيطالي.

ومن ثم، يكون النسيج اللغوي قد أدى دوره الفني والدلالي في الرواية العربية الجديدة، وأثبت أن الروائي العربي مثقف ومنفتح وغير متعصب، يقبل اللغات واللهجات، لكن يظل بريق لغته الأم هو عصب الرواية اللساني الذي يحافظ الروائي على رونقه وبريقه.

4 – تلاشي الشخصية الرئيسة:

تسعى بعض الروايات العربية الجديدة إلى نزع صفة البطولة والمحورية عن شخصياتها، فلا يجد القارئ في الرواية شخصية واحدة يدور حولها العمل الروائي، و«يلاحظ غياب البطولة... وغياب البطل أو الشخصية المحورية»[14] ما يدل على «انزواء الإنسان وتهميشه وتلاشي الفعل البشري، وغموض المصير الإنساني»[15] وقد صنعت (هدى بركات) ذلك في روايتها (بريد الليل) فلا يمكن أن يحدد القارئ أياً من شخصيات العمل هي الشخصيات الرئيسة، ففي الفصل الأول (خلف النافذة)[16] نجد مجموعة من الرسائل من صديق إلى صديقته ومن سيدة إلى حبيبها ومن ولد إلى أمه ومن

402

أخت إلى شقيقها، ومن ولد إلى أبيه، إلى جانب أن كل شخصية من الشخصيات تروي حكايتها، من خلال تشظيات في الزمان والمكان والأحداث؛ لتشكل مجموع الرسائل تشظياً في حضور الشخصيات، أما الجزء الثاني (المطار)[17] فيروى من خلال الشخصيات التي وجهت إليها الرسائل ولم تصل، أو بعض الشخصيات الفرعية التي حضرت في الرسائل ويتناول الفصل الأخير (موت البوسطجيّ)[18] رواية البوسطجي لقصة حياته، فلا يمكن بأي حال من الأحول أن يجزم القارئ بأن شخصية ما من تلك الشخصيات هي الشخصية الرئيسة، ويؤكد ذلك أيضاً غياب أسماء الشخصيات، كأنها شخصيات فاقدة لهويتها وكينونتها.

ومن النماذج أيضاً، ما جاء في روايـة (المشهرات) للكاتبة (منى سالم)، إذ يلاحظ غياب الشخصية الرئيسة التي يدور حولها الحدث، فتبدأ الرواية (بمشوار أبو القاسم)[19] الذي يبدأ بترك أبو القاسم زوجته ورحيله من السودان إلى مصر بابنته، ثم يأتي (مشوار عائشة)[20]، تلك التي كبرت بين والدها وجدتها وطلبها ابن عمها للزواج، ثم الدخول في حكايات وتفاصيل وشخصيات كثيرة وتغيب الشخصية الرئيسة؛ فالعمل الروائي يهتم بالفعل والحدث أكثر من اهتمامه بالشخصيات.

5 – التشظي:

يعد التشظي السردي من تقنيات ما بعد الحداثة اللافتة في كثير من الروايات العربية الجديدة، تلك الروايات التي تفضّل عدم إخضاع

حبكتها وشخصياتها لإطار الزمان والمكان وتراتب الأحداث، فيكون النسق الزمني في تلك الروايات متوتراً والأماكن متبعثرة والأحداث مفككة، ويغيب الترابط المنطقي؛ «فالسرديات المتشظية التي تتسم بالتشذر الوحدوي تخرج عن خط سير الحكاية الرأسي لتحتل فضاءً سديمياً تتناثر على رقعته السردية ذرات السرد التي تؤلف في النهاية لوحة جدارية كبرى تتراص عبر سيناريو النص الكلي ومضاتها الملتمعة والمتمازجة في تكتل متآلف، فنسق القص المتجلي في المتخيل السردي يخرج على نسق الحكاية بأحداثها المتصاعدة ويتمرد على البنية العليا للوقائع فيفكك منطقية ترابطها»[21].

ومن الروايات التي استثمرت تقنية التشظي رواية (مزامير أفرُوديت)، حيث توجد تقنية التشظي من خلال تشظي الزمن الذي يجمع بين الراوي طفلاً صغيراً وفتى يافعاً وشاباً فنجده طفلاً وفتى في الإمارات ومصر وشاباً في مصر وألمانيا داخل المقطع السردي الواحد وكذلك بالنسبة لباقي الشخصيات دخل المقطع السردي الواحد أيضاً. والتشظي المكاني فنجد الرواية تنتقل بسرعة كبيرة بين أماكن متفرقة بين قرى ومدن وأحياء في مصر والإمارات وألمانيا وتونس والشام وأمريكا وكندا. والجمع بين الأسطوري والواقعي من خلال قصة أفروديت وآلهة الأولمب من ناحية وحكاية الراوي وشخصياته الواقعية من ناحية أخرى والانتقال السردي المتسارع بين الأسطوري والواقعي ففي رواية (مزامير أفرُوديت) لا يوجد «إطار زماني أو مكاني له خصوصيته. بل إن كثيراً من اللقطات يمكن تقديمها أو تأخيرها أو حذفها من دون أي أثر يذكر، لأن البنية

السردية قائمة أساساً على القفزات والانحرافات المتكررة»[22]، ونجد التشظي السردي حاضراً في العديد من الروايات محل الدراسة ففي رواية (بريد الليل) نجد تشظي الشخصية المتمثل في انتفاء انسجام الشخصيات مع بعضها، وحكاياتها غير المترابطة، وفي رواية (حارس الفيسبوك) يحضر التشظي الزمني من خلال تداخل زمن ما بعد كارثة عطل الفيسبوك وما قبلها. وأشير كذلك إلى أن تداخل الأنواع الأدبية والأجناس الفنية، يعزز من حضور التشظي السردي على مستوى الأحداث والشخصيات والأزمنة والأمكنة.

6 – تقنية الهوامش:

يُلاحظ في بعض الروايات العربية الجديدة لجوء الروائي إلى صناعة الحواشي والهوامش، بغرض التعريف بشخصية ما أو توضيح أحداث حقيقية، تتعلق ببعض الشخصيات أو نسبة أقوال إلى أصحابها، أو التعريف بمكان ما، أو حتى التعريف بالمأكولات والمشروبات والملابس وغيرها من الأغـراض، ويعد حضور الهوامش من أبرز أشكال الالتفات البصري؛ «فمن خلال علاقة الكتلتين: المتن والهامش والسمات الطباعية التي تشكلهما تتبلور حركة الالتفات البصري الذي يحدد مسارات القراءة»[23]، كما يربط الهامش المتلقي بالمرجع الخارجي ويتجاوز الحدود الإطارية للنص الروائي.

وقد وظفت (ضحى عاصي) تقنية (الهوامش) في روايتها (صباح 19 أغسطس)[24] ولم تكن جميع الهوامش في نهاية الرواية كما حدث

(في أثر عنايات الزيات) لـ(إيمان مرسال) ولم تكن الهوامش في أسفل كل صفحة كما يحدث في الكتب عادة، وإنما كانت الهوامش في نهاية الفصول، ولذلك فائدتان، الأولى ألا ينقطع ارتباط القارئ بتسلسل الأحداث في المتن إذا كانت الهوامش أسفل كل صفحة والثانية ألا ينسى القارئ الأحداث المتعلقة بالهوامش في الرواية إذا كانت الهوامش في نهاية الرواية.

أولاً ــ الهوامش والتعريف بالشخصية:

تستخدم الروائية تقنية الهامش بغرض التعريف بالشخصية عند الإقدام على ذكر أحداث تظهر فيها الشخصية على مسرح الرواية، ففي (الفصل الرابع) من الرواية نجد الراوي يعرض لذلك الحدث، وبجوار الشخصية يتم وضع الرقم (1): «البيت الأبيض الذي احتمى فيه «يلتسن»(1) وأتباعه»[25]، ثم يأتي الهامش في نهاية الفصل وعند الرقم نفسه، نجد الروائية هناك تعرف المكان والشخصية وتقول: «أما (يلتسن) فهو: بوريس نيكو لايفيتش، أول رئيس للاتحاد الروسي، وقد امتدت ولايته من عام 1991 إلى عام 1999»[26]. وهذا الهامش يثبت أن الأزمة التي حدثت ليلتسن في بداية التسعينيات استطاع النجاة منها، والاستمرار في الحكم إلى نهاية التسعينيات.

ثانياً ــ الهوامش وذكر أحداث تتعلق بالشخصيات:

عندما تصف الرواية الحالة الشعورية لشخصية (كاملة) في الفصل التاسع وكأن لعنة أصابتها فتتطرق لأنواع اللعنات ما يضطر الروائية

إلى تعريف لعنة منهم عن طريق الهامش، يقول المتن أولاً: «وكأنها ممسوسة بلعنة كلعنة الفراعنة أو كلعنة عائلة رومانوف(1)»[27]، ثم في الهامش يتم التعرف بتلك العائلة وذكر أحداث تعرضت لها شخصياتها باستخدام تقنية الخلاصة الزمنية: «أسرة رومانوف هي من سلالة الإمبراطورية التي حكمت روسيا من عام 1613 وحتى ثورة فبراير من عام 1917، وقد ابتليت هذه العائلة بعدد كبير من المصائب والحوادث على مدار حكمهم الذي امتد قرابة ثلاث قرون»[28]، وقد استخدمت الروائية الهامش في التعريف بتلك العائلة لأن القارئ العربي يعرف لعنة الفراعنة، بينما تلك العائلة لن يعرف لعنتها من القراء العرب غالباً إلا الباحث الجيد في التاريخ أو المثقف الموسوعي، كما أن لعنتها تختلف عن لعنة الفراعنة حيث أصيبت أسرة رومانوف بالابتلاءات أما الذي يشاع عن لعنة الفراعنة أنها تصيب غيرها.

ثالثاً ــ الهوامش والتعريف بالمكان:

في الفصل الثالث يأتي الهامش رقم ثلاثة ليقوم بتوضيح الأماكن والتعريف بها، يقول المتن: «قدَّمت والدة رسلان حقيبة من محلات (البريوسكا)(3) مليئة بكل شيءٍ ممكن أن تحتاجه الفتاة»[29]، وفي الهامش يتم تعريف تلك المحلات: «محلات البريوسكا: هي محلات داخل العاصمة موسكو، تشبه محلات السوق الحرة؛ إذ الأجانب فقط من كانوا يستطيعون الشراء منها، وقد كانت تلك المحلات مهمة جداً في فترة الاتحاد السوفيتي»[30]؛ ليبرز الهامش مدى اهتمام والدة

رسلان بعروسه وحرصها على أن تكون في أبهى حلة عن طريق شراء ما يلزم العروس من محلات مهمة وشهيرة.

رابعاً ـ الهوامش ونسبة الأقوال إلى أصحابها:

من أبرز الأدوار التي تؤديها الهوامش في أي عمل نسبة الأقوال إلى أصحابها، كما في الفصل الرابع والعشرين حينما تعرض الرواية لمقطع من قصيدة لـ(بوشكين) ثم تعرض لتحدث (رسلان) إلى كاملة مستدعياً القصيدة: «نظر إليها وابتسم قائلاً >> بوشكين لم يتركني، دفعني إلـيـك <<.(1)»[31]، وفي الهامش يتم نسبة القصيدة إلى مؤلفها: «قصيدة للشاعر: ألكسندر سير جييفتش بوشكين (1799م ـ 1837م)»[32] حتى لا يُظن أن تلك القصيدة من صنيع مؤلفة الرواية.

خامساً ـ الهوامش والتعريف بالأزياء:

استخدمت الروائية تقنية الهوامش لتعريف ووصف أزياء الشخصيات من خلالها مثلما حدث في الفصل السادس عشر: «كانت المدينة شبه خاوية إلا من بعض الأجانب وقليل من الشباب بـ(شراويلهم)(1) المتشابهة»[33]، ويتم التعريف بذلك الزي في الهامش: «الشروال: سروال يصنع عادة من القماش الثقيل، وهو فضفاض واسع من منطقة الفخذ، بينما يكون ضيقاً في منطقة الكعبين، ويتم ربطه على الخصر بحبل ثقيل»[34]، وهذا التشابه في الزي بين الشباب يدل على التنظيم السائد بينهم وانسجامهم وتعاونهم.

تلجأ المؤلفة إلى التعريف بالمشروبات، خاصة إذا كانت غامضة على القارئ العربي، ففي الفصل السادس والعشرين، يتم التعريف بأحد المشروبات، يقول الراوي في المتن: «كاملة تجهز الـ(زافاركا) مع بعض فطائر الماليننا للإفطار»[35]، وفي الهامش يتم التعريف بهذا المشروب: «زافاركا: Zavarka هو مشروب الشاي المركز المصنوع خصيصاً لحفلات الشاي الروسي»[36] وبالتالي فإن هذا المشروب يعبر عن حالة الشخصية التي تعتريها السعادة جراء تجهيزها لمشروب احتفالي/ ومن ثم، فإن حضور تقنية الهوامش لم يكن الهدف منه إبراز مهارة كتابية ما عند المؤلفة، أو لمجرد حشد المعلومات، بل كان للهوامش أغراض فنية ودلالات ترتبط بالشخصيات وطبيعة الأحداث، أو نسبة أقوال إلى أصحابها بدلاً من أن تنسب إلى المؤلفة.

وختاماً، فقد عرض الباحث لبعض تقنيات ما بعد الحداثة في الرواية العربية الجديدة مع التقنيات التي تم تناولها في فصول الدراسة وهذا لا يعني أن البحث أحاط بكل تقنيات ما بعد الحداثة، فكما أسلفت لا يمكن أن تحيط دراسة واحدة بتلك التقنيات أو محاولة حصرها، بل إن ذلك يتنافى مع أفكار ما بعد الحداثة.

هوامش الملحق:

1 – د. ميجان الرويلي، د. سعد البازعي، دليل الناقد الأدبي، ص348.

2 – أحمد الشهاوي، حجاب الساحر، ص258.

3 – د. نهـى جعفـر عوفـي، تقنيات ما بعـد الحداثة في روايـة أحمـد حانة لحميد الربيعي، مجلة كلية التربية جامعة واسط، العراق، العدد التاسع والأربعون الجزء الثاني، 2022م، ص147.

4 – أحمد الشهاوي، حجاب الساحر، ص259.

5 – مريم العجمي، صورة مريم، ص50.

6 – د. شكري عزيز الماضي، أنماط الرواية العربية الجديدة، ص61.

7 – محمد عطوة، مزامير أفرُوديت، ص26: ص27.

8 – السابق، ص124.

9 – د. شكري عزيز الماضي أنماط الرواية العربية الجديدة، ص99.

10 – ميرال الطحاوي، بروكلين هايتس، ص27.

11 – السابق، ص235.

12 – نفسه، ص231. وتقول كلمات الأغنية الإنجليزية لفرانك سيناترا في المقطع «الجداول فارغة، حلبة الرقص مهجورة، أنت تعزف نفس أغنية الحب، إنها المرة العاشرة التي تسمعها، هذه هي البداية، مجردة واحدة من القرائن، لقد حصلت على الدرس الأول في تعلم موسيقى البلوز»

13 – محمد عطوة، مزامير أفرُوديت، ص35.

14 – شكري عزيز الماضي، أنماط الرواية العربية الجديدة، ص248.

15 – السابق، الصفحة نفسها.

16 – هدى بركات، بريد الليل، ص7.

17 – السابق، ص97.

18 – نفسه، ص121.

19 – منى سـالم، المشـهرات، ص12، والصحيح أن يكون العنوان «مشـوار أبي القاسم» لكن كتب العنوان على الحكاية.

20 – السابق، ص19.

21 – رضا عطية، العائش في السـرد، سلسـلة مكتبة نجيب محفوظ، العدد (19) الهيئة المصرية العامة للكتاب، القاهرة، 2016م، ص59.

22 – شكري عزيز الماضي، أنماط الرواية العربية الجديدة، ص242.

23 – د. عبد الناصر هـلال، الالتفات البصري من النص إلـى الخطاب، العلم والإيمان للنشر والتوزيع، دسوق 2009م، ص241.

24 – ضحـى عاصي، صباح 19 أغسـطس، الـدار المصرية اللبنانيـة، القاهرة، الطبعة الأولى 2022م.

25 – السابق، ص47.

26 – نفسه، ص56.

27 – نفسه، ص112.

28 – نفسه، ص119.

29 – نفسه، ص31.

30 – نفسه، ص36.

31 – نفسه، ص305.

32 – نفسه، ص313.

33 – نفسه، ص187.

34 – نفسه، ص193.

35 – نفسه، ص334.

36 – نفسه، ص338.

الخاتمة

لا أريد لهذه الخاتمة أن تكون تلخيصاً لمسار البحث، أو إعادة تكرار ما تم إبرازه في مدونة الدراسة، أو إجمالاً لتقنيات ما بعد الحداثة وأشكال تجليها في الروايات المدروسة، وإنما محاولة استخلاص ملامح عامة توضح طبيعة ما تُوصل إليه خلال الدراسة وهي على النحو الآتي:

1 – تقنيات ما بعد الحداثة في الرواية العربية الجديدة غير مطردة على نسق واحد في جميع الروايات، فالتقنية يختلف توظيفها – غالباً – من رواية لأخرى؛ لتعبر الرواية من خلالها عن رؤية الأديب الجمالية والدلالية، فهي وإن كانت متواترة الاستخدام في روايات عديدة، إلا أنها تحمل خصوصية فنية مختلفة من أديب لآخر.

2 – استخدام رواية ما لتقنيات ما بعد الحداثة، لا يجعل منها رواية ما بعد حداثية، فبعض الروايات التي التزمت البناء التقليدي على مستويي الرؤية والتشكيل الفني، لم تجد غضاضة في توظيف بعض تقنيات ما بعد الحداثة خدمة لمضمون الرواية، أو محاولة

لكسر رتابة السرد عن طريق تضمينه تقنيات جديدة دون أن يؤدي ذلك لكسر النموذج الفني التقليدي للرواية، كما أن بإمكان الأديب أن يجمع الأبنية الثلاثة التقليدي والحداثي وما بعد الحداثي داخل العمل الروائي الواحد.

3 ـ تقنيات ما بعد الحداثة في الرواية الجديدة من الكثرة التي تجعل الإحاطة بها عسيرة، فهي ليست تقنيات محدودة ومقننة، بل متشظية وتمتلك القدرة على التفرع والتحول وغير ثابتة أو مستقرة، وذلك راجع إلى كون تقنيات ما بعد الحداثة في الرواية منفتحة ومتجددة وتستطيع الإفادة من جميع المعارف والفنون وإعادة إدماجها في نسيج العمل الإبداعي.

4 ـ إن حضور تقنيات ما بعد الحداثة داخل النص الروائي لا يمكن أن يقوم بإلغاء التقنيات التي أقرتها مفاهيم نظرية السرد الحداثية، فما زالت تقنيات (المنظور السردي ـ المفارقة الزمنية ـ الإيقاع الزمني ـ الفضاء) وغيرها من تقنيات الحداثة مهيمنة على البناء الروائي ولم يستطع أن يتخلص منها بشكل نهائي، حتى مع وفود تقنيات ما بعد الحداثة، بل أصبحت تلك التقنيات الحداثية وما بعد الحداثية متداخلة وتتبنى على بعضها البعض.

5 ـ الرواية العربية الجديدة هي رواية التجريب المستمر، ومحاولة البحث عن تقنيات غير مسبوقة تمنحها التفرد والسبق وقد رأت في الكثير من تقنيات ما بعد الحداثة مبتغاها؛ فلجأت الرواية الجديدة إلى توظيف تقنيات الميتاسرد واستخدمت المخطوط

وأظهرت الوعي بالفعل الكتابي واستحضرت المتلقي واعتمدت على اليوميات والمذكرات وموضوعات الكتابة عن الكتابة، كما لجأت الرواية العربية الجديدة إلى التداخل النوعي والأجناسي فوجد الشعر المكتوب من خلال شخصيات العمل الروائي وتم توظيف تقنيات المونتاج والسيناريو والحضور السينمائي، والفن التشكيلي والكولاج وتضمين القصة القصيرة والقصة القصيرة جداً في بناء الرواية، إضافة إلى الحضور المسرحي وتقنيات الكتابة الدرامية، كما أفادت الرواية العربية الجديدة من النصوص التي سبقتها واستدعتها باستخدام التناص، واستطاعت أن تستفيد من الواقع الافتراضي وتستجلب تقنياته وتوظفها بطريقة تتناسب وطبيعة الفن الروائي، كما اعتمدت أيضاً على العجائبية وحشد التفاصيل والنسج اللغوي وتلاشي الشخصية الرئيسة والتشظي وتقنية الهوامش وغيرها من التقنيات التي يصعب حصرها في دراسة واحدة.

وبعد فتوصي الدراسة بضرورة تطوير أدوات النقد الأدبي، بحيث يستطيع التعامل أو مجاراة تقنيات ما بعد الحداثة في الأدب، فما زال النقد الأدبي يتعامل مع تلك التقنيات من خلال المنهج الصارم والمفاهيم النظرية المحددة والتأطير الفني، والتصورات المسبقة، وهو ما لا يتوافق مع ما بعد الحداثة التي تنادي بالتمرد على القيود الفنية وتسعى إلى التخلص من الاستقرار والثبات والقولبة في العمل الأدبي.

قائمة المصادر والمراجع

أولاً: الكتب المقدسة:

* القرآن الكريم

* الكتاب المقدس، إنجيل متى.

ثانياً: مصادر الدراسة:

1 – أحمد الشهاوي، حجاب الساحر، الدار المصرية اللبنانية، القاهرة، الطبعة الثانية، 2022م.

2 – أحمد صبري أبو الفتوح، صاحب العالم، دار الشروق، القاهرة، الطبعة الأولى 2.23م.

3 – أحمد عامر، بروفة لحياة مؤجلة، الناشر للنشر والتوزيع، بنها، مصر، الطبعة الأولى 2022م

4 – أحمد عوض الله فخري، أكرو فوبيا، مكتبة المرسال للنشر والتوزيع والترجمة، بيلا – كفر الشيخ، مصر، الطبعة الأولى، 2023م

5 – إيمان مرسال، في أثر عنايات الزيات، سلسلة بلا ضفاف، الكتب خان للنشر والتوزيع، القاهرة، الطبعة الأولى، 2019م.

6 – خليل الجيزاوي، سيرة بني صالح، مؤسسة سندباد للنشر والإعلام، القاهرة، الطبعة الأولى، 2011م.

7 – دعاء عبد الله الجابي، ندوبٌ صَمَّاء، دار غراب للنشر والتوزيع، القاهرة، الطبعة الأولى، 2021م.

8 – زهران القاسمي، تغريبة القافر، دار رشم للنشر والتوزيع، تونس – السعودية، الطبعة الأولى، 2022م.

9 – سحر الموجي، دارية، سلسلة إبداع المرأة، طبعة خاصة تصدرها الدار المصرية اللبنانية ضمن مشروع مكتبة الأسرة، القاهرة، 2003م.

10 – سفيان صلاح هلال، طائر الأشمونين المضيء، الهيئة المصرية العامة للكتاب، القاهرة، الطبعة الأولى، 2021م.

11 – سمير فوزي، بيت ياجوري، دار الناشر، بنها، مصر، الطبعة الأولى،2021م.

12 – شريف صالح، حارس الفيسبوك، الدار المصرية اللبنانية، القاهرة، الطبعة الأولى، 2017م.

13 – شطبي ميخائيل، زمن التراجعات، مركز إنسان للدراسات والطباعة والنشر، المهندسين – الجيزة، طبعة 2020م.

14 – ضحى عاصي، صباح 19 أغسطس، الدار المصرية اللبنانية، القاهرة، الطبعة الأولى 2022م.

15 – عبد الرحمن السواح، حضرة المجذوب، منشورات بتانة الثقافية، القاهرة، الطبعة الأولى، 2021م.

16 – محمد عطوة، مزامير أفرُوديت، دار ميتا بوك للطباعة والنشر، المنصورة، الطبعة الأولى، 2022م.

17 – مريم العجمي، صورة مريم، الهيئة المصرية العامة للكتاب، القاهرة، الطبعة الأولى، 2022م.

18 – منى سالم، المشهرات، دار الهدى للمطبوعات، ميامي، الإسكندرية، الطبعة الثانية، 2008م.

19 – ميرال الطحاوي، بروكلين هايتس، دار الآداب، بيروت، الطبعة الأولى، 2010م.

20 – ناصر محسب، الوزغة، سلسلة أصوات – أدبية، العدد (506) الهيئة العامة لقصور الثقافة، القاهرة، الطبعة الأولى، 2018م.

21 – نصار حسن، لفائف كسليڤ، دار الوهيبي، الطبعة الأولى، 2022م.

22 – هدى بركات، بريد الليل، دار الآداب للنشر والتوزيع، بيروت، لبنان، الطبعة الأولى عام 2018م.

ثالثاً: مراجع الدراسة:

1) الكتب العربية:

23 – إبراهيم أحمد شعلان، موسوعة الأمثال الشعبية المصرية والتعبيرات السائرة، دار الآفاق العربية، القاهرة، الطبعة الأولى، 2003م.

24 – إبراهيم بن سعد الحيقل: السرقات الشعرية والتناص نقاط التقاطع ومسارات التوازي، كتاب المجلة العربية، العدد 250، الرياض، 2017م.

25 – أبو الفضل أحمد بن محمد بن إبراهيم الميداني النيسابوري، مجمع الأمثال، تحقيق محمد محيى الدين عبد الحميد، دار المعرفة، بيروت، لبنان.

26 – أحمد تيمور باشا، الأمثال العامية، مطابع دار الكتاب العربي بمصر، الطبعة الثانية، 1956م.

27 – أحمد تيمور باشا، الأمثال العامية، مؤسسة هنداوي للتعليم والثقافة، القاهرة، 2014م.

28 – أحمد خريس العوالم الميتاقصية في الرواية العربية، دار الفارابي، بيروت، الطبعة الأولى، 2001م.

29 – أحمد عبدالحليم عطية، ما بعد الحداثة والتفكيك، دار الثقافة العربية، القاهرة 2008م.

30 – أحمد كريم بلال، العنوان وبنية القصيدة في الشعر العربي المعاصر، دار النابغة للنشر والتوزيع، طنطا – مصر، الطبعة الأولى، 2018م.

31 – أحمد مختار عمر، اللغة واللون، عالم الكتب للنشر والتوزيع، القاهرة، الطبعة الثانية، 1997م.

32 – أحمد ناهم: التناص في شعر الرواد، سلسلة رسائل جامعية، دار الشؤون الثقافية العامة، بغداد، العراق، الطبعة الأولى، 2004م.

33 – إدوار الخراط، القصة والحداثة، دار كتب عربية.

34 – أسامة البحيري، الحداثة وما بعد الحداثة في الرواية العربية المعاصرة، دار النابغة، طنطا – مصر، 2019م.

35 – أمل دنقل، الأعمال الكاملة، دار الشروق، القاهرة، الطبعة الثانية، 2012م.

36 – أميمة عبدالسلام الرواشدة، التصوير المشهدي في العربي، دراسات وزارة الثقافة، عمان الأردن، الطبعة الأولى، 2015م.

37 ـ بلحيـا الطاهـر، الرواية العربية الجديدة مـن الميثولوجيا إلى ما بعد الحداثة جذور السَّرد العربي، ابن النديم للنشر والتوزيع، الطبعة الأولى، 2017م.

38 ـ بيشـوي، (الأنبا بيشـوي) المسـيح مشـتهى الأجيال، مطرانية دمياط وكفر الشيخ والبرارى ودير القديسة دميانة ببرارى بلقاس، الطبعة الثانية، 2007م.

39 ـ تامر محمد عبدالعزيز، بنية الخطاب الشعري في الشعرية العربية المعاصرة المعيار والآفاق، دائرة الثقافة والإعلام الشارقة، الإصدار الأول، 2015م.

40 ـ جميـل حمـداوي، دراسـات في القصة القصيرة جداً، منشـور علـى شـبكة الألوكة، الطبعة الأولى، 2013م.

41 ـ جميـل حمـداوي، نظريات النقد الأدبي في مرحلـة ما بعد الحداثة، مكتبة أم سلمى، الرباط، الطبعة الأولى، 2015م.

42 ـ حسـام عطا، الاتجاهات التجريبية في المسـرح المصـري خلال الفترة من 1988 ـ 1999، الهيئة العامة لقصور الثقافة، القاهرة، 2014م.

43 ـ حسـن بحراوي، بنية الشـكل الروائي، الفضاء الزمن الشـخصية، المركز الثقافي العربي، بيروت، الطبعة الأولى 1990م.

44 ـ حسين المناصرة، القصة القصيرة جداً رؤى وجماليات، عالم الكتب الحديث، إربد ـ الأردن، الطبعة الأولى، 2015م.

45 ـ حلمي محمد القاعود، الحداثة العربية، دار الاعتصام، 1998م.

46 ـ حميد لحمداني، بنية النص السردي من منظور النقد الأدبي، المركز الثقافي العربي للطباعة والنشر والتوزيع، بيروت، الطبعة الأولى 1991م.

47 ـ خيري دومة، تداخل الأنواع في القصـة القصيرة المصرية، الهيئة المصرية العامة للكتاب، القاهرة، الطبعة الأولى، 1998م.

48 ـ ديزيـرة سـقال، الحداثـة وما بعدها في الشـعر العربي المعاصر، منشـور إلكترونية بموقع مكتبة نور، 2020م.

49 ـ رشا الفوال، العنف من أعلى وأزمة هوية الأنا في الرواية العربية، دار ميتا بوك للطباعة والنشر، المنصورة، مصر، الطبعة الأولى 2021م.

50 ـ رضا عطية، العائش في السـرد، سلسـلة مكتبة نجيب محفوظ، العدد (19) الهيئة المصرية العامة للكتاب، القاهرة، 2016م.

51 – رمضان الصباغ: في نقد الشعر المعاصر، دار الوفاء للطباعة والنشر والتوزيع، الإسكندرية، الطبعة الأولى، 2002.

52 – الزواوي بغوره، ما بعد الحداثة والتنوير، دار الطليعة للطباعة والنشر، بيروت، الطبعة الأولى، 2009م.

53 – سامي الدهان، شرح ديوان صريع الغواني، سلسلة ذخائر العرب، العدد (26) دار المعارف، القاهرة، الطبعة الثالثة، 1985م.

54 – سامي شهاب أحمد، سرد ما بعد الحداثة، رواية (سابع أيام الخلق) مفتاحاً إجرائياً، دار الحامد للنشر والتوزيع، عمّان، الطبعة الأولى 2016م.

55 – سعيد يقطين، الميتاروائي في الخطاب الروائي الجديد في المغرب، مجلة مواقف، لبنان، العدد (70 – 71) فبراير 1993م.

56 – سعيد يقطين، من النص إلى النص المترابط، المركز الثقافي العربي، الدار البيضاء – بيروت، الطبعة الأولى، 2005م.

57 – سيد ضيف الله، السرد والخصوصية الثقافية، سلسلة دراسات أدبية، الهيئة المصرية العامة للكتاب، القاهرة، 2021م.

58 – شاكر عبد الحميد، عصر الصورة الإيجابيات والسلبيات، عالم المعرفة العدد (311) المجلس الوطني للثقافة والفنون والآداب، الكويت، 2005م.

59 – شاكر عبدالحميد: الحلم والرمز والأسطورة، دراسات في الرواية والقصة القصيرة في مصر، كتب عربية، د(ط) د(ت).

60 – شكري عزيز الماضي، أنماط الرواية العربية الجديدة، سلسلة عالم المعرفة، العدد (355)، المجلس الوطني للثقافة والفنون والآداب، الكويت، 2008م.

61 – صلاح فضل، منهج الواقعية في الإبداع الأدبي، دار المعارف، القاهرة، الطبعة الثانية، 1980م.

62 – عباس خضر، الواقعية في الأدب، سلسلة الكتب الحديثة، العدد (15)، دار الجمهورية، بغداد، 1967م.

63 – عبد الرحمان اليعقوبي، الحداثة الفكرية في التأليف الفلسفي العربي المعاصر، مركز نماء للبحوث والدراسات، بيروت، الطبعة الأولى 2014م.

64 – عبد الله الغذامي، القبيلة والقبائلية أو هويات ما بعد الحداثة، المركز الثقافي العربي، الدار البيضاء، الطبعة الثانية 2009م.

65 – عبد المسيح سلمان، مجموعة صلوات الكنيسة للأفراح والأتراح، مكتبة مارجرجس، شبرا، مصر، 1943م.

66 – عبد المسيح صليب البرموسي المسعودي، الخولاجي المقدس، دير السيدة العذراء برموس، الطبعة الخامسة، 2015م.

67 – عبد الناصر هلال، الالتفات البصري من النص إلى الخطاب، العلم والإيمان للنشر والتوزيع، دسوق 2009م.

68 – عبد الوهاب المسيري، د. فتحي التريكي، الحداثة وما بعد الحداثة، دار الفكر المعاصر، لبنان، الطبعة الثالثة، 2010م.

69 – عبدالفتاح الجحمري: عتبات النص، البنية والدلالة، شركة الرابطة، الدار البيضاء، الطبعة الأولى 1996م.

70 – عبدالملك مرتاض، في نظرية الرواية، (بحث في تقنيات السرد)، سلسلة عالم المعرفة، العدد (240)، المجلس الوطني للثقافة والفنون والآداب، الكويت، 1998م.

71 – عزة شبل محمد، علم لغة النص، النظرية والتطبيق، مكتبة الآداب، القاهرة، الطبعة الأولى، 2009م.

72 – عزت السيد أحمد، الحداثة بين العقلانية واللاعقلانية، دار الفكر الفلسفي للدراسات والترجمة والنشر، دمشق، الطبعة الثانية، 1999م.

73 – عزوز علي إسماعيل، شعرية الرسالة الروائية، كتاب المجلة العربية، العدد (281) المجلة العربية، الرياض، 2020م.

74 – عصام عبدالله، الجذور النيتشوية لـ «ما بعد» الحداثة، ضمن كتاب نيتشه وجذور ما بعد الحداثة، تحرير: د. أحمد عبد الحليم عطية، دار الفارابي، بيروت، الطبعة الأولى، 2010م.

75 – علي حوم، أدوات جديدة في التعبير الشعري المعاصر، الهيئة المصرية العامة للكتاب، القاهرة، الطبعة الأولى، 2017م.

76 – علي عشري زايد، عن بناء القصيدة العربية الحديثة، مكتبة ابن سينا للطباعة والنشر والتوزيع والتصدير، القاهرة، الطبعة الرابعة، 2002م.

77 – عمر بن أبي الحسن (ابن الفارض) ديوان ابن الفارض، دار صادر، بيروت.

78 – فاضل تامر، المبنى الميتاسردي في الرواية، دار المدى، بيروت، الطبعة الأولى، 2013م.

79 – فاطمــة البريكــي، مدخل إلـى الأدب التفاعلي، المركز الثقافي العربي، الدار البيضاء – بيروت، الطبعة الأولى، 2006م.

80 – كلــود عبيــد، الفن التشــكيلي، نقد الإبداع وإبــداع النقد، دار الفكــر اللبناني للطباعة والنشر والتوزيع، بيروت، الطبعة الأولى، 2005م.

81 – محمد زيدان، نظرية المجاز في الشــعر المعاصر، سلسلة «دراسات نقدية» دائرة الثقافة والإعلام، الشارقة، الطبعة الأولى، 2022م.

82 – محمد ســعيد مولوي، ديوان عنترة، تحقيق ودراســة، رسالة ماجستير، كلية الآداب، جامعة القاهرة، 1964م.

83 – محمــد عبد الباســط عيد، بلاغــة الخطاب قراءة في شــعرية المديح، الهيئة المصرية العامة للكتاب، القاهرة، الطبعة الأولى، 2014م.

84 – محمــد عزام، فضــاء النص الروائــي مقاربة بنيوية تكوينيــة في أدب نبيل سليمان، دار الحوار للنشر والتوزيع، اللاذقية – سوريا، الطبعة الأولى 1996م.

85 – محمد فكري الجزار، العنوان وسميوطيقا الاتصال الأدبي، الهيئة المصرية العامة للكتاب، القاهرة، 1998م.

86 – محمــد محمود حســين، الورقــي والرقمي الواقعية الافتراضيــة في الرواية العربية، إصدارات دائرة الثقافة، حكومة الشارقة، الطبعة الأولى، 2020م.

87 – محمــد نور الدين أفايــة، الحداثة والتواصل في الفلســفة النقدية المعاصرة، أفريقيا الشرق، بيروت، الطبعة الثانية، 1998م.

88 – محمد هندي، الإنترنت وشعرية التناص في الرواية العربية، الهيئة المصرية العامة للكتاب، القاهرة، الطبعة الأولى، 2018م.

89 – محمــود درويش، لا تعتذر عمّا فعلت، رياض الريَس للكتب والنشــر، لندن، المملكة المتحدة، 2009م.

90 – مصطفى بيومي عبدالســلام: التناص النظرية والممارســة، الهيئة المصرية العامة للكتاب، القاهرة، 2018م.

91 – مصطفى رجوان، نعيش لنحكي، دار كنوز المعرفة للنشر والتوزيع، عمان، الأردن، الطبعة الأولى، 2023م.

92 – ميجــان الرويلــي، د. ســعد البازعي، دليل الناقــد الأدبي، المركــز الثقافي العربي، الدار البيضاء، بيروت، الطبعة الثالثة، 2002م.

93 – نجـلاء الجمال، فن المونتاج التلفزيوني، الـدار المصرية اللبنانية، القاهرة، الطبعة الأولى، 2013م.

2) المعاجم والقواميس:

94 – أحمد شوقي بنبين، ومصطفى الطوبي، معجم مصطلحات المخطوط العربي (قاموس كزديكولوجي)، منشورات الخزانة الحسنية، الرباط، الطبعة الثالثة مزيدة ومنقحة 2005م.

95 – أحمـد مختـار عمر وآخرون، معجم اللغة العربيـة المعاصرة، عالم الكتب، القاهرة، الطبعة الأولى، 2008م.

96 – جـلال الدين سـعيد، معجم المصطلحات والشـواهد الفلسـفية، دار الجنوب للنشر، تونس، 2004م.

97 – جمال الدين محمد بن مكرم بن منظور، لسان العرب، من إصدارات وزارة الشؤون الإسلامية والدعوة والإرشاد، المملكة العربية السعودية، 2010م.

98 – صـلاح الديـن أبـو عياش، معجـم مصطلحات الفنون، دار أسـامة للنشـر والتوزيع، عمان – الأردن، الطبعة الأولى 2015م.

99 – لطيـف زيتوني، معجم مصطلحات نقد الرواية، مكتبة لبنان ناشـرون، دار النهار للنشر، بيروت، الطبعة الأولى، 2002م.

100 – مجدي وهبة، كامل المهندس، معجم المصطلحات العربية في اللغة والأدب، مكتبة لبنان، بيروت، الطبعة الثانية، 1984م.

101 – محمـد بـن يعقوب الفيروز ابـادي، القاموس المحيـط، دار الكتب العلمية، بيروت، الطبعة الأولى، 1995م، الجزء الأول.

102 – محمـد عناني، المصطلحـات الأدبية الحديثة، الشـركة المصرية العالمية للنشر – لونجمان، الجيزة، الطبعة الثالثة، 2003م.

103 – محمد مصطفى زيدان، معجم المصطلحات النفسية والتربوية، دار الشروق للنشر والتوزيع والطباعة، جدة – السعودية، الطبعة الأولى 1979م.

3) المراجع الأجنبية المترجمة:

104 – أمبرتو إيكو، القارئ في الحكاية، التعاضد التأويلي في النصوص الحكائية،

ترجمة: أنطوان أبو زيد، المركز الثقافي العربي، الدار البيضاء – بيروت، الطبعة الأولى، 1996م.

105 – إنريكي أندرسون إمبرت، القصة القصيرة النظرية والتقنية، ترجمة: علي إبراهيم علي منوفي، مراجعة: صلاح فضل، المشروع القومي للترجمة، العدد (148) المجلس الأعلى للثقافة، القاهرة، الطبعة الأولى، 2000م.

106 – إيهاب حسن، أوديب أو تطور ما بعد الحداثة، إعداد وترجمة: السيد إمام، دار شهريار، البصرة، الطبعة الأولى، 2018م.

107 – إيهاب حسن، ما بعد الحداثة إبهام المصطلح وغموض الدلالة، ترجمة: د. بدر الدين مصطفى، مراجعة وتحرير: عاطف معتمد، مجلة الترجمان، مركز اللغات الأجنبية والترجمة التخصصية، جامعة القاهرة، 2013م.

108 – إيهاب حسن، نحو مفهوم لما بعد الحداثة، ضمن كتاب ما بعد الحداثة فلسفتها، إعداد وترجمة: محمد سبيلا وعبد السلام بنعبد العالي، دار توبقال للنشر، الدار البيضاء، الطبعة الأولى 2007م.

109 – برنارد مايرز، الفنون التشكيلية وكيف نتذوقها، ترجمة: سعد المنصوري ومسعد القاضي، مراجعة وتقديم: سعيد محمد خطاب، مكتبة النهضة المصرية، القاهرة، دار الزهراء، الرياض.

110 – بيتر بروكر، الحداثة وما بعد الحداثة، ترجمة: د. عبد الوهاب علوب، مراجعة: د. جابر عصفور، منشورات المجمع الثقافي، أبوظبي، الطبعة الأولى 1995م.

111 – تري إيجلتون، الرأسمالية والحداثة وما بعد الحداثة، ترجمة: أحمد حسان، ضمن كتاب ما بعد الحداثة تجلياتها وانتقاداتها، إعداد وترجمة: محمد سبيلا وعبد السلام بنعبد العالي، دار توبقال للنشر، الدار البيضاء – المغرب، الطبعة الأولى، 2007م.

112 – تزفيتان تودوروف، ميخائيل باختين المبدأ الحواري، ترجمة: فخري صالح، دار الفارس للنشر والتوزيع، عمّان، الطبعة العربية الثانية، 1996م.

113 – تزفيطان تودورف، نظرية الأجناس الأدبية، ترجمة: د. عبد الرحمن بو علي، دار نينوى للدراسات والنشر والتوزيع، دمشق، الطبعة الأولى، 2016م.

114 – تيري إيجلتون، أوهام ما بعد الحداثة، ترجمة: د. منى سلام، مركز اللغات والترجمة، أكاديمية الفنون، الجيزة.

115 – جـــان بودريـــار، ضمن كتاب الحداثة الفلسـفية، إعـداد وترجمة: د. محمد سبيلا د. عبد السلام بنعبد العالي، الشبكة العربية للأبحاث والنشر، بيروت الطبعة الأولى، 2009م.

116 – جان بول سارتر، الأبواب المقفلة، ترجمة: هاشم الحسيني، منشورات دار مكتبة الحياة، بيروت.

117 – جورج لوكاتش، دراسـات في الواقعية، ترجمة: د. نايف بلّوز، المؤسسـة الجامعية للدراسات والنشر والتوزيع، بيروت، الطبعة الثالثة، 1985م.

118 – جـورج لـوكاش، الرواية التاريخية، ترجمة: د. صالـح جواد الكاظم، دار الشؤون الثقافية العامة، بغداد، الطبعة الثانية، 1986م

119 – جيـرار جينت، خطـاب الحكاية، بحث في المنهج، ترجمة: محمد معتصم، عبدالجليـل الأزدي، عمـر حلي، المشـروع القومـي للترجمــة، المجلس الأعلى للثقافة، القاهرة، الطبعة الثانية، 1997م.

120 – جيـرار جينيت، مدخل إلـى النص الجامـع، ترجمة: عبدالعزيز شبيل، مراجعة: حمادي صمود، المشروع القومي للترجمة، العدد (105) المجلس الأعلى للثقافة، القاهرة، 1999م.

121 – جيرالد برنس، المصطلح السردي، ترجمة: عابد خزندار، مراجعة وتقديم: محمد بريري، المشـروع القومي للترجمة، العـدد (368) المجلس الأعلى للثقافة، القاهرة، الطبعة الأولى 2003م.

122 – جيرالـد برنـس، قاموس السـرديات، ترجمة السـيد إمام، ميريت للنشـر والمعلومات، القاهرة، الطبعة الأولـى، 2003م.

123 – رنيه وليك، أوسـتين وآرن، نظرية الأدب، تعريب: د. عادل سـلامة، دار المريخ للنشر، الرياض، 1992م.

124 – رولان بارت: النقد البنيوي للحكاية، ترجمة: أنطوان أبو زيد، كتاب الدوحة العدد101، وزارة الثقافة والرياضة، دولة قطر، 2019م.

125 – رولان بـارت، مدخـل إلـى التحليـل البنيوي للقصص، ترجمة: د. منذر عياشي، مركز الإنماء الحضاري، الطبعة الأولى، 1993م.

126 – رينيه ويلك، مفاهيم نقدية، ترجمة: محمد عصفور، سلسـلة عالم المعرفة، العدد (110) المجلس الوطني للثقافة والفنون والآداب، الكويت، 1987م.

127 – سـن بيتـروف، المضمون التاريخي العالمي لأدب الواقعية النقدية، ترجمة: شوكت يوسف، سلسلة الآداب الأجنبية، اتحاد الكتاب العرب، دمشق.

128 – فرانـك جوتيـران، ضمن كتاب فنون السـينما، ترجمــة وإعداد: عبد القادر التلمسـاني، المشـروع القومي للترجمــة العـدد (276) المجلس الأعلــى للثقافة، القاهرة، الطبعة الأولى، 2001م.

129 – كريسـتوفر باتلـر، ما بعد الحداثـة، ترجمة: نفين عبد الرؤوف، مؤسسـة هنداوي، 2016م.

130 – كين دانسـايجر: تقنيات مونتاج السـينما والفيديو، ترجمة: أحمد يوسـف، المركز القومي للترجمة، الجيزة، العدد (1689)، الطبعة الأولى، 2011م.

131 – لويـس تايسـون: النظريـات النقديـة المعاصـرة، الدليل الميسـر للقارئ، ترجمة: د. أنس عبدالرزاق مكتبي، النشر العلمي والمطابع – جامعة الملك سعود، الرياض، 2014م.

132 – مـاري – تيريـز جورنو، معجـم المصطلحات السـينمائية، ترجمة: فائز بشور، المؤسسة العامة للسينما، دمشق، 2007م.

133 – مالكولم برادبري وجيمس مكفارلين، حركة الحداثة، ترجمة: عيسى سمعان، سلسلة دراسات فكرية العدد (40)، منشورات وزارة الثقافة في الجمهورية العربية السورية، دمشق، الطبعة الثانية 1981م.

134 – مانفـرد لوركـر، معجم المعبـودات والرموز في مصـر القديمة، ترجمة: صلاح الدين رمضان، مراجعة: د. محمود ماهر، مكتبة مدبولي، القاهرة، الطبعة الأولى، 2000م.

135 – نـك كاي، ما بعـد الحداثة والفنون الأدائية، ترجمة: د. نهاد صليحة، الهيئة المصرية العامة للكتاب، القاهرة، الطبعة الثانية، 1999م.

136 – ولسـن ثورنلي، كتابة القصة القصيرة، ترجمة: مانع حماد الجهني، النادي الأدبي الثقافي بجدة، المملكة العربية السعودية، الطبعة الأولى، 1992م.

4) المقالات والدوريات العلمية:

137 – إبراهيـم أحمـد أردش، التمـرُّد علــى نظريات الشَّـكل الروائـي.. الوعي بالكتابة في رواية حجاب السَّاحر، مجلة إبداع، الإصدار الرابع، العدد(43) الهيئة المصرية العامة للكتاب، القاهرة، مارس 2023م.

138 ـ أحمــد غالب الخرشــة، ظاهرة التكرار في شـعر محمد لافي، دراسـات، العلوم الإنسانية والاجتماعية، عمادة البحث العلمي، الجامعة الأردنية، المجلد:42، العدد:1، 2015م.

139 ـ ايرينا دوتشيكوف، الرواية والسينما، ترجمة: نهلة حميد، مجلة الأقلام، دار الشؤون الثقافية العامة، وزارة الثقافة والإعلام، بغداد، العدد (4) 1988م.

140 ـ تامــر محمد عبد العزيز، الخطاب الميتاسـردي في روايـة الخيال العلمي الموجَّهة للطفل مقاربة إدراكية في رواية (سـفن الأشـياء الممنوعة)، حولية كلية اللغة العربية بالزقازيق، العدد (42)، 2022م.

141 ـ تامر محمد فايز، هجرة الأنواع وتشـكل الرواية الهجين في الأدب العربي الحديث، مجلة رسـالة المشرق، مركز الدراسات الشرقية، جامعة القاهرة، المجلد (36) العدد (3)، 2021م.

142 ـ تغريـد عبد الخالق، الفيسـبوك في الروايـة العربية، مجلـة الآداب، كلية الآداب جامعة بغداد، العراق، العدد (115) 2016م.

143 ـ ثائر زين الدين، الرواية والفن التشكيلي «خضراء كالبحار» ـ النص ينتج اللوحة، مجلة الموقف الأدبي، اتحاد الكتاب العرب، العدد (514) شباط، 2014م.

144 ـ ثائـر زين الدين، الفن التشـكيلي والرواية، مجلـة المعرفة، وزارة الثقافة، دمشق، العدد (602) تشرين الثاني 2013م.

145 ـ خليل برويني، شهرام دلشاد، آليات السينما في رواية «قناديل ملك الجليل» لإبراهيم نصر الله، إضاءات نقدية، كلية الآداب الفارسية واللغات الأجنبية، جامعة آزاد الإسلامية، طهران، السنة الخامسة، العدد (17) 2015م.

146 ـ رضا عامر، الحداثة الغربية وتجلياتها على الشعر العربي المعاصر، مجلة المعيار، العدد الخامس عشر، ديسمبر 2016م.

147 ـ سـعد طويـل، نوال أقطي، الشـعري في روايات أحلام مسـتغانمي، مجلة أبحاث، المجلد (6) العدد (3) 2021م.

148 ـ شـهرام دلشـاد، السـرد الكولاجي وخصائصه في رواية «إسـكندريتي» لإدوار الخراط، مجلة دراسـات في اللغة العربية وآدابها، جامعة سمنان الإيرانية بالتعاون مع جامعة تشرين السورية، السنة الثانية عشرة، العدد (33) 2021م.

149 ـ صادق السلمي، مصطلح التفاعل النصي النشأة والامتداد، نقلاً عن جرار

جينيت، مجلة جذور، النادي الأدبي الثقافي بجدة، عدد40، إبريل 2015م.

150 – صلاح فضل، تقنية الكولاج الروائي، مجلة فصول، الهيئة المصرية العامة للكتاب، القاهرة، المجلد (11) العدد (2)، 1992م.

151 – طيباوي نبيلة، عمار حلاسه، الإرشادات المسرحية ووظائفها في مسرحية أشـطر من إبليس لحمود تيمور، مجلة علوم اللغة العربية وآدابها، جامعة ورقلة، الجزائر، المجلد (13) العدد (1)، 2021.

152 – عبـد الله المهنـا، الحداثـة والتحديث في الشـعر، مجلة عالـم الفكر وزارة الإعلام، الكويت، 1988م، المجلد (19) العدد (3).

153 – عبد المنعم محمود الهجان وآخرون، فن الجداريات: أصوله وتقنياته، مجلة بحوث التربية النوعية العدد (28) جامعة المنصورة، يناير، 2013م.

154 – عبيـر عبـاي فايز حسـن، التوظيف الفني والجمالي لفـن الكولاج كمدخل لإثـراء التصميم الزخرفي المعاصر، مجلة بحوث في التربية الفنية والفنون، كلية التربية الفنية، جامعة حلوان، المجلد (22)، العدد (3).

155 – عزة شبلي، تداخل فن الرسـم في رواية سـوناتا لأشـباح القدس لواسيني الأعرج، مجلة دراسات، جامعة طاهري محمد بشار، الجزائر، المجلد (12) العدد (1) ماي 2023م.

156 – علي عمران، بلاغة الحاج في الأمثال الشّعبية العمانية من خلال «سيّدات القمـر» لجُوخة الحارثـي، مجلة البحرين الثقافية، هيئة البحريـن للثقافة والآثار، مملكة البحرين، العدد (113) يوليو، 2023م.

157 – عـواد أحمد الدندن، (رواية الغربان) دراسـة في تداخل الأجناس: الرواية والقصـة القصيـرة، مجلة جامعـة أم القرى لعلوم اللغات وآدابهـا، مكة المكرمة، العدد (17) مايو 2016م.

158 – فاطمة حسـين علي كرم، جداريات الإكريليك بطابع التراث الكويتي ذات الصبغة المعاصرة، المؤتمر العلمي السادس والدولي السادس، جامعة عين شمس، 14 يونيو 2021م.

159 – قاسم حسن القفة، الأسلوب الشعري في الرواية العربية (إبراهيم الكوني في روايته –مثلاً –) المؤتمر النقدي الثالث عشر لقسم اللغة العربية: الواقع والآفاق، كلية الآداب، جامعة جرش، الأردن، 2010م.

160 – ماجد بن أحمد الزهراني، حضور المخطوط في الرواية السعودية، دراسة وصفيــة تحليلية، مجلة جامعة الجوف للعلوم الإنسـانية، جامعة الجوف العدد (7) 2020م.

161 – محمـد لافـي اللويـش الشـمري، ما وراء القـص التاريخـي فـي روايـة ما بعـد الحداثة العربيّـة واللاتينيّـة، روايتي (موت صغير)، و(سـاعي بريد نيرودا) أنموذجـاً، مجلة علوم اللغات وآدابها، جامعة أم القرى، مكة المكرمة، العدد (28) أغسطس 2021م.

162 – مهـا محمد السـديري، الكولاج في أعمال التصوير التشـكيلي السـعودي المعاصـر، المجلة الأردنية للفنون، جامعة اليرموك الأردن، مجلد (10) عدد (2) 2017م.

163 – مولاي الإدريسي، التناص النقدي في مقامات بديع الزمان الهمذاني، مجلة جذور، النادي الأدبي الثقافي بجدة، عدد 39، يناير، 2015م.

164 – نهـى جعفـر عوفي، تقنيـات ما بعد الحداثـة في رواية أحمـد حانة لحميد الربيعي، مجلة كلية التربية جامعة واسط، العراق، العدد التاسع والأربعون الجزء الثاني، 2022م.

165 – هبة الله عبد الفتاح، المخطوطات العربية الإسلامية كمصدر للتراث: نشأة المخطوطـات وأهميتها وأنواعها، المجلة العلمية لكلية السـياحة والفنادق، جامعة الإسكندرية، العدد (18) الإصدار الثاني، 2021م.

5) الرسائل الجامعية (الماجستير والدكتوراه):

166 – ابتسـام موسـى عبدالكريم أبو شـرار: التناص الديني والتاريخي في شعر محمود درويش، رسالة ماجستير، جامعة الخليل.

167 – إبراهيـم محمـد إبراهيـم عامر، أثر اسـتخدام فن المونتاج السـينمائي في الرواية العربية المعاصرة في مصر، رسـالة ماجسـتير، كلية دار العلوم، جامعة المنيا 2009م.

168 – أحمد حسـين إبراهيم وصيف، فلسـفة التمرد وأثرها على فن (البورتريه) عند بيكاسـو، رسالة دكتوراه، قسم الجرافيك، كلية الفنون الجميلة، جامعة حلوان، 1996م.

169 – روفيــة بو غنوط، شــعرية النصوص الموازية فــي دواوين عبدالله حمادي رسالة ماجستير، جامعة منتوري، الجزائر، 2006،2007م.

170 – عبدالقــادر رحيم، ســيميائية العنوان في شــعر مصطفى محمد الغماري، رســالة ماجســتير، كليــة الآداب والعلوم الاجتماعيــة والإنســانية، جامعة محمد خضير، بسكرة، الجزائر، 2004م.

171 – مارية تيقاني، المونتاج السردي واللغة المشهدية في رواية تشرفت برحيلك لفيروز رشام، مذكرة ماستر، كلية الآداب واللغات، جامعة محمد خضير، بسكرة، الجمهورية الجزائرية، 2019.

6) المواقع الإلكترونية:

172 – تامر أحمد، «نفتيس» – رمز للولادة والموت والخفاء والظلام عند الفراعنة والمصريين القدماء، موقــع .HURGHADA LOVERS https://hurghadalovers com

173 – جميل حمداويّ، أشكال الخطاب الميتاسردي في القصة القصيرة بالمغرب، موقع الأنطولوجيا، /https://alantologia.com/blogs

174 – محمــد بن علي المحمود، المجتمع وهيمنة الوعــي الخرافي، موقع جريدة الرياض https://www.alriyadh.com/33812

175 – محمد عبد حسـن تحديث تقنية (المخطوط) في الســرد الروائي (إشــارات قارئ حول رواية (الجبان) لياسـين شـامل، موقع الحوار المتمدن .https://www ahewar.org

176 – موقع أغاني زمان، https://aghanizaman.blogspot.com

177 – موقع السينما كوم، https://elcinema.com

178 – موقع اليوم السابع، https://www.youm7.com

179 – موقع فيروزيّات، https://fairouziyat.com/lyrics

180 – موقع كلمات أغاني، https://aghanilyrics.comr